感谢国家社科基金重大项目"智慧供应链创新与应用研究"
（项目编号：18ZDA060）的资助

RESEARCH ON POLICY SYSTEM TO PROMOTE INNOVATION
AND APPLICATION OF SMART SUPPLY CHAIN

刘伟华 ◎著

推进智慧供应链创新与应用的政策体系研究

中国社会科学出版社

图书在版编目（CIP）数据

推进智慧供应链创新与应用的政策体系研究／刘伟华著．—北京：中国社会科学出版社，2023.11

ISBN 978-7-5227-2762-2

Ⅰ．①推… Ⅱ．①刘… Ⅲ．①智能技术—应用—供应链—产业政策—研究—中国 Ⅳ．①F259.22-39

中国国家版本馆 CIP 数据核字（2023）第 234675 号

出 版 人	赵剑英
责任编辑	张　林
责任校对	杨　林
责任印制	戴　宽

出　　版	中国社会科学出版社
社　　址	北京鼓楼西大街甲158号
邮　　编	100720
网　　址	http://www.csspw.cn
发 行 部	010-84083685
门 市 部	010-84029450
经　　销	新华书店及其他书店
印刷装订	三河市华骏印务包装有限公司
版　　次	2023年11月第1版
印　　次	2023年11月第1次印刷
开　　本	710×1000　1/16
印　　张	17.5
插　　页	2
字　　数	289千字
定　　价	99.00元

凡购买中国社会科学出版社图书，如有质量问题请与本社营销中心联系调换
电话：010-84083683
版权所有　侵权必究

序　言

时间过得真快，转眼又到了新的一年。阳春三月，春暖花开。伟华教授以其主持的国家社科基金重大项目"智慧供应链创新与应用研究"（18ZDA060）为基础，运用深厚的理论功底和实践感悟，从政策研究的视角，撰写了《推进智慧供应链创新与应用的政策体系研究》一书。本人有幸先睹为快，感觉颇为可圈可点。

记得17年前的2006年11月，伟华在武汉召开的第五次中国物流学术年会上荣获优秀论文一等奖（年会最高奖项），并做了《服务供应链：供应链研究的新趋势》的大会演讲，成为当时这一细分研究领域的起步之作，这也是我了解伟华教授研究方向的开始。之后，他在教书育人的同时，不断沿着我国供应链学术研究的方向不懈探索，不断推出新的研究成果。因此，2015年11月，他被聘为中国物流学会当时最年轻的兼职副会长。十余年来，伟华积极参与学会各项工作，出色地完成了国家部委委托研究课题、学会课题研究成果评审、主持青年论坛及物流教学指导委员会等重要工作任务。伟华以及业界青年才俊的成长进步，使我们倍感欣慰，表明我国现代物流与供应链研究后继有人，创新驱动动力强劲。

当前，世界处在百年未有之大变局的新时代，立足于新一轮科技革命和智慧经济加速演进的新时代，积极推进智慧供应链创新与应用是时代需求。随着物联网、人工智能、云计算、区块链、大数据等颠覆性智能技术的快速发展，基于智能技术能力整合形成的数智化能力是物流与供应链实现价值创造的重要动力。国家层面高度重视新兴智能技术的发展。《"十四五"现代物流发展规划》将物流智慧化改造与提升制造业供应链智慧化水平列入重要发展方向。通过物流与供应链的智慧水平提升，能较大地减少设计和工程成本，缩短市场投放时间，降低供应链管理成本以及减少库存持有成本。然而，我国的供应链企业主体存在技术兼容性、互动连接性、设施水平差异性等方面的问题，成为发展智慧供应链的障碍，迫切需要通过智慧供应链创新与应用，最大限度发挥智慧技术在供应链管理中的价值。实践中，阿里巴巴、京东等商业巨头已经开始构建以人工智能、大数据、云计算、物联网设备等为核心的供应链创新战略体系，旨在以技术为基础、以数据为驱动、以创新为引领，全力打造高效的智慧供应链。

在智慧供应链创新应用场景下，我们的生产、生活与思维方式正在被逐步改变。以数码知识、网络技术为基础，以创新为引领，由新科技驱动、可持续发展的新经济正在深入发展。线上线下无界，虚拟和现实交融，世界正在被重构，人们可以方便快捷地享受到所想象或者想象不到的服务。然而，所有的服务提供都离不开智慧供应链的支撑。由于有了智慧供应链，我们可以实现全球买卖、极速购物体验、享受全球畅游和全球无线通信。在智慧时代，供应链因为链上企业的快速重构，正成为新经济发展的重要引擎。但这一领域作为前沿创新领域，缺少专门的政策引导和支撑，需要从学术视角进行前期研究，为政策制定和实施提供理论参考。

伟华教授领衔的课题组在深刻理解智慧供应链运行机理的基础上，对支撑智慧供应链创新与应用的政策体系进行了系统构建。全书分为13章，共涉及5个篇章。包括供应链创新发展趋势篇、供应链金融篇、供应链质量和标准体系篇、供应链政府治理篇、供应链政策体系设计篇。在政策体系构建中，专著重点围绕智慧供应链发展的金融监管政策、质量和标准化体系政策、政府治理体系建设政策三个核心视角展开，同时对推进智慧供应链创新与应用的人才政策、行业中介组织建设和试点示范政策等配套政策进行了专题研究。专著立意明确、内容丰富、结构完整、结论具有实用性，可为相关的政策制定者提供参考借鉴。

当然，面对经济全球化和新技术革命的浪潮，我国制造企业和服务企业，不仅面临全球不确定性发展的压力，而且还经受供应链韧性的挑战。智慧供应链作为企业发展的前沿趋势，也是现代供应链研究的重要组成部分，需要业界、政界和学术界给予更多的关注和相应的支持。期待伟华在今后的研究中，有更加深入的思考分析，不断推出新的版本。以上只是本人的一点读后感,难免以偏概全。如想探求本书的真谛,请仔细阅读全书,相信会有更大的收获。

中国物流与采购联合会副会长、中国物流学会秘书长
"十四五"国家发展规划专家委员会委员
贺登才
2023 年 3 月 3 日

自　序

"十四五"及未来更长的一段时期，中国的制造业将朝着生产定制化、产品服务化、过程智能化、经营可持续化发展。供应链发展的需求、技术供给、时空分布、国际格局都会发生重大变化。以大数据、云计算、区块链、物联网、人工智能为代表的新科技革命推动中国经济从传统经济快速向智慧经济转型。中国供应链正处在这种深刻变革的进程中，供应链正处于智慧发展的新时代。当前，智慧供应链创新与应用已经成为全球发达国家获取新一轮创新竞争优势的重要趋势，并已成为全球国力竞争的新制高点。加快推动智慧供应链发展，推动中国供应链由大变强，建设供应链强国，不仅有助于经济发展数字转型、智能升级、融合创新，而且对于提高经济运行效率和国家竞争力、推进国家安全和保障民生，有重大而深远的影响。

智慧供应链作为全球正在兴起与迅速发展的组织形态，世界各国都在积极推进智慧供应链的创新与应用。然而，由于国情不同，各国在智慧供应链的产业实践和政策制定实施上存在不少显著差异，国外相关理论与经验并不能完全适用于中国的智慧供应链发展实践。因此，迫切需要考虑中国智慧供应链的发展现状，围绕中国企业智慧供应链创新的典型实践特点，制定出既符合中国实际情况又与国际接轨的产业政策体系。

从我国政府体制改革趋势来看，加快智慧供应链创新与应用，不仅是推进政府深化体制改革的重要抓手，也是建设智慧政府的必然选择。近年来，供应链创新与应用已经引起了我国政府的高度重视。2017年10月，国务院办公厅专门下发了《国务院办公厅关于积极推进供应链创新与应用的指导意见》，成为推进供应链创新与应用的重要政策文件。商务部、工业和信息化部、生态环境部、农业农村部、人民银行、国家市场监督管理总局、中国银行保险监督管理委员会、中国物流与采购联合会于2018年4月10日印发了《关于开展供应链创新与应用试点的通知》，拟在若干关系国计民生、消费升级和战略新兴的重点产业中，推动形成创新引领、协同发展、产融结合、供需匹配、优质高效、绿色低碳、全球布局的产业供应链体系。天津、上海、深圳等地方政府也纷纷制订了相应的推进计划。2021年7月13日，商务部等8个单位又公布首批全国供应链创新与应用示范城市和示范企业。然而，无论是中央还是地方政府出台的鼓励供应链创新与应用相关政策，仍然关注传统供应链范畴，并没有涉及智慧供应链层面，也未能有效解决前文所述两大经济发展困境的具体政策。加快智慧供应链创新与应用，可以有效破除当前政府体制改革的难点和痛点，切实解决体制不适应经济发展的"瓶颈"问题，推进政府智慧治理和服务转型。因此，加快智慧供应链创新与应用，将成为我国政府深化体制改革的重要手段和必然要求。

国家发展需要市场力量与政府力量的有机结合，产业政策是实现这种结合的重要工具。推进智慧供应链创新与应用，需要用科学的政策进行支撑。政策设计目的是从公共管理视角，界定和明确政策背后反映的经济引导方向和预期阶段性成就，以期制定出既符合中国实际情况又与国际接轨的最优机制。政策设计需要充分考虑到政策的外部性，兼顾政策可能带来的效率与公平问题。在智慧供应链环境下，一些关键性的特征也导致政策设计不同于以往的供应链创新政策。第一，从技术特征来看，技术的快速变化要求政策支持的重点具有政策精准性，政策手段也要充分利用智慧技术；第二，从管理特征来看，多主体合作的柔性管理机制要求政策体系强调政策的个性化与前瞻性特点，即政策精细性；第三，从组织特征来看，供应链多主体合作的组织特性要求政策体系必须考虑到多成员的合作共同利益，不能以偏概全，即满足政策全局性；第四，从发展特征来看，强调政策设计要符合不同发展阶段进行因地制宜的变化，满足政策渐进性。

在国家社科基金重大项目"智慧供应链创新与应用研究"（项目编号：18ZDA060）的资助下，课题组在深刻理解智慧供应链运行机理的基础上，对支撑智慧供应链创新与应用的政策体系进行了系统构建。专著围绕智慧供应链发展的金融监管政策、质量和标准化体系政策、政府治理体系建设政策三个核心视角来展开，同时对推进智慧供应链创新与应用的人才政策、行业中介组织建设和试点示范政策等配套政策也进行了专题研究。全书共分为13章，共设计5篇，包括供应链创新发展趋势篇（第二章"中国供应链服务创新发展的趋势"；第三章"国内外智慧供应链创新应用的比较分析与经验借鉴"；第四章"面向智慧供应链创新与应用的政策体系研究框架"）、供应链金融篇（第五章"智慧供应链视角下供应链金融信用评价机制研究"；第六章"面向智慧供应链金融的监管机制设计"；第七章"支撑智慧供应链金融的可持续监管政策研究"）、供应链质量与标准体系篇（第八章"面向智慧供应链的供应链质量体系与标准化政策研究"；第九章"智慧供应链标准化体系设计"）、供应链政府治理篇（第十章"基于政府治理的智慧供应链绩效影响因素研究"；第十一章"推进政府治理创新与治理模式构建的相关建议"）、供应链政策体系设计篇（第十二章"面向智慧供应链创新与应用的政策体系研究"；第十三章"推进智慧供应链创新与应用的配套政策研究"）。除政策以外，本书还附上了相关政策建议，包括"十四五"促进智慧物流发展的相关意见等5份。本书力图通过全面系统的论述，为决策部门开展智慧供应链相关政策研究提供必要的参考。

本书的部分理论研究成果已经先后发表或投稿在 *Transportation Research Part E*：*Logistics and Transportation Review*、*International Journal of logistics*：*Research and Application*、*Contemporary Logistics in China* 以及国内的《人民论坛》《供应链管理》《物流研究》等专业学术期刊。相关的政策建议也获得了国家发改委经济贸易司、中国物流与采购联合会等部门的采纳。

本书的撰写也得到了我们团队的研究生的大力支持。金若莹（第三章）、高永正（第五章）、曹悦男（第六章）、陈之璇（第七章）等先后参与了国家社科基金重大项目"智慧供应链创新与应用研究"，合作发表了许多国际和国内学术论文。魏爽、梁艳杰博士生还参与了全书的校对和文献格式统一工作。高永正、曹悦男、刘羽菲也参与了本书的校对工作。

本书在写作过程中得到了国家发展和改革委员会、商务部、交通运输部、中国物流与采购联合会等相关政府和协会的大力支持。本书的出版，也得到了北京航空航天大学黄海军副校长，中国科学技术大学的余玉刚院长、郭晓龙教授和刘和福教授，西南交通大学的刘晓波院长、马祖军教授和贺政纲教授，香港理工大学的 Tsan-Ming Choi（Jason）教授，南开大学的李响教授，浙江大学的 Paul Tae-Woo Lee 教授，英国格林尼治大学的周莉教授，瑞典林雪平大学的唐讴教授，美国普渡大学的 J. George Shanthikumar 教授的指导、建议与帮助，在此表示感谢。本书在写作过程中，还得到了中国物流与采购联合会贺登才副会长、中国国际发展知识中心副主任魏际刚研究员的大力支持和指导。本书也得到了国内许多物流企业包括青岛日日顺物流有限公司、中国外运股份有限公司、京东物流、苏宁物流、菜鸟网络、天津陆路港投资有限公司、世能达物流（天津）有限公司、上海申丝物流有限公司、中储南京智慧物流科技有限公司、安得物流股份有限公司、上海益嘉物流有限公司、诺得物流股份有限公司、唯品会物流等的指导和帮助，限于篇幅不全部点名致谢。最后，还要感谢中国社会科学出版社张林编辑对本书出版所做出的辛勤工作。

作为对智慧供应链创新与应用政策体系的粗浅探索，本书必然存在疏漏与不足之处，敬请各位读者批评指正。本书适用于从事物流与供应链的各级政府部门工作人员的参考资料，也可以作为物流管理专业、物流工程专业、供应链管理专业的本科生、研究生教学参考资料，对物流与供应链管理领域的管理人员和技术人员也有一定的帮助。

刘伟华

2023 年 2 月 5 日

目 录

第一章 绪论 …………………………………………………… (1)
  第一节 研究背景 …………………………………………… (1)
  第二节 研究意义 …………………………………………… (2)
  第三节 研究框架和技术路线 ……………………………… (3)
    一 研究框架 ……………………………………………… (3)
    二 技术路线 ……………………………………………… (4)
  第四节 研究内容 …………………………………………… (5)
    一 中国供应链服务创新发展的趋势 …………………… (5)
    二 国内外智慧供应链创新应用的比较分析与经验借鉴 ……… (6)
    三 面向智慧供应链创新与应用的政策体系框架研究 ……… (6)
    四 智慧供应链视角下供应链金融信用评价机制研究 ……… (7)
    五 面向智慧供应链金融的监管机制设计 ……………… (7)
    六 支撑智慧供应链金融的可持续监管政策研究 ……… (7)
    七 面向智慧供应链的供应链质量体系与标准化政策研究 … (8)
    八 智慧供应链标准化体系设计 ………………………… (8)
    九 基于政府治理的智慧供应链绩效影响因素研究 ……… (9)
    十 推进政府治理创新与治理模式构建的相关建议 ……… (9)
    十一 面向智慧供应链创新与应用的政策体系研究 ……… (9)
    十二 推进智慧供应链创新与应用的配套政策研究 ………… (10)
  第五节 研究创新点 ………………………………………… (10)

第二章 中国供应链服务创新发展的趋势 ……………………… (12)
  第一节 中国供应链服务创新的现状与问题 ……………… (12)

一　行业快速发展，服务模式创新密集 …………………………（12）
　　二　区域发展不平衡，一线城市创新丰富 ……………………（13）
　　三　服务细分市场基本形成，服务专业化水平不断提升 ……（13）
　　四　相关政策出台，供应链创新与应用试点步伐加快 ………（14）
　　五　服务质量标准欠缺，风险管控有待加强 …………………（14）
第二节　中国供应链服务创新的发展趋势 …………………………（15）
　　一　智慧供应链创新与应用趋势日益显现 ……………………（15）
　　二　平台型服务供应链异军突起 ………………………………（16）
　　三　内陆地区供应链服务发展势头强劲 ………………………（16）
　　四　供应链服务加快标准化建设成为关键 ……………………（17）
第三节　促进供应链服务创新的相关建议 …………………………（17）
　　一　加快供应链服务创新应用 …………………………………（17）
　　二　积极推进两业深度融合中的供应链服务创新 ……………（17）
　　三　完善相关支持政策 …………………………………………（18）
　　四　培育全球领先的供应链服务企业 …………………………（18）
　　五　供应链专业人才培养仍需加强 ……………………………（19）
　　六　加大供应链服务行业协会建设 ……………………………（19）

第三章　国内外智慧供应链创新与应用的比较分析与经验借鉴 ……（20）

第一节　引言 …………………………………………………………（20）
第二节　发达国家推进智慧供应链创新应用的做法 ………………（21）
　　一　不同行业推进智慧供应链创新应用的做法 ………………（21）
　　二　发达国家推进智慧供应链创新应用的相关政策 …………（24）
第三节　中国推进智慧供应链创新应用的做法 ……………………（27）
　　一　中国智慧供应链创新应用现状 ……………………………（27）
　　二　中国推进智慧供应链创新应用的相关政策 ………………（29）
第四节　中国与发达国家推进智慧供应链的比较 …………………（30）
　　一　智能技术要素比较 …………………………………………（31）
　　二　供应链关键要素比较 ………………………………………（32）
　　三　创新绩效要素比较 …………………………………………（33）
第五节　发达国家推进智慧供应链创新应用的经验借鉴 …………（34）

一　智慧技术发展和应用过程 …………………………………… (34)
　　二　供应链创新模式方法与经验 ………………………………… (35)
　　三　推动智慧供应链创新的政策 ………………………………… (35)
　　四　智慧供应链的全球化战略实施 ……………………………… (36)
　第六节　结论 …………………………………………………………… (36)

第四章　面向智慧供应链创新与应用的政策体系框架研究 ………… (38)
　第一节　智慧供应链与传统供应链的关键区别 ……………………… (38)
　第二节　智慧供应链创新与应用发展现状 …………………………… (38)
　第三节　智慧供应链创新与应用发展的相关政策现状 ……………… (39)
　　一　政策虽有设计，但精细性不足 ……………………………… (40)
　　二　政策虽有规划，但整体性不足 ……………………………… (40)
　　三　政策虽有布局，但实施难度较大 …………………………… (40)
　　四　政策虽有出台，但存在较大滞后 …………………………… (40)
　第四节　智慧供应链创新与应用的政策体系设计的总体要求 ……… (41)
　　一　政策精准性 …………………………………………………… (41)
　　二　政策精细性 …………………………………………………… (42)
　　三　政策全局性 …………………………………………………… (42)
　　四　政策渐进性 …………………………………………………… (43)
　第五节　面向智慧供应链创新与应用的政策体系研究框架 ………… (43)
　　一　金融与监管政策 ……………………………………………… (43)
　　二　质量与标准体系建设 ………………………………………… (46)
　　三　政府公共治理政策 …………………………………………… (49)

第五章　智慧供应链视角下供应链金融信用评价机制研究 ………… (51)
　第一节　引言 …………………………………………………………… (51)
　第二节　文献综述 ……………………………………………………… (53)
　　一　关于智慧供应链的研究 ……………………………………… (53)
　　二　关于供应链金融信用评价的研究 …………………………… (54)
　　三　文献综述总结 ………………………………………………… (56)
　第三节　传统供应链金融信用评价机制分析 ………………………… (56)

  一 传统供应链金融信用评价指标体系……………………（56）
  二 传统供应链金融信用评价业务主要环节………………（57）
  三 传统供应链金融信用评价体系存在的问题点……………（59）
 第四节 智慧供应链视角下供应链金融信用评价机制的特征……（60）
  一 技术渗透性更高…………………………………………（60）
  二 信息可视化程度高………………………………………（61）
  三 数据驱动性更强…………………………………………（61）
  四 向增值环节转型…………………………………………（62）
 第五节 面向智慧供应链的供应链金融信用评价机制构建
    思路………………………………………………………（63）
  一 基本要素设计……………………………………………（63）
  二 业务主要环节设计………………………………………（65）
  三 保障机制设计……………………………………………（71）
 第六节 结论与展望………………………………………………（73）

第六章 面向智慧供应链金融的监管机制设计…………………（75）
 第一节 引言………………………………………………………（75）
 第二节 文献综述…………………………………………………（76）
  一 关于供应链金融风险管理的相关研究…………………（76）
  二 关于现代金融科技应用于风险管理的相关研究…………（77）
 第三节 数字经济下创新供应链金融监管机制的动机……………（78）
  一 传统供应链金融模式及风险研究………………………（78）
  二 传统供应链金融监管瓶颈………………………………（79）
  三 基于现代金融科技打破传统供应链金融监管桎梏………（81）
 第四节 智慧供应链金融的监管机制框架构建……………………（82）
  一 智慧供应链金融监管创新逻辑梳理……………………（82）
  二 供应链非核心企业金融监管机制创新…………………（85）
  三 供应链核心企业金融监管机制创新……………………（88）
  四 现代金融科技赋能金融监管……………………………（89）
  五 基于金融科技赋能的智慧供应链金融监管机制构建……（90）
 第五节 智慧供应链金融创新监管机制的保障……………………（93）

一　统一数据标准，提高数据质量，加强数据安全管控 ……… (93)
　　二　加强政企合作，建立公共信息平台 ……………………… (93)
　　三　加强关于金融科技应用的立法，同时加强政策激励 …… (94)
　　四　尽快制定相关行业标准，规范和强化市场准入门槛 …… (94)
　　五　监管方积极应用新技术并健全人才培养 ………………… (94)
　第六节　总结和展望 ……………………………………………… (95)

第七章　支撑智慧供应链金融的可持续监管政策研究 ………… (97)
　第一节　引言 ……………………………………………………… (97)
　第二节　文献综述 ………………………………………………… (98)
　　一　供应链金融的相关研究 …………………………………… (98)
　　二　智慧供应链金融相关研究 ………………………………… (99)
　　三　文献总结 …………………………………………………… (99)
　第三节　我国智慧供应链金融的特点与模式 …………………… (100)
　　一　智慧供应链金融的定义和特点 …………………………… (100)
　　二　智慧供应链金融的模式分类和服务框架 ………………… (101)
　第四节　我国智慧供应链金融发展现状与问题 ………………… (104)
　　一　智慧供应链金融的发展现状 ……………………………… (104)
　　二　智慧供应链金融发展问题的问卷调研及数据分析 ……… (104)
　　三　智慧供应链金融存在的问题 ……………………………… (110)
　第五节　支撑智慧供应链金融的可持续监管政策研究 ………… (112)
　　一　监管目标设计 ……………………………………………… (112)
　　二　主要监管内容 ……………………………………………… (114)
　　三　监管政策设计 ……………………………………………… (114)
　第六节　总结和展望 ……………………………………………… (116)

第八章　面向智慧供应链的供应链质量体系与标准化政策
　　　　　研究 ……………………………………………………… (117)
　第一节　我国智慧供应链的发展现状与趋势 …………………… (117)
　　一　我国智慧供应链的发展现状 ……………………………… (117)
　　二　我国智慧供应链的发展趋势 ……………………………… (118)

第二节 供应链质量形成过程和供应链标准体系的相关
　　　　研究 ……………………………………………………（119）
　　一 供应链质量形成过程相关研究 ……………………（119）
　　二 供应链标准体系相关研究 …………………………（120）
　　三 文献述评 ……………………………………………（121）
第三节 智慧供应链对供应链质量体系的主要影响 …………（121）
第四节 智慧供应链下供应链质量体系构建的典型模式 ……（122）
　　一 基于数字化供应链平台的质量体系模式 …………（122）
　　二 基于数智化供应链生态的质量体系模式 …………（122）
　　三 基于一体化供应链物流的质量体系模式 …………（123）
第五节 面向智慧供应链的质量评价体系构建 ………………（123）
　　一 面向智慧供应链的质量评价环节 …………………（123）
　　二 面向智慧供应链的质量评价指标 …………………（124）
　　三 面向智慧供应链的质量评价方法 …………………（125）
第六节 促进智慧供应链质量体系建设与标准化发展的
　　　　相关建议 ……………………………………………（125）
　　一 促进建设智慧供应链质量管理体系的相关建议 …（125）
　　二 推动智慧供应链标准化发展的相关建议 …………（126）

第九章 智慧供应链标准化体系设计 …………………………（127）
第一节 智慧供应链标准体系建设的基本要求 ………………（127）
第二节 智慧供应链质量标准体系的基本框架 ………………（128）
　　一 智慧供应链质量标准体系的目标 …………………（128）
　　二 智慧供应链质量标准体系的构建原则 ……………（128）
　　三 智慧供应链质量标准体系的构建依据 ……………（129）
　　四 智慧供应链质量标准体系基本框架的构建方法 …（130）
第三节 智慧供应链质量标准体系的设计 ……………………（133）
　　一 智慧供应链质量标准体系结构图 …………………（133）
　　二 智慧供应链五大标准对象内容 ……………………（136）
　　三 智慧供应链关键环节标准内容 ……………………（136）
　　四 智慧供应链行业标准 ………………………………（137）

第十章　基于政府治理的智慧供应链绩效影响因素研究 …………（138）
第一节　政府治理转型效果影响因素模型构建 ……………（138）
　　一　政府治理转型与供应链绩效关系概念模型 ……………（138）
　　二　变量结构与内涵分析 ……………………………………（139）
第二节　政府治理效果影响因素研究假设 …………………（144）
第三节　问卷设计与实证分析 ………………………………（145）
　　一　样本选取与数据收集 ……………………………………（145）
　　二　信度与效度分析 …………………………………………（148）
　　三　结构方程模型建立与拟合分析 …………………………（153）
　　四　假设检验结果讨论分析 …………………………………（163）
第四节　主要结论 ……………………………………………（166）

第十一章　推进政府治理创新与治理模式构建的相关建议 ………（168）
第一节　智慧供应链创新与应用存在的主要问题 …………（168）
　　一　智慧供应链发展的协同程度不高 ………………………（168）
　　二　供应链企业智慧化水平有待提升 ………………………（169）
　　三　系统建设成本高，信息管理程度低 ……………………（169）
　　四　智慧供应链发展人才配套支持不足 ……………………（169）
第二节　智慧政府与治理转型相关研究 ……………………（169）
第三节　大数据时代政府治理转型的现状与挑战 …………（171）
　　一　关于智慧供应链的政府治理基本现状 …………………（171）
　　二　政府治理转型面临的问题与挑战 ………………………（172）
第四节　智慧供应链对政府治理创新的改革要求 …………（174）
　　一　搞好智慧政府建设的顶层设计 …………………………（174）
　　二　创新政府治理方式，实现动态网络协同 ………………（174）
　　三　推进政府数据开放共享，创新政企交互模式 …………（175）
　　四　重视治理技术的创新与应用，加强基础设施建设 ……（175）
第五节　推进政府治理创新与治理模式构建的几点建议 ………（175）
　　一　明晰政府智慧治理的顶层设计，创新使用新一代信息
　　　　技术实现政府治理现代化 ………………………………（176）

二　树立"互联网+治理"的思维，用清晰思维引领实施
　　　　智慧供应链的治理 …………………………………………（176）
　　三　建成开放共享的各级政务大数据中心，强化智慧治理的
　　　　实施能力 …………………………………………………（176）
　　四　重视治理技术的创新与应用，加强基础设施建设 ………（177）

第十二章　面向智慧供应链创新与应用的政策体系研究 …………（178）
　第一节　引言 …………………………………………………………（178）
　第二节　文献综述 ……………………………………………………（179）
　　一　关于智慧供应链创新与应用的相关研究 …………………（179）
　　二　关于智慧供应链创新与应用相关政策的梳理 ……………（181）
　　三　关于智慧供应链发展存在的问题及政策建议的研究 ……（187）
　　四　文献小结 ……………………………………………………（188）
　第三节　智慧供应链创新与应用的关键特征 ………………………（188）
　　一　技术特征 ……………………………………………………（189）
　　二　管理特征 ……………………………………………………（189）
　　三　组织特征 ……………………………………………………（190）
　第四节　关键特征对政策体系设计的要求 …………………………（191）
　　一　技术特征要求政策具有精准性 ……………………………（191）
　　二　管理特征要求政策具有精细性 ……………………………（192）
　　三　组织特征要求政策具有全局性 ……………………………（193）
　第五节　面向智慧供应链创新与应用的政策体系研究 ……………（194）
　　一　金融与监管政策 ……………………………………………（196）
　　二　质量与标准体系建设 ………………………………………（198）
　　三　政府公共治理政策 …………………………………………（200）
　第六节　总结与展望 …………………………………………………（202）

第十三章　推进智慧供应链创新与应用的配套政策研究 …………（203）
　第一节　引言 …………………………………………………………（203）
　第二节　国内外相关政策研究 ………………………………………（204）
　　一　国内推进智慧供应链创新与应用的政策 …………………（204）

二　国外推进智慧供应链创新与应用的政策 …………………（205）
　　三　智慧供应链相关政策的研究进展 ………………………（206）
第三节　国内推进智慧供应链创新与应用配套政策的现状
　　　　分析 ……………………………………………………（207）
　　一　人才培育政策 ……………………………………………（208）
　　二　行业组织建设 ……………………………………………（208）
　　三　试点示范建设 ……………………………………………（209）
第四节　推动智慧供应链创新与应用的配套政策落实的
　　　　建议 ……………………………………………………（211）
　　一　人才培育政策建议 ………………………………………（211）
　　二　行业组织建设政策建议 …………………………………（212）
　　三　试点示范建设政策建议 …………………………………（213）
第五节　总结与展望 ………………………………………………（216）

参考文献 ……………………………………………………………（217）

附　录 ………………………………………………………………（232）
　附录1　关于在"十四五"规划中促进智慧物流加速发展的
　　　　相关建议 ………………………………………………（232）
　附录2　关于在"十四五"现代物流规划中纳入智慧供应链
　　　　创新发展工程的政策建议 ……………………………（237）
　附录3　智慧物流政策对上市物流公司市场绩效的影响及
　　　　相关建议 ………………………………………………（242）
　附录4　促进我国流通业物流智能化改造的相关建议 …………（247）
　附录5　推动农业精准供应链加快发展的相关建议 ……………（252）
　附录6　供应链金融调查问卷 ……………………………………（256）

第 一 章

绪　　论

第一节　研究背景

供应链是以客户需求为导向，以提高质量和效率为目标，以整合资源为手段，实现产品设计、采购、生产、销售、服务等全过程高效协同的组织形态。随着第四次科技革命的蓬勃发展和"中国制造 2025""互联网＋"行动计划等国家战略的启动实施，供应链服务通过柔性化管理、快速化响应和智慧化协同，创新力度不断加大，对推动经济提质增效发挥了重要的作用。供应链服务创新是指供应链服务企业围绕供应链上下游结构，针对现有供应链服务，通过创新理念和方式的变革，对已有服务要素进行系统的重新组合或动态变革，形成新的服务理念、服务目标、服务战略，以提高服务质量和顾客的让渡价值，提供超越顾客期望的体验和感受，推进供应链在效率和效益上的提升。

伴随我国新一代智能技术的不断创新应用，智慧经济开始崛起，在国家各项政策的大力支持下，智慧供应链发展渐成潮流。2017 年 10 月 5 日，国务院出台了《国务院办公厅关于积极推进供应链创新与应用的指导意见》（下称《意见》），明确提出"打造大数据支撑、网络化共享、智能化协作的智慧供应链体系"。2021 年 4 月，商务部提出要通过供应链创新与应用示范创建，力争用 5 年时间培育一批全国供应链创新与应用示范城市和示范企业。各省市也相继发布了供应链体系建设试点工作方案，积极推进智慧供应链的创新发展。智慧供应链虽然在我国取得长足的发展，华为、京东、中国石化、国家电网等企业纷纷推进智慧供应链创新与应用，但从行业整体来看，总体步伐较为缓慢，出现了智慧供应链发展的协同程度不高、供应链企业智慧化水平有待提升、系统建设成本高、信息管理程度低、智慧供应链发展人才配套支持不足等问题。在此背景下，如何克服上述阻碍，推动智慧供应链创新与应用，为智慧供应链发展注入新动能是亟待解决的重要问题。

近年来，我国政府管理部门对促进供应链数字化转型、发展智慧供应链创新与应用非常重视，陆续出台相关政策引导我国智慧供应链的发展。2021年3月，国家发改委发布的《关于加快推动制造服务业高质量发展的意见》指出，推动制造业供应链创新应用，利用5G、大数据、人工智能、区块链等新一代信息技术，稳步推进制造业智慧供应链体系，创新网络和服务平台建设，推进重点行业供应链体系智能化，逐步实现供应链可视化。2021年4月，银保监会发布了《关于2021年进一步推动小微企业金融服务高质量发展的通知》，强调要加强产业链供应链金融创新，充分运用大数据、区块链、人工智能等金融科技，在农业、制造业、批发零售业、物流业等重点领域搭建供应链产业链金融平台。然而，目前关于智慧供应链的政策大多仅停留在智慧技术的应用和制造业赋能上，在一些影响智慧供应链创新发展的关键领域和问题上，尚未形成系统的政策体系。例如，供应链金融是促进智慧供应链发展的润滑剂，但智慧供应链金融的相关政策研究仍然非常薄弱；供应链质量与标准的建设是构建智慧供应链稳健运行的重要基础，但围绕该领域的政策仍然是空白；在政府治理中，现有的政策难以适应智慧供应链运行与发展的规律，迫切需要全新设计。在此背景下，针对智慧供应链领域政策精细度、整体性、落地性和前沿性等存在的不足，本书设计了相应的政策体系，以推进智慧供应链的创新与应用发展。

第二节 研究意义

智慧供应链服务创新与应用是提升产业竞争力的重要载体。智慧供应链的协同效率与资源整合能力已经成为产业竞争力的重要组成部分。利用供应链优化的分析方法考察产业链，通过改善产业链上、下游供应链关系，整合和优化供应链中的商流、信息流、物流、资金流，可以提高供应产业、制造产业、零售产业、服务产业的效率，以获得产业的整体竞争优势。以智慧供应链服务创新推动产业组织创新、协调技术创新和管理模式创新，形成产业供应链互联网体系，可以有效拓宽产业边界，促进产业融合。

智慧供应链服务创新与应用是维护国家供应链安全的重要保证。当下，国际形势风云变幻，世界经济进入逆全球化风潮时代，全球供应链协同面临诸多新难题和新挑战。伴随国与国之间供应链、产业链合作的日益增加，如果没有良好的供应链控制权，将使我国供应链体系受到巨大的损害。美国早在2012年就发布了《全球供应链安全国家战略》，表明供应链安全已经上升到了国家战略的高度（丁俊发，2016）。我们只有建立起科学先进的供应链体系，在与他国的供应链服务交流中不断创新，才能有助于构建集政治安全、国土安全、军事安全、经济安全、文化安全、社会安全、科技安全、信息安全、生态安全、资源安全、核安全等于一体的国家安全体系。因此，供应链服务创新是维护国家供应链安全的重要保证。

设计完善的智慧供应链服务创新与应用政策体系是激发经济活力的重要抓手。通过设计相应的政策，推动供给侧结构性改革，加速资源整合和流程优化，促进产业跨界和协同发展，有助于各环节有效对接、降低成本、供需精准匹配和产业转型升级，补足供给短板，从而实现发展平衡、激发经济活力。此外，智慧供应链服务创新与应用政策体系以标准化、智能化、协同化、绿色化以及供应链服务一体化为目标，可以加快推动供应链各主体各环节设施设备衔接、数据交互顺畅、资源协同共享，促进资源要素跨区域流动和合理配置，从而实现经济的提质、增效、降本，助力现代化经济体系建设，推动经济高质量发展。

第三节　研究框架和技术路线

一　研究框架

本书重点探讨智慧供应链发展的金融监管政策、质量和标准化体系政策、政府治理体系建设政策三个核心内容，同时对推进智慧供应链创新与应用的人才政策、行业中介组织建设和试点示范政策等配套政策也进行了专题研究。研究框架如图1-1所示。

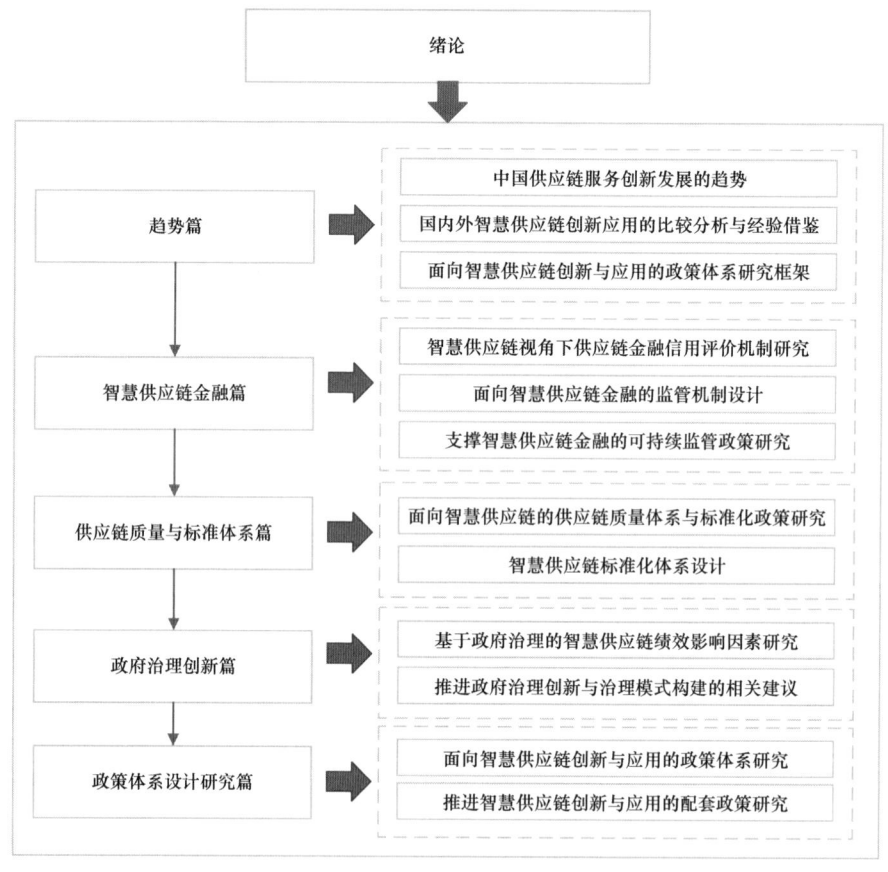

图 1-1 本书的研究框架

二 技术路线

本书的研究内容充分考虑了智慧供应链运行机理,对支撑智慧供应链创新与应用的政策体系进行了系统构建。研究内容主要分为五个篇章,其中,趋势篇章主要研究中国供应链服务创新发展的趋势、国内外智慧供应链创新应用的比较分析与经验借鉴、面向智慧供应链创新与应用的政策体系研究框架三个方面内容;智慧供应链金融篇主要研究智慧供应链视角下供应链金融信用评价机制、面向智慧供应链金融的监管机制设计、支撑智慧供应链金融的可持续监管政策三个方面内容;供应链质量与标准体系篇主要研究面向智慧供应链的供应链质量体系与标准化政策、智慧供应链标准化体系设计两个方面内容;政府治理创新篇主要研究基于政府治理的智慧供应链绩效影响因素、推进政府治理创新与治理模式构建的相关建议两个方面内容；政策体系设计研究篇主要研究面向智慧供应链创新与应用的政策体系、推进智慧供应链创新与应用的配套政策两个方面内容。具体技术路线如图1-2所示。

图1-2 技术路线图

第四节 研究内容

一 中国供应链服务创新发展的趋势

供应链服务创新与应用是新常态下培育经济新功能的迫切需要，也是我国推进供给侧结构性改革、提升企业全球竞争力的现实选择。首先，本章分析了中国供应链服务创新的现状和问题，表明目前存在行业快速发展，服务模式创新密集、区域发展不平衡，一线城市创新丰富等问题；其次，总结当前中国供应链服务创新的发展趋势，归纳出智慧供应链创新与应用、平台型服务供应链、内陆地区供应链服务等四个重要趋势；最后，从加快供应链服务创新应用、积极推进两业深度融合中的供应链服务创新以及培育全球领先的供应链服务企业等六个方面提出促进供应链服务创新的相关建议。

二 国内外智慧供应链创新应用的比较分析与经验借鉴

需求驱动的市场环境下，供应链与智慧技术以及传统产业的深度融合正成为大势所趋，目前，智慧技术已在世界范围内的制造业、零售业以及运输业得到广泛应用。各国已经认识到供应链在经济发展中有着举足轻重的作用，将其从企业微观层面提升到国家总体战略的宏观层面，并且把供应链政策作为增强产业竞争力和经济实力的重要工具。本章在此背景下，首先，分析了发达国家与中国推进智慧供应链创新应用的做法；其次，将中国与发达国家推进智慧供应链的做法进行比较，发现中国的智能技术还不够成熟，供应链柔性与可持续性方面也略显不足，供应链具体环节、创新产品市场覆盖以及知名企业供应链能力有待进一步强化；最后，在此基础上，本章提出了加速智慧技术应用产品的研发、着力培育智慧技术服务企业、将智慧供应链与供应链金融结合等建议，为今后我国发展智慧供应链提供了有益的参考和建议。

三 面向智慧供应链创新与应用的政策体系框架研究

本章首先总结了智慧供应链与传统供应链在技术特征、管理特征、组织特征上的关键差异；其次，对智慧供应链创新与应用发展的相关政策进行总结与分析，发现目前智慧供应链的政策大多仅停留在智慧技术的应用和制造业赋能上，在一些影响智慧供应链创新发展的关键领域和问题上，尚未形成系统的政策体系；最后，针对智慧供应链政策存在的主要问题，本章从智慧供应链金融与监管政策、质量与标准体系建设、政府公共治理三大主要政策体系和相关配套支撑政策展开，为我国智慧供应链创新与应用的政策制定提出具体建议框架。

四 智慧供应链视角下供应链金融信用评价机制研究

智慧供应链视角下供应链金融信用评价机制将为供应链金融的发展提供强有力的支持，能够在事前、事中、事后全过程帮助银行、核心企业、非银金融机构评估并监管融资方的信用水平，有效地控制金融风险。本章首先对传统的供应链金融信用评价机制进行了分析，发现传统评价机制存在标准化程度低、信息化程度低、业务操作流程繁复等问题，无法实现供应链金融效率的提升，不能够适应智慧供应链阶段供应链金融的需要；其次，对智慧供应链视角下供应链金融信用评价机制的特点进行了分析总结；最后，本章提出了一种将数据采集、数据分析、数据挖掘、动态评价、风险预警等功能集中在一起的智慧化信用评价系统，并提出围绕信用评价系统而开展的主被动两种业务的信用评价模式。

五 面向智慧供应链金融的监管机制设计

数字经济下，供应链呈现智慧化的特征，同时供应链金融也应该向智慧化迈进，科技进步为传统供应链金融监管机制的瓶颈的突破带来了机会，新的供应链金融监管机制急需建立。本章首先总结了传统供应链金融监管的瓶颈，例如中小企业的监管、核心企业的监管、信息流监管以及监管结构及范围；其次，对于智慧供应链金融创新监管机制的框架构建，从构建智慧供应链的框架入手，探讨了创新监管机制的创新重点；最后，对于创新监管机制运行的保障。本章给出了五点建议：一是政府要加强关于金融科技应用的立法，同时加强政策激励；二是应尽快制定相关行业标准，规范和强化市场准入门槛；三是要统一数据标准，提高数据质量，加强数据安全管控；四是要加强政企合作，建立公共信息平台；五是监管方积极应用新技术并健全人才培养机制。

六 支撑智慧供应链金融的可持续监管政策研究

本章聚焦中小企业在疫情下融资难的热点问题，对产融创新的智慧供应链金融模式进行研究。首先，梳理了传统供应链金融和智慧供应链金融的相关文献，拓展和深化了对智慧供应链金融现状与发展的研究；其次，从智慧供应链金融的特点入手，对比传统供应链金融，介绍了三种常见的模式，并对其通用的服务框架进行刻画，明确了智慧供应链金融服务的基础以及各个维度之间的关系，并以菜鸟网络、微众税银和易见股份为代表介绍实践进展；最后，结合问卷调研，了解政府监管、企业运营的现状与痛点，针对供应链金融企业在运营过程中面临的诸多瓶颈，制定清晰的监管目标，并从技术手段、人才培养、信用信息、操作风险、法律法规五个方面设计监管内容，从产业扶持、风险防范与智慧治理为政府监管提出政策建议，为政府实行智慧监管、整顿互联网金融秩序的政策提供方法论参考，助力智慧供应链金融的长远发展。

七 面向智慧供应链的供应链质量体系与标准化政策研究

中国经济进入了高质量发展的新时代，与传统供应链相比，智慧供应链的发展对供应链质量体系建设起到了更加积极的推动作用。本章首先分析了现有的智慧供应链下供应链质量体系构建的典型模式，分别为基于数字化供应链平台、基于数智化供应链生态以及基于一体化供应链物流的质量体系；其次，探究了面向智慧供应链的质量评价体系构建，从质量评价环节、质量评价指标以及质量评价方法三个方面出发，为合理高效的智慧供应链质量评价提供了坚实的技术方法支撑；最后，本章在促进智慧供应链质量体系建设方面，提出要鼓励战略性新兴产业、重点行业加强对智慧供应链质量管理体系、积极开展智慧供应链质量体系建设与试点示范两个建议。在推动智慧供应链标准化发展方面，提出要研究出台鼓励智慧供应链创新与应用的标准化政策、保持新旧标准体系以及新体系内部的协调一致以及积极开展智慧供应链质量标准的实施与应用等相关建议。

八 智慧供应链标准化体系设计

智慧供应链质量标准体系是探索影响智慧供应链质量的关键环节，将供应链各领域、各环节的标准，按照其内在联系而形成的科学有机整体，是包括现有的标准、应有的标准和相关标准立项在内的标准化成果。本章首先明确标准体系建设需要关注系统性、动态性以及预防性的基本要求；其次，提出智慧供应链质量标准体系的基本框架，具体包括智慧供应链质量标准体系的目标、构建原则、构建依据以及构建方法；最后，本章从智慧供应链基础通用标准、智慧供应链管理标准、智慧供应链技术标准、智慧供应链信息标准、智慧供应链服务标准五大方面对智慧供应链质量标准体系进行设计。

九 基于政府治理的智慧供应链绩效影响因素研究

本章基于政府治理相关理论，通过数据分析和理论推导，利用SPSS24.0和AMOS25.0软件构建整体结构方程模型探究了智慧供应链绩效影响因素研究。首先，研究发现在政府对智慧供应链治理影响因素体系中，政府治理供应链企业信息技术应用能力效果对供应链绩效的影响程度很大；其次，供应链关键要素的治理效果也可以对智慧供应链的绩效产生正向的影响，此外，政府治理主体的协同化程度以及治理信息协同化程度两项因素会对供应链关键要素的治理效果产生正向的影响；最后，在供应链绩效的相关影响因素中，政府治理信息协同化程度在影响因素中重要性最大，所以政府需首先将重心放在智慧政务信息平台的建设上，发展新型的政企交互方式，利用物联网、区块链、大数据、互联网等信息技术实现政企信息资源的协同，以尽快实现政府各部门、各层级的去中心化治理。

十 推进政府治理创新与治理模式构建的相关建议

政府的有效治理是我国智慧供应链健康高效发展的重要保障，本章将对推进政府治理创新与治理模式构建提出相关建议。首先，提出目前我国智慧供应链发展存在协同程度不高、企业智慧化水平有待提升、系统建设成本高、信息管理程度低以及智慧供应链发展人才配套支持不足四个方面的问题；其次，提出智慧供应链对政府治理创新的改革要求，即搞好智慧政府建设的顶层设计、创新政府治理方式、实现动态网络协同、推进政府数据开放共享、创新政企交互模式等；最后，基于以上分析，提出推进政府治理创新与治理模式构建的四点建议，旨在为智慧供应链实践提供有益的指导。

十一 面向智慧供应链创新与应用的政策体系研究

健全的智慧供应链政策体系对规范和促进智慧供应链的创新发展至关重要。本章通过详细分析智慧供应链创新与应用的三大关键特征及其对政策设计的要求，提出智慧供应链创新与应用的政策体系相应地要具备精准性、精细性和全局性。在金融与监管政策上，提出要进一步规范智慧供应链金融主体权责，提供差异化政策支持；利用新技术构建智慧监管体系；持续引导技术驱动的供应链金融创新，并及时更新相应政策等相关建议。在质量与标准体系建设上，提出要针对不同主体的质量管理需要，建设全面质量管理体系并确保其有效落地等相关建议。在政府公共治理政策上，提出要以智慧治理为支撑，实现对智慧供应链的多元共治等相关建议。

十二　推进智慧供应链创新与应用的配套政策研究

推进智慧供应链创新与应用的各项政策对供应链未来的发展至关重要，政策的制定和实施要符合当下智慧供应链的发展步伐及特点。首先，在供应链人才培养措施的理论基础上，提出学历型人才的培养要调整课程设置，着重于先进技术的教学与实践；企业型人才的培养需要政府、各高校以及供应链行业组织举办培训课程，学习理论知识；其次，在协会组织建设的理论基础上，从智慧供应链的视角提出了行业组织建设未来的趋势；最后，在试点示范的典型经验和做法的基础上，以智慧供应链的视角对试点城市和试点示范的重点任务进一步规范，试点城市要向智能城市转型，发展区域智能供应链，提高供应链的抗风险能力，同时建立智慧供应链标准；试点企业要提高自身管理水平，搭建信息一体化平台，拓展供应链业务，实现端到端全流程可视与智能管控。

第五节　研究创新点

智慧供应链创新与应用的研究在国内才刚刚起步，本书尝试性开展探索性研究，其创新点总体上有以下三个方面。

首先，本书识别了供应链服务创新向智慧化发展的趋势，丰富了智慧供应链领域的研究。越来越多的企业正在以物流互联网和物流大数据为依托，以增强客户价值为导向，通过协同共享、创新模式和人工智能先进技术，实现产品设计、采购、生产、销售、服务等全过程高效协同的智慧供应链组织形态，其"智慧"的特征突出表现在基于现代智能技术和供应链技术的应用，供应链全程运作可以实现可视化、可感知和可调节等功能。通过深入了解智慧供应链的特征和政策体系框架，帮助读者更加深刻地理解智慧供应链的发展规律和深远影响。

其次，本书识别了我国智慧供应链创新与应用发展过程中的痛点，为进一步发展智慧供应链提供了多元化建议。通过分析发达国家与中国推进智慧供应链创新应用的做法，提出了加速智慧技术应用产品的研发；着力培育智慧技术服务企业；将智慧供应链与供应链金融结合；鼓励个体创新、构建创新环境、加强市场监管等建议。此外，通过当前智慧供应链创新与应用发展的相关政策进行总结与分析，识别现有政策体系的不足，并提出了基于智慧供应链金融与监管、质量与标准体系建设、以政府公共治理为支撑的政策框架，为形成我国智慧供应链政策体系策框架提供建议。

最后，本书提出了智慧供应链领域的政策体系内容，为政府部门关于智慧供应链的政策部署提供决策参考。具体而言，智慧供应链金融与监管研究了智慧供应链视角下供应链金融信用评价机制、面向智慧供应链金融的监管机制设计、支撑智慧供应链金融的可持续监管政策三个方面内容；供应链质量与标准研究了面向智慧供应链的供应链质量体系与标准化政策、智慧供应链标准化体系设计两个方面内容；政府治理创新部分研究了基于政府治理的智慧供应链绩效影响因素、推进政府治理创新与治理模式构建的相关建议两个方面内容；政策体系设计研究了面向智慧供应链创新与应用的政策体系、推进智慧供应链创新与应用的配套政策两个方面内容。

第 二 章

中国供应链服务创新发展的趋势

供应链服务创新与应用是新常态下培育经济新功能的迫切需要，也是我国推进供给侧结构性改革、提升企业全球竞争力的现实选择。当前我国供应链服务创新呈现出整体发展迅速、地区差异性较大的特点，与此同时相关政策法规不够健全，需要我们认清现状、正视不足，促进行业的可持续发展。

第一节 中国供应链服务创新的现状与问题

一 行业快速发展，服务模式创新密集

在新一轮技术革命及产业革命驱动下，供应链创新正在全面铺开，供应链正在以更快的反应速度和应变能力面对更加开放的市场、更高水平的竞争以及更加多样化的客户需求，供应链服务创新模式不断涌现，目前的供应链服务创新模式大概分为以下三种：以怡亚通为代表的经典创新模式（供应链服务企业主导，由供应链服务企业提供供应链服务的专门组织，以现代信息技术为手段帮助客户降本增效、创造价值）；以京东为代表的电商平台主导的供应链服务创新模式（由电商平台通过智能技术为其平台上的各类供应商提供定制化、柔性化、快速化的供应链解决方案并加以金融服务支持）；以日日顺为代表的制造企业主导的供应链服务创新模式（由供应链服务企业提供供应链服务的专门组织，利用大型制造企业在需求规模上的集中优势，实现产品的价值增值和供应链服务的创新）。

二 区域发展不平衡，一线城市创新丰富

由于一线城市与二、三线城市在经济水平、科技实力、地理位置、人才数量及交通便利程度等方面存在着显著差异，我国的供应链服务创新水平存在着显著的区域发展不平衡问题。从数量上看，据《中国供应链创新与应用白皮书》统计，中国目前拥有供应链服务企业5000多家，其中深圳、上海分别有3000多家、500多家，与中西部城市形成鲜明对比。从服务创新水平上看，东南沿海地区城市供应链服务创新水平也要明显优于中西部城市，2011—2017年入选《中国供应链管理蓝皮书》的优秀企业有122家，主要分布在长三角和珠三角地区，仅北京、上海、广东、深圳4个城市就有65家优秀公司入选，占53.3%。

商务部、财务部自2017年起在天津、上海、重庆、深圳等17个重点城市开展供应链体系建设，建专业化的供应链综合服务平台。2018年商务部公布了供应链创新与应用试点城市55个，意在提升供应链服务创新的质量和水准。供应链服务创新应突破时空局限，协同不同区域实现资源整合、优势互补，在全国范围内建立网点，提升供应链网络的覆盖率，打造拥有强大跨区域服务能力和支持体系的供应链服务系统。2018年，我国一线城市涌现出许多供应链服务创新的优秀案例，如京东搭建的"智臻链"区块链服务平台，发力供应链新生态，使传统供应链转变为一个数字化、智能化、互联的供应链创新与生态型资源配置与服务平台；顺丰控股与夏晖在深圳成立合资公司，打造全新智慧供应链，使顺丰从一个快递公司向更快、更好的综合供应链服务公司发展；又如杭州宋小菜生鲜电商平台携手普洛斯运营B2B反向供应链，通过以销定采的B2B反向供应链模式，深入运营部分日常品蔬菜，从而加强供应链话语权。

三 服务细分市场基本形成，服务专业化水平不断提升

现代技术变革和产业分工的深化，推动了供应链服务细分市场的不断发展。供应链上游研发、设计、原材料采购，中游的生产制造、产能规划以及下游品牌经营、销售物流、客户服务等环节都成为供应链服务细分市场。目前，我国供应链服务企业的服务专业化水平不断提升，许多企业开始提供融合金融、技术、管理为一体的供应链智慧化、集成化解决方案。

如将区块链技术应用到供应链服务中，实现产品的实时追踪，增强供应链运行的安全性。2018年初清华大学同京东、IBM、沃尔玛中国等知名企业联合，成立了食品供应链区块链联盟，以猪肉供应链为例，IBM Blockchain 为京东、沃尔玛记录每一个供应商的每一笔交易环节，全程数字化追踪食品供应链，帮助零售商提升安全治理能力。同时，在医药供应链、汽车供应链、海鲜食品验证等领域，区块链技术的使用都可以帮助供应链企业进行质量管控，维护行业经济的安全。

四　相关政策出台，供应链创新与应用试点步伐加快

近年来，在中央、各级地方政府及行业协会的推进下，供应链服务创新与应用的试点工作取得了积极的进展。2018年4月17日，商务部发布了《商务部等8部门关于开展供应链创新与应用试点的通知》，其中提出开展供应链创新与应用试点的总体要求、试点城市重点任务、试点企业重点任务及相关组织实施程序和工作要求，并于2018年9月公示了相关名单。其中，试点城市55个，试点企业269家，遍布26个省份79个城市，70%左右的试点企业都在东部地区。从试点企业所在城市的分布情况来看，北京、上海、深圳、杭州、南京分列前五位。从企业业态来看：首先是核心企业最多，数量占到了39.41%，涵盖农林牧渔工的众多行业，核心企业具有天然的整合供应链、带领供应链上下游整体提升竞争力的优势；其次是贸易流通商，占到了33.09%，贸易流通类企业"生来"就是在组织行业的供需资源，并且通过自身的资金、物流、信息等优势构建生产企业与消费者之间的桥梁；最后是物流及供应链管理服务商，占到了23.79%；金融服务商只有7家，占比2.6%。

五　服务质量标准欠缺，风险管控有待加强

标准化是引领、规范供应链发展的重要技术保障，也是实现供应链科学管理和现代化管理的基础。整体上看，我国供应链标准化建设仍然滞后。一是供应链服务的环节、对象和形式众多，供应链服务质量不容易统一测度，标准化发展存在困难。二是我国的物流与供应链标准建设落后，尚未有专门的供应链标准化机构对供应链服务标准进行统一。尽管深圳市从2017年以来已经陆续制定了供应链的地方标准如《供应链服务术语》

（SZDB/Z 295—2018），但国家层面的供应链服务标准仍然是空白。

同时我国相关配套政策不足，行政管理体制条块分割，社会信用体系不完善，供应链服务的风险管控有待加强。供应链涉及产品设计、采购、生产、销售及服务等多个环节，近年来由于供应链风险管控不足造成的事故接连发生，如"上海钢贸诈骗案""国储铜期货巨亏事件""天津港钢贸事件"等，对行业和社会造成了巨大影响。现阶段我国尚未有全国统一的供应链行政管理机构，对供应链上下游企业无法起到行政规范和约束作用，企业经常面临多头管理、分段管理，没有全国性的统一管理模式，缺乏应有的解决利益矛盾纠纷的公信力和权威力。

第二节　中国供应链服务创新的发展趋势

供应链服务创新不应仅仅关注供应链某一环节，而是要关注整个链条上成员的协同与整合。当前市场中企业的竞争越来越多地演化为供应链与供应链之间的竞争，供应链上各企业为了提高整体供应链的效率和竞争力进行协调努力、紧密合作。在这样的协同竞争背景下，更需要关注供应链服务创新中呈现的发展趋势，加快解决当前存在的问题，促进供应链服务创新的健康发展。

一　智慧供应链创新与应用趋势日益显现

随着客户需求和服务能力的提升，我国供应链服务企业在今后一个时期内迫切需要与上下游制造、商贸企业深度融合，利用智慧技术深挖降低物流成本的潜力，逐步提升供应链全链条的竞争优势。智慧供应链将会成为发展的重点：越来越多的企业正在以物流互联网和物流大数据为依托，以提升客户价值为导向，通过协同共享、创新模式和人工智能先进技术，实现产品设计、采购、生产、销售、服务等全过程高效协同的智慧供应链组织形态，其"智慧"的特征突出表现在基于现代智能技术和供应链技术的应用，供应链全程运作可以实现可视化、可感知和可调节等功能。目前国内中外运、汇通天下、中储智运等国家重点物流企业正在智慧供应链服务创新上进行积极的探索。预期未来将会有更多的企业通过供应链管理的全程可视化有效运用大数据提供物流状态监控、销售预测、库存部署等增值服务，推进专业物流向价值链整合转型，从而打造智慧供应链，提升整个供应链流程的效率效能。

二 平台型服务供应链异军突起

随着人工智能、大数据、云技术等的发展，信息的记录、存取、数据挖掘和传播将会变得更加容易，平台型服务供应链正在异军突起。例如，中国外运集装箱 O2O 平台整合外部资源；海尔的 COSMOPlat 作为用户驱动的供应链大规模定制平台，将用户需求和整个智能制造体系连接起来；欧冶云商通过构建由交易服务、专业服务和区域服务平台组成的平台集群，为供应链上下游客户提供一站式服务。这些平台型服务供应链充分利用大数据跨界共享理念优化物流系统、改进需求预测的准确性，提供实时服务，催生供应链管理的创新。可以预计未来一段时间内，平台型企业将会继续在促进中小微企业参与集约化经营，推动企业打造核心竞争力等方面发挥重要作用。

三 内陆地区供应链服务发展势头强劲

当前，供应链资源整合、掌控能力不断增强，在信息化的推动下，我国内地供应链服务发展势头强劲，部分典型企业起到模范作用。西部地区的重庆、四川、陕西、甘肃等地越来越多的企业开始开展供应链服务创新。例如，怡亚通近年来开始拓展内地业务，2014 年在重庆设立西部怡亚通供应链管理有限公司，涉及供应链管理及相关配套业务；地处兰州的西部供应链管理有限公司，近年来在大宗物品货运配载、供应链管理服务、计算机系统开发维护等方面发展迅猛；又如成都的中锦供应链服务有限公司致力于打造集金融机构、生产贸易企业和现代物流企业等资源为一体的综合管理平台，提供资金、物流、数据分析和贸易结算等服务，目前已和多家企业及银行建立长期合作。因此，在今后一段时期内，以重庆、成都、西安、兰州等为代表的内陆地区供应链服务企业，将充分发挥协作引领、技术示范和知识输出等方面的外溢效应，辐射带动其他企业进行供应链服务创新。

四 供应链服务加快标准化建设成为关键

标准化是引领、规范供应链服务创新发展的重要技术保障，也是实现供应链科学管理和现代化管理的基础。整体上看我国供应链标准化体系建设仍然滞后。一是物流、零售领域自身缺少全国统一的标准，各个环节自成体系，难以形成完整通畅的供应链。二是信息技术标准不兼容，各种参数繁多，不同标准间缺少数据传输和交互转换的中间型平台，制约了物联网、云计算、大数据、区块链等信息技术在供应链中的应用。随着客户需求和企业服务能力的提升，未来如何加快供应链服务的标准化建设十分重要。例如，从技术规范标准化上看，国内射频识别技术相关标准亟须统一，无论是数据格式，还是射频识别产品标准，建立统一的标准可以解决射频识别产品在不同市场互不兼容、互通发展困难的问题；从行业标准化上看，国内区块链在底层协议、应用和标准等方面都不成熟，通过标准化体系建设，有助于解决区块链技术在供应链的应用难题。因此，供应链服务的标准化建设成为今后一个时期内服务创新发展的重要趋势。

第三节 促进供应链服务创新的相关建议

一 加快供应链服务创新应用

首先，应注重供应链服务创新相关知识的推广与应用，以信息技术快速发展和"互联网+"为契机，加大供应链知识普及力度，推动供应链在各行业深度应用，让更多的企业融入供应链，提升供应链整体效率和效益。其次，应注重供应链服务创新试点的建设，在国内选择产业基础较好、供应链服务创新应用较先进的城市作为试点，鼓励试点城市制定供应链服务发展的支持政策，推动当地重点产业进行供应链服务创新。最后，应在全国范围内树立供应链服务创新的典范，加强经验总结与宣传推广，支持企业根据自身情况灵活运用试点经验，促进试点示范经验在全国范围内的复制应用。

二 积极推进两业深度融合中的供应链服务创新

制造业物流总额占我国社会物流总额的90%以上，降低制造业物流成本，推动制造业供应链服务变革，加大制造业与物流业深度融合中的供应链服务创新，将促进制造业降本增效，支撑实体经济快速发展。要积极深化供应链主体间协同配合，推动制造企业与供应链服务企业在供应链各环节深度合作，加强专业化分工协作，通过服务外包、流程再造、重组整合等方式提高物流协同水平，提高客户响应速度。鼓励具有较强供应链竞争优势的制造企业发展供应链创新服务，在向社会提供专业化、高水平的运输配送、仓储管理等物流服务的基础上，进一步拓展维修、贸易、融资等增值性供应链服务，从单一的产品制造商逐步转向综合性的产品服务商，稳步提升制造业价值链。建议国家发改委等部门尽快出台两业深度融合发展的重点工程建设体系，推动两业融合工程实质性发展。

三　完善相关支持政策

相关配套政策对于促进供应链服务创新起到重要的作用。一是完善供应链多方协同治理体系，要建立跨部门和跨地区的供应链管理机制，以城市为核心建立城市供应链多方协同共治机制，联合开展供应链服务创新；二是加大财税支持力度，充分利用现有财政支持政策，设立供应链创新应用引导基金，完善供应链税收支持政策；三是优化金融扶持政策，加强政策性金融支持力度，鼓励供应链服务企业参与多层次资本市场融资，充分发挥供应链金融优势，支持实体经济健康发展。

四　培育全球领先的供应链服务企业

一是引导传统流通企业向供应链服务企业转型，大力培育新型供应链服务企业。推动建立供应链综合服务平台，拓展质量管理、追溯服务、金融服务、研发设计等功能，提供采购执行、物流服务、分销执行、融资结算、商检报关等一体化服务。二是要加强现代供应链服务行业税收计税方式研究，减轻供应链服务企业税务负担，加大对供应链服务企业的财政支持力度，推动经济高效发展。三是对供应链服务企业整合和自建的物流基础设施，给予相应政策支持。加大对供应链企业融资的支持，各大金融机构应对提供金融服务的供应链平台企业，建立适合的财务评价模型，利用大数据技术进行数据采集与分析，合理评估融资风险。

五 供应链专业人才培养仍需加强

供应链管理专业作为新兴交叉学科专业已在我国部分高等院校开始招生，其中武汉学院在2018年新设了供应链管理本科专业，中央财经大学、北京物资学院等8所高校于2019年新设了供应链本科专业，这标志着国家对于相关人才培养的不断重视。然而我国与发达国家的专业人才培养制度仍有较大差距，相关人才培养仍需加强。因此，一要加快制定详细的供应链管理人才开发战略和规划，鼓励重点高校设置供应链相关专业，探索产教融合、校企合作的人才培养模式。二是我们还应注重人才引进和利用计划，推动国家"千人计划""万人计划"等向供应链服务领域倾斜，大力引进通晓国际通行规则和熟悉现代管理的高级人才，并通过强有力的措施吸引、留住、用好人才。三是借鉴国际经验，建立供应链相关人才职业认证体系，如供应链金融、物流管理、供应链大数据开发等职业认证。

六 加大供应链服务行业协会建设

在2017年批准发布的《国民经济行业分类》（GB/T 4754—2017）中，明确了供应链管理服务单列统计类别：商务服务业—7224—供应链管理服务，这对供应链管理服务业持续、健康、有序发展起到了重要作用，但我国并没有相关的专业化行业协会组织，目前已有的中国物流与采购联合会、深圳市物流与供应链管理协会、浙江供应链协会等供应链服务相关的协会组织与当前迅速发展的行业市场需求仍然存在差距，加大行业协会建设势在必行。一方面，应加强行业组织、协会的自律功能，促进行业健康有序发展，鼓励行业组织推动供应链内部企业的交流和合作；另一方面，应开展供应链相关数据统计，支持供应链行业协会顺应服务业统计体系改革趋势，对供应链管理服务等新业态进行科学界定，健全相关制度和标准，为制定供应链创新应用政策提供决策依据。

第三章

国内外智慧供应链创新与应用的比较分析与经验借鉴

第一节 引言

2017年10月，国务院办公厅印发的《关于积极推进供应链创新与应用的指导意见》明确指出，要以提高发展质量和效益为中心，以供应链与互联网、物联网深度融合为路径，以信息化、标准化、信用体系建设和人才培养为支撑，创新发展供应链新理念、新技术、新模式，高效整合各类资源和要素，打造大数据支撑、网络化共享、智能化协作的智慧供应链体系。到2020年，形成一批适合我国国情的供应链发展新技术和新模式，基本形成覆盖我国重点产业的智慧供应链体系，培育100家左右的全球供应链领先企业，中国成为全球供应链创新与应用的重要中心。在此背景下，伴随高新技术迅速发展和国家政府部门的积极推动，中国的智慧供应链开始迅速发展。智慧供应链是以信息技术为依托，通过智慧技术、模式创新和全链条整合，实现产品开发、采购、生产、分销等全过程高效协同的新型供应链，其"智慧"的特征最主要体现在现代智慧技术的应用。

中国虽然已经开始推进智慧供应链，但与一些技术和体系较为成熟的发达国家相比，经验还较为不足。在人才、资金等方面，我国许多产业在全球竞争中仍处于全球供应链、价值链的中低端，与美国、日本、德国等发达国家存在不小差距。在既有的研究中，智慧供应链创新应用的比较和经验借鉴并没有得到系统的总结。因此，结合当今宏观经济形势和产业转型升级的格局，本书将研究着眼于智慧供应链，并就中国与发达国家智慧供应链创新应用现状进行分析与比较，借鉴发达国家的相关经验无疑是十分有必要的。

本书从不同国家智慧供应链的创新应用现状展开，总结了行业以及政策方面推进智慧供应链创新应用的做法。首先，本书通过总结国内外推进智慧供应链创新应用的典型做法，比较中国与发达国家在推进智慧供应链创新应用方面的不同要素，可以发现模式的差异，供决策参考。其次，从中国与发达国家在推进智慧供应链创新应用的多案例比较中，可以得到一些智慧供应链创新与应用的成功经验，同时也给目前我国智慧供应链创新应用带来一些有益启示，为中国企业"走出去"提供战略参考。

本书的主要贡献分为理论与管理实践两方面。在理论方面，与已有研究相比，本书首次考察了中国与发达国家智慧供应链创新应用在智能技术要素、供应链关键要素以及创新绩效要素之间的区别，为中国智慧供应链创新应用的研究提供了新的思路，为管理者进行相关决策提供了新的理论支持。本书还从智慧技术发展应用过程、供应链管理模式方法与经验、智慧供应链创新典型模式、推动智慧供应链创新的政策与智慧供应链全球化战略实施五个方面提出了符合中国国情的建议。在管理实践方面，本书的研究结果可以帮助政府以及各企业管理者根据公司自身的特点更好地选择智慧供应链实施方式，做出更合理的决策，并以此起到降本增效、节约资源和提高整个供应链效率的作用。

第二节 发达国家推进智慧供应链创新应用的做法

智慧供应链创新应用离不开新兴技术的使用。由于发达国家具备较高的科技研究水平，相对于发展中国家也更早将新兴技术运用于供应链变革过程中并形成成熟的体系，因此，本书将选取美国、德国、英国、丹麦、加拿大等发达国家的案例，研究这些发达国家推进智慧供应链创新应用的典型做法与主要政策。

一 不同行业推进智慧供应链创新应用的做法

世界银行2019年世界发展指数显示，美国的服务业增加值占GDP的

77.4%，制造业增加值占 GDP 的 11%；德国服务业增加值占 GDP 的 62.4%，制造业占 19%。近年来，各发达国家的产业结构已经大体趋于稳定，均呈现出重第三产业、稳第二产业的特点。因此，本书选取第二产业中的主要行业——制造业，以及第三产业中与供应链变革密切相关的零售业、运输业作为进行案例讨论的行业。

制造业典型企业依据《2019 中国制造强国发展指数报告》进行选取。该报告测算了九个国家的 2018 年度制造强国综合指数。其中，美国得分 166.06 分，位居第一；德国 127.15 分，位居第二；日本以 116.29 分位居第三。因此，在讨论制造业典型智慧供应链应用案例时，本书选取德国、美国以及日本的制造企业作为比较研究对象。

零售业典型企业以德勤发布的《2020 全球零售商力量》报告以及全球各大零售商公开的数据作为参考依据。报告显示，全球排名前 250 家的零售企业中，来自欧洲的企业最多，达到 88 家，占收入总额的 34.4%；美国企业规模最大，平均规模达到 276 亿美元，远远超过全球 250 强 190 亿美元的平均规模（德勤，2020）。因此，本书选取欧洲和美国的主要零售企业作为研究对象。

运输业典型企业基于 2016 年全球运输服务提供商的年度营收数据和主要营收的业务来源进行选取，排名第一的是来自美国的包裹企业 UPS，2016 年营收达到 609.06 亿美元；排名第三和第五的分别是来自德国的第三方物流企业 DHL 和来自丹麦的马士基集团，本书将对以上运输企业进行说明。

现将本节讨论中涉及的案例按照国家与行业进行整理归纳，并总结为表 3-1。作为技术强国，美国已较为全面地将智慧技术运用到制造业、零售业以及运输业的智慧供应链创新中，运用的技术涵盖人工智能、大数据、物联网、区块链、云技术等多个种类；德国作为工业大国，其制造业的智慧供应链创新应用情况较为突出，运作过程中涉及的智慧技术种类繁多，形成了较为完整的体系；其余国家则各有不同的侧重点。

表3-1　　　　部分发达国家部分行业智慧供应链创新应用

国家	行业	企业	主要技术	具体举措
美国	制造业	通用电气	数字孪生、人工智能	通过AI技术,使工厂流水线以最高的效率达到最好的效果。通过数字孪生,在虚拟环境下实现调试,优化运行状态
		卡特彼勒	云平台、人工智能	通过智慧业务规划平台来解决其供应链中的复杂性并实现动态定价
	零售业	沃尔玛	区块链、大数据	使用区块链技术来跟踪食品供应链的每个步骤,实现对食品安全的源头跟踪和治理。开发运输管理软件系统,并与物流链系统移动客户端进行完全共享,通过移动互联网与运输方共享信息
		亚马逊	大数据、云技术	"无人驾驶"智能供应链可以自动预测、自动采购、自动补货和自动分仓,并根据客户需求自动进行库存调整与交付
	运输业	UPS	大数据、云平台、物联网	建立特有的基于大数据分析的Orion系统,可以根据联网配送车辆传送到云端的远程信息,实时分析车辆状态、包裹状态、送货路线,并实时更新最优配送路线,实现智能路径调度
德国	制造业	西门子	大数据、物联网、云技术	在整个供应链过程中集成IT系统应用,实现涵盖设计、生产、物流、市场和销售等多个环节在内的产品全生命周期自动化管控
		戴姆勒	区块链、人工智能、云平台	AR技术主要应用于工厂的规划,虚拟零部件的安装测试,设备组件的生产等。奔驰宣布与华盛顿基于云的合同管理公司Icertis合作,将利用区块链技术打造更加透明的供应链
	运输业	DHL	物联网、区块链	构建适应供应链场景的集团级物联网平台,来支撑全球的业务拓展。采纳NB-IoT新技术+IoT平台,构建高效的园区泊位管理、资产定位等解决方案。此外,DHL还和HPE共同部署了基于智能合约和区块链技术的区块链解决方案
	零售业	麦德龙	大数据	数字化供应链,利用大数据对成本、基本投入、库存、门店管理进行科学管控

续表

国家	行业	企业	主要技术	具体举措
日本	制造业	松下	大数据、物联网、区块链	在全部工厂统一管理关于零部件采购和生产设备运行状况的数据。通过实现采购的共通化、将工作交给过剩设备，削减成本。部署了综合生产线管理系统"iLNB"，实现对整个车间的实时控制。与JDA合作，共同开发旨在优化工厂、仓库和零售数字供应链运营的解决方案
英国	零售业	Marks and Spencer	人工智能	在供应链的每个端点深度集成机器学习，计算机视觉和AI。商店中的每个屏幕和扫描仪都会创建数据，并使员工能够对数据采取行动。全球每家M&S商店都将能够实时跟踪，管理和补充库存水平，并应对突发事件
英国	零售业	Tesco	人工智能、云技术	建设开放式仓储管理解决方案、智能化供应链系统，与其供应商和客户对接整合，达到供应链可视化
英国	零售业	玛氏	云平台、物联网	使用Transparency-One供应链软件来监控其全球大米供应链，从而引领了可持续食品生产的道路。凭借对大米供应链的良好跟踪，玛氏正计划在其番茄供应链以及不久之后的箭牌糖果业务中应用该方案
荷兰	零售业	宜家	区块链	将供应链运营转移到以太区块链网络，通过ETH区块链网络上的智能合约与供应商进行发票交易和付款
法国	零售业	家乐福	区块链	利用区块链实现可追溯的食品供应链
丹麦	运输业	马士基	区块链、云技术	利用区块链技术提高贸易伙伴之间的信息透明度，并实现高度安全的信息共享。与JDA软件集团进行合作，构建基于云技术的SaaS智慧仓储体系

二 发达国家推进智慧供应链创新应用的相关政策

发达国家积极推动智慧供应链创新与应用，在诸多发达国家中，美国是第一个提出并系统实施供应链国家战略的国家。"二战"后，美国开始成为全球科学技术领导者,在此期间,联邦政府开始在许多前沿学科的基础和应用研究、基础设施和教育方面进行大量投资,并发布一系列政策以支持新兴技术发展。此外,美国还重点强调了教育的重要性,培养高水平人才,发展智慧技术,从而更好地推进智慧供应链发展。

各国扶持智能制造以及智慧技术发展的相关政策,也促进了智慧供应链的发展。对发达国家推进智慧技术以及智慧供应链创新应用的相关政策进行归纳总结,如表3-2所示。从表中可以看出,智能制造是发达国家支持最多的一个政策领域,以推动智能制造促进智慧供应链大环境的优化。

表3-2 部分发达国家推进智慧技术及智慧供应链创新应用的相关政策

国家	政策年份	政策/文件名称或来源	核心要点
美国	2009	"再工业化"计划	实现制造业智能化,保持价值链上的高端控制地位
	2012	《美国先进制造业国家战略计划》	消除本土研发活动和制造技术创新发展之间的割裂,重振美国制造业竞争力
	2016	《美国国家人工智能研究与发展策略规划》	规划了美国未来的人工智能发展方向,展示了本届美国政府对于人工智能等新技术的重视
	2017	美国国会	宣布成立国会区块链决策委员会。达成关于区块链技术大规模应用的共识,对于区块链保持开放态度,并做好准备将其应用于教育、商业和政府业务中
	2018	《为成功制定路线图:美国的STEM教育战略》	所有美国人将终生获得高质量的科学、技术、工程、数学教育,认为美国将成为该方面的全球领导者
		《国家先进制造业战略计划》	进一步推进先进制造业国家战略计划,确保供应链的可靠性以及弹性

续表

国家	政策年份	政策/文件名称或来源	核心要点
美国	2019	行政部门和机构负责人备忘录	支持美国先进制造业部门研发投资应支持优先智能制造、数字制造以及工业机器人技术，特别是由物联网、机器学习和人工智能推动的系统
英国	2008	"高价值制造"战略	强调了应用智慧技术提高制造业附加价值
英国	2013	《制造业的未来：英国面临的机遇与挑战》	注重制造业整体价值链发展。政府应鼓励新商业模式，发展研发集群，满足制造业价值链的特定要求
英国	2015	《加强英国制造业供应链政府和产业行动计划》	在国家战略层面要求不断促进物联网、大数据等智慧技术在供应链不同环节的应用
英国	2018	英国技术发展部门	将投资总额为1900万英镑的项目，大力支持新兴科技（包括使用区块链）领域的新产品或服务
德国	2012	《德国联邦政府ICT战略：数字德国2015》	制订运输研究计划，重点研究领域包括智慧物流；尝试在整个供应链上应用信息技术
德国	2013	《德国工业4.0战略》	在制造业积极构建智能化和信息化的供应链
德国	2019	《国家工业战略2030》	促进人工智能、数字化、生物科技、纳米技术，促进中小科技企业发展、促进风险资本投入、打造欧洲自主的数据基础设施
法国	2013	《新工业法国》战略	发展大数据、云计算、物联网、智能工厂等技术，意在通过创新重塑工业实力
法国	2015	新工业法国Ⅱ	生产制造转向数字化、智能化，发展大数据经济、智慧物流、物联网等

续表

国家	政策年份	政策/文件名称或来源	核心要点
日本	2015	《日本机器人战略：愿景、战略、行动计划》	在制造业与服务业将机器人与IT技术、大数据、网络、人工智能等深度融合
	2017	"未来投资战略"	加大人才投资，促进物联网和人工智能的开发应用

第三节 中国推进智慧供应链创新应用的做法

一 中国智慧供应链创新应用现状

在全球化的视野下，随着市场需求和智慧技术的驱动，供应链也相应延展至全球范围，智慧供应链变革趋势尤为明显。近年，我国已成为全球最大的物流供应链市场，国家陆续出台多项政策法规，持续鼓励物流业转型；资本运作也进一步推动物流业的整合；物联网、人工智能、云技术等科技与供应链深度融合，智慧供应链进一步健康发展。

制造业方面，根据"2019中国制造业企业500强榜单"，本书从上榜的前十家企业中选取中国石油化工集团有限公司、华为投资控股有限公司、中国第一汽车集团有限公司、北京汽车集团有限公司四家企业作为研究对象。零售业方面，根据2019年中国零售100强榜单，本书选取榜单排名前两位的零售企业（由于天猫属于阿里巴巴集团，因此研究对象拓展为阿里巴巴），对其智慧供应链创新应用情况进行分析，并将其自建物流作为运输业案例进行介绍。

现将本节讨论中涉及的案例按照行业进行整理归纳，并总结为表3-3。从表中可以看出，作为智慧技术的后起追赶者，中国已将各类技术运用于制造业、零售业及运输业的供应链创新中。自改革开放以来，我国已成为世界制造大国，智慧供应链创新应用正对中国的制造业产业发展和分工格局产生深刻影响，推动形成新的生产方式、产业形态、商业模式。在当今的零售业，高效的智慧供应链体系是零售企业提升竞争力以及消费者体验的关键要素之一。在中国，线上线下全渠道打通的智慧新零售业态迅速发展，零售业供应链平台化整合水平较高，但创新型技术变革还有待进一步发展。在运输业方面，中国的运输企业已不只局限于智慧物流网络的构建，还在智慧仓储、自主研发等方面做出了贡献，更为有机地融入了智慧供应链生态环境中。

表3-3　　部分中国企业智慧供应链创新应用现状

行业	企业	主要技术	具体举措
制造业	中国石油化工集团有限公司	人工智能、物联网、大数据、云技术	自主研发智能供应链系统、工业互联网平台并上线运行，与京东合作建设智慧加油站试点
	华为投资控股有限公司	物联网、大数据、信息技术平台、区块链	启动集成供应链变革项目，开展智慧物流与数字化仓储项目，在其内部物流过程中开展区块链实践
	中国第一汽车集团有限公司	物联网、IT服务化平台	应用自动化智慧物流系统，运用智能叉车、AGV等智能技术，提升工厂物流效率；建设基于IoT技术的汽车零部件智能仓库；引入智能采购平台
	北京汽车集团有限公司	大数据、物联网	建立了由先进的工业技术和设备组成的智能透明的数字工厂，部署智慧物流系统
零售业	京东集团	大数据、人工智能	在某些品类中使用大数据和人工智能进行产品选择、合理定价以及相关供应链数据的分析和可视化；正在深入构建人工智能零售业务预测平台；上线了智慧供应链商家开放平台
	阿里巴巴集团	大数据、人工智能	对商家开放了智慧供应链平台；建立结合计算机视觉、时间序列、深度学习、机器学习等技术，覆盖生产、销售、物流等环节的智慧供应链

续表

行业	企业	主要技术	具体举措
运输业	京东物流	大数据、云计算、人工智能、物联网	建立了数字化运营体系，包括智慧化平台、数字化运营和智能化作业，涵盖仓储、运输与配送的各个环节
	菜鸟物流	人工智能、物联网、IT技术平台	建立协同的IT技术平台、自动仓储系统架构，应用IoT技术实现配送场景数字化；设立ET物流实验室，自主研发前沿科技

二 中国推进智慧供应链创新应用的相关政策

近年来，中国已逐渐成为世界供应链的中心，供应链相关战略也已不断上升为国家战略，实施并持续优化供应链战略已成为中国经济发展的必然选择。如表3-4所示，政府陆续出台多项政策及文件，有力地推进了智慧供应链体系的建立，鼓励发展全方位智慧供应链创新应用。

中国的供应链政策起步较晚，直到2017年，才首次明确就供应链创新发展出台纲领性指导文件。为了加速经济全球化和产品全球化的步伐，我国政府从国家层面提出多项政策意见，建设基础设施，布局智慧供应链，推动实体经济与智慧技术的深度融合。目前，在各项政策的支持下，中国供应链发展已经进入"供应链+"的新阶段，"供应链+制造""供应链+服务""供应链+金融"等多种业态正蓬勃发展。

表3-4 中国推进智慧供应链创新应用的相关政策

政策/文件年份	政策/文件名称或来源	核心要点
2015	《中国制造2025》	开展新一代信息技术与制造装备融合的集成创新和工程应用
2016	《国家创新驱动发展战略纲要》	以科技创新为核心推动全面创新，促使产业分工从价值链中低端向价值链中高端转变
	《中国区块链技术和应用发展白皮书（2016）》	介绍了中国区块链技术发展的蓝图以及未来区块链技术标准化的方向和过程

续表

政策/ 文件年份	政策/文件 名称或来源	核心要点
2016	《"十三五"国家信息化规划》	重点发展区块链与大数据、人工智能、机器深度学习等新技术
2017	《增强制造业核心竞争力三年行动计划（2018—2020）》	加强推动互联网、大数据、人工智能和实体经济深度融合
2017	《关于创新管理优化服务培育壮大经济发展新动能加快新旧动能接续转换的意见》	在人工智能、区块链、能源互联网、大数据应用等交叉融合领域构建若干产业创新中心和创新网络
2017	《关于积极推进供应链创新与应用的指导意见》	以供应链与互联网、物联网深度融合为路径，以信息化、标准化、信用体系建设和人才培养为支撑，加快智慧供应链创新体系发展
2018	《关于开展2018年流通领域现代供应链体系建设的通知》	强化物流基础设施建设，发展智慧供应链，推动大数据、云计算、区块链、人工智能等技术与供应链融合
2019	《政府数据供应链白皮书》	数据供应链体系建设助力政府数据治理与运营

第四节　中国与发达国家推进智慧供应链的比较

在中国与发达国家推进智慧供应链创新应用的比较中，需要重点比较三个方面的要素。第一是智慧技术要素，即比较不同类型智能技术在中国及发达国家的应用水平；第二是供应链关键要素，即比较供应链渠道、供应链柔性与供应链可持续性；第三是创新绩效要素，即比较智慧供应链创新与应用带来的供应链绩效，包括供应链具体环节、创新产品的市场覆盖与知名企业的供应链能力。

一 智能技术要素比较

在智慧供应链的体系架构中，作为各个行业核心竞争力的源泉，智能技术是其架构建设的基础。

在数据方面，中国是数据收集和应用的世界领导者，数据规模也十分庞大，使用环境更加丰富；但是，与发达国家相比，数据处理的核心技术、数据共享程度以及相关支撑体系仍然存在差距。

在技术研发方面，中国的自主研发水平还有待提高。日本在云技术的研发方面较为领先，自主知识产权产品较多；美国的信息技术系统具有高度的成熟度，整体应用时间较长，整体实力领先，中国则在部分智能技术方面突出。从人才角度来看，中国在数量与质量方面均落后于发达国家。

在技术应用方面，中国更加擅长将技术落地。2019 年，微软对来自世界各国的 3000 余名企业决策者进行了调查，结果显示，有 88% 的中国企业决策者正在将物联网应用到企业运营过程中，应用率排名第一。目前，中国在区块链产业政策中逐渐引领全球，深圳、杭州、广州、贵阳等地都在政府扶持下积极建立区块链发展专区，政府从国家层面进一步推动区块链发展，并将其与供应链创新应用有机结合。

表 3-5 给出了中国与发达国家智能技术要素对比的汇总结果。

表 3-5　　中国与发达国家智能技术要素对比

智能技术要素 \ 比较对象	中国	发达国家
数据	是收集和应用的世界领导者，数据规模大，使用环境丰富	拥有全球公认的大数据行业领军企业，在数据处理的核心技术方面领先
技术研发	自主研发水平有待提高，部分智能技术突出，人才数量与质量均落后	日本云技术领先，美国信息技术系统成熟，发达国家整体实力领先
技术应用	擅长技术落地，区块链与物联网应用快	将智能技术与行业结合更早

二 供应链关键要素比较

在对供应链关键要素进行比较时，本书主要针对供应链渠道、供应链柔性与供应链可持续性进行讨论。

在新零售时代，线上和线下销售渠道有机融合，供应链向数据推动的服务体系转型。与发达国家相比，中国的企业多渠道供应链的发展更占先机，阿里巴巴、苏宁、京东等企业在打通线上和线下渠道的基础上，将供应链金融有机结合，为用户提供更好的消费体验，同时增强企业的竞争力。在发达国家，像亚马逊这样的零售电商巨头也已经向线下渠道发展，打通多渠道供应链。

柔性化供应链能够根据消费者需求，对零散的订单信息进行处理，为消费者提供定制化的产品或服务。来自瑞典的H&M、西班牙的Zara和日本企业优衣库等快消服饰企业已经应用大数据、人工智能等智慧技术，精准分析市场数据，从而合理分配产能，增强供应链柔性。目前，中国的供应链柔性化趋势也在加速，使信息化改革贯穿整个链条，但作用并不明显，相比于发达国家还有待发展。

可持续供应链包括生态可持续性与经济可持续性。如今，一些发达国家的大企业已要求其供应商履行生态责任。例如，美国通用电气从2004年开始在中国实施绿色供应链项目；韩国三星公司实施可持续供应链管理策略，为其2500余家供应商提供技术和经济支持，鼓励绿色管理。相比发达国家，中国的可持续智慧供应链仍处于起步阶段，在生态可持续性方面，中国的贡献还略显不足。华为在扩大市场规模与销售额的同时在环境等方面也有大量投入，并带动了整个供应链的可持续发展，是中国企业注重其供应链生态可持续性的良好开端。

将本节对中国与发达国家供应链关键要素的对比进行总结，如表3-6所示。

表3-6　　　　　　　中国与发达国家智慧供应链关键要素对比

供应链关键要素 \ 比较对象	中国	发达国家
供应链渠道	企业多渠道供应链的发展更占先机，代表企业有阿里巴巴、苏宁、京东	零售电商巨头已经向线下渠道发展，打通多渠道供应链，代表企业有亚马逊、沃尔玛
供应链柔性	服饰及鞋类供应链柔性化趋势加速，但相比于发达国家还有待发展	一些服饰企业已应用智慧技术增强供应链柔性
供应链可持续性	在推进可持续供应链的生态责任方面略显不足	欧美国家与日本成为绿色智慧供应链的领导者

三　创新绩效要素比较

在讨论创新绩效要素时，我们将从供应链具体环节（物流）、创新产品市场覆盖情况以及知名企业供应链能力三方面入手，进行分析与比较。

从物流环节来看，中国的物流规模很大，但运行成本很高。2018年中国物流成本占GDP的比重高达14.8%（美国仅占8%），在物流行业，满足现代物流要求的仓储仅占12%。反观美国等发达国家，在物流业大面积应用智慧运输系统、智慧交通信息系统和安全管理系统，企业的预测能力和协同能力十分出色。

从创新产品市场覆盖情况来看，中国智慧供应链创新相关产品覆盖率较低。目前，中国万名产业工人所拥有的工业机器人数量仅有30台，而全世界均值为60台。许多企业看似设立了供应链部门，但它们无法形成真正意义上的供应链。在发达国家，智慧技术在供应链管理中的应用十分广泛。通过智能决策与智能预测等技术，企业能够提高运营能力，并降低成本。

从知名企业的供应链能力来看，中国企业的智慧供应链能力还有待提高。根据知名咨询机构Gartner连续第十五年发布的全球供应链榜单，25强中仅有阿里巴巴一家中国企业上榜，被荣誉提名的企业中，中国只占据三席。目前，中国企业正在积极建设智慧供应链体系，从速度和质量方面追赶发达国家。

将本节对中国与发达国家智慧供应链创新绩效要素的对比进行总结，如表3-7所示。

表3-7　　　中国与发达国家智慧供应链创新绩效要素对比

创新绩效角度＼比较对象	中国	发达国家
供应链具体环节（物流）	物流规模大，但成本高；物流成本占GDP的15%	物流成本占GDP约10%；物流业大面积应用智慧运输系统、智慧交通信息系统和安全管理系统
创新产品市场覆盖	创新相关产品覆盖率较低；万名产业工人所拥有的工业机器人数量仅有30台	万名产业工人所拥有的工业机器人世界均值为60台；智慧技术在供应链管理中的应用十分广泛
知名企业供应链能力	全球供应链25强中，仅有阿里巴巴一家中国企业上榜；被荣誉提名的企业中，中国只占据三席	供应链大师级企业全部来自发达国家；企业保持高水平研发投入，利用新兴技术提高响应能力

第五节　发达国家推进智慧供应链创新应用的经验借鉴

通过上文对各国推进智慧供应链创新应用做法的分析与比较，本书将借鉴发达国家经验，对以下四方面进行总结。

一　智慧技术发展和应用过程

在上文将中外智能技术要素进行比较的过程中，我们发现中国的智慧供应链还存在相关技术研发水平低的问题，与世界先进水平仍有一定差距。为此，我们从国内与国际两个角度提出参考建议。

从国内角度来看，中国应加速智慧技术应用产品的研发，抢占下一阶段的先机；着力培育智慧技术服务企业，促进智慧技术与企业供应链的有机结合。

从国际角度来看，中国应注重国际合作，在引进先进技术的同时，积极学习发达国家先进经验，努力实现弯道超车。在掌握核心技术、应用创新环境、建设标准化体系方面，根据细分市场特点和国情，更应形成具有中国特色的智慧供应链发展道路。

二 供应链创新模式方法与经验

在智能化的时代，市场供需不确定性的增加、商业竞争环境激烈、顾客的定制化要求等因素使得供应链上各企业要根据智慧供应链的特点，发展新的供应链管理模式和方法。

未来，中国的智慧供应链管理模式应趋向行业化、专业化，将核心技术部分交给更专业的人员完成；在意识到信息重要性的基础上，设法全面、即时、高效获取供应链上下游数据，提高生产柔性和交付速度，以数据驱动和数据共享为依托满足客户需求。

此外，考虑到供应链金融业务在中国的良好发展趋势，中国还可以将智慧供应链与供应链金融结合起来，利用区块链等智慧技术，建立可管控的封闭供应链金融体系，做到资源配置优化，活用资本。

三 推动智慧供应链创新的政策

从表2-3及表2-4中可以看出，发达国家智慧供应链创新的诸多成果，与其积极出台政策支持智慧技术发展、顺应创新发展需求、持续推进体制完善和创新密不可分。然而在中国，政府出台的支持供应链创新与应用发展的相关政策仍然侧重于传统供应链范畴，并没有突出体现智慧供应链的特点。加快智慧供应链相关创新与应用，将成为我国政府深化经济改革的必要途径和必然选择。

第一，从鼓励创新的政策角度来看，中国应为智慧供应链创新提供更大的空间；为市场主体营造有利于智慧供应链建设的激励机制，激发各行业建设智慧供应链的积极性。

第二，从构建创新环境政策角度来看，中国应当加快构建适合智慧供应链发展的体制机制，优化供应链发展环境；提升供应链竞争力，促使供应链从资源和劳动密集型向知识技术密集型转变。

第三，从市场监管政策角度来看，中国应加快推进智慧供应链标准体系建设和监管体系建设。诸多基础物流单元标准的不兼容，会导致供应链在智能化过程中出现标准不统一等问题。

第四，从国际政策角度来看，中国应当加强与其他国家的交流与合作，继续推进国家供应链全球战略和新兴技术人才培养。例如，提供专为中小企业定制的支持服务，以刺激中小企业追求各种形式的创新。

四 智慧供应链的全球化战略实施

在全球协作与分工日益成为主流的经济全球化时代，企业需要在全球范围内组合供应链，以全球化的视野，将供应链延伸至整个世界范围，根据自身需求在世界各地选取最具竞争力的优秀合作伙伴。通过上文的分析我们发现，中国已经开始布局智慧供应链以打造全球化竞争优势，但中国企业的智慧供应链全球化战略仍与发达国家跨国企业有一定差距。

随着中国企业逐渐登上世界舞台，各大企业既要研究如何推动企业内部和企业间的组织协同，更要思考如何推动自身在国家和地区之间的组织协同，构建全球智慧供应链综合体系。全球化的供应链涉及核心企业以及众多供应商和零售商，易出现信息不对称的问题，中国企业可以考虑通过建立智慧供应链战略合作伙伴关系和加强信息共享透明度的方式规避全球化过程中可能出现的风险。同时，需要保持高水平研发投入、持续发展数字能力和数字价值链、利用新兴技术提高响应能力。此外，要坚持互惠共赢、紧密合作的原则，打造一体化供应链。

第六节 结论

需求驱动的市场环境下，供应链与智慧技术以及传统产业的深度融合正成为大势所趋。目前，智慧技术已在世界范围内的制造业、零售业以及运输业得到广泛应用。各国已经认识到供应链在经济发展中举足轻重的作用，将其从企业微观层面提升到国家总体战略的宏观层面，并且把供应链政策作为增强产业竞争力和经济实力的重要工具。中国的供应链智慧化进展不断加快，与发达国家相比，中国的智能技术还不够成熟，供应链柔性与可持续性方面也略显不足,供应链具体环节、创新产品市场覆盖以及知名企业供应链能力有待进一步强化。为此,本书提出了加速智慧技术应用产品的研发;着力培育智慧技术服务企业;将智慧供应链与供应链金融结合;鼓励个体创新、构建创新环境、加强市场监管等建议。

相比传统供应链,智慧供应链的研究还有许多亟待补充与丰富的研究方向。例如,可以在研究中融入新兴技术的特点以及与传统供应链的差异,为现实企业中的管理者开发、实施供应链管理提供启发,将会产生更多有价值的研究成果。另外,目前大规模应用智慧供应链的行业包括物流业、制造业、医疗业、农业等,这些行业具有十分鲜明而迥异的特点,未来的研究可以采用建模与实证分析等多方法结合,从供应链管理的视角出发,分析各个行业供应链中对各类智慧技术的不同需求,丰富智慧供应链研究,为各行业管理者提出有价值的参考建议。

第四章

面向智慧供应链创新与应用的
政策体系框架研究

第一节　智慧供应链与传统供应链的关键区别

与传统供应链不同，智慧供应链的创新与应用在技术、管理、组织等方面呈现出关键的差异。在技术特征上，多元的智慧技术及其快速的更新迭代推动智慧供应链效率的不断提升和供应链多环节的有机集成；在管理特征上，智慧供应链的柔性管理机制与决策的协同化发展提高了快速响应与弹性运作能力；在组织特征上，智慧技术赋予的全程可视化、可感知、可调节的运作使供应链结构更具系统性，主体间的关联性和互动性也更强。

第二节　智慧供应链创新与应用发展现状

伴随我国新一代智能技术的不断创新应用，智慧经济开始崛起，在国家各项政策的大力支持下，智慧供应链发展渐成潮流。2017年10月5日，国务院出台了《国务院办公厅关于积极推进供应链创新与应用的指导意见》（下称《意见》），明确提出"打造大数据支撑、网络化共享、智能化协作的智慧供应链体系"。2021年4月商务部提出要通过供应链创新与应用示范创建，力争用5年时间培育一批全国供应链创新与应用示范城市和示范企业。各省市也相继发布了供应链体系建设试点工作方案，积极推进智慧供应链的创新发展。

在实践上，众多企业投入到智慧供应链的建设浪潮中，主要体现在制造业、零售业、电力以及运输业等不同行业中。例如，在制造行业，中石化近年来利用人工智能、物联网、大数据等技术开发运营智慧供应链系统和工业互联网平台，与京东合作建设智能服务站；华为利用物联网技术、大数据、信息系统平台等，启动供应链整合工程，实施智能物流和数字仓储工程，在内部物流过程中实施区块链。在零售行业，京东集团运用技术实现用户产品选择、企业定价等环节的智能分析，构建了零售业人工智能预测平台，并最新上线智慧供应链开放平台，启动数智化供应链转型发展。在运输物流行业，菜鸟物流网络利用人工智能、物联网等技术构建协同IT平台和自动化仓储系统架构，建立物流电子技术实验室，自主开发先进运输网络规划与调度技术。在电力行业，国家电网率先打造"e链国网"的一站式供应链服务平台和"五E一中心"供应链管理平台（ERP企业资源管理系统、ECP电子商务平台、EIP电工装备智慧物联平台、ELP电力物流服务平台、E物资—物资作业系统统一移动服务门户和ESC供应链运营中心），推动智能采购、数字物流、全景质控三大业务链有序运作。在行业联盟中，为促进智慧供应链的广泛布局与产业协同发展，行业内部及跨行业的多个智慧供应链联盟先后成立。比如，东方驿站、百世集团等六大头部企业共同成立"智能+供应链生态联盟"、社交电商平台贝店成立"贝店全国智慧供应链联盟"等。

第三节　智慧供应链创新与应用发展的相关政策现状

近年来，我国政府管理部门对促进供应链数字化转型、发展智慧供应链创新与应用非常重视，陆续出台相关政策引导我国智慧供应链的发展。2021年3月，国家发改委《关于加快推动制造服务业高质量发展的意见》中指出，推动制造业供应链创新应用，利用5G、大数据、人工智能、区块链等新一代信息技术，稳步推进制造业智慧供应链体系，创新网络和服务平台建设，推进重点行业供应链体系智能化，逐步实现供应链可视化。2021年4月，银保监会发布《关于2021年进一步推动小微企业金融服务高质量发展的通知》，强调要加强产业链供应链金融创新，充分运用大数据、区块链、人工智能等金融科技，在农业、制造业、批发零售业、物流业等重点领域搭建供应链产业链金融平台。然而，目前关于智慧供应链的政策大多仅停留在智慧技术的应用和制造业赋能上，在一些影响智慧供应链创新发展的关键领域和问题上，尚未形成系统的政策体系。例如，供应链金融是促进智慧供应链发展的润滑剂，但智慧供应链金融的相关政策研究仍然非常薄弱；供应链质量与标准的建设是构建智慧供应链稳健运行的重要基础，但围绕该领域的政策仍然是空白的；在政府治理中，现有的政策难以适应智慧供应链运行与发展的规律，迫切需要全新设计。

一 政策虽有设计，但精细性不足

以智慧供应链金融与监管政策为例，当前的政策内容大多强调核心企业与商业银行的发展，对于非核心企业、新兴的金融科技企业和民间借贷组织的相关政策尚不明朗。在质量与标准体系建设上，现有政策尚未对智慧供应链视角下的质量体系做出规定，也未对智慧供应链的相关标准建设提出新的要求。

二 政策虽有规划，但整体性不足

在供应链金融政策中，智慧供应链金融及监管的政策大多只涉及独立供应链金融主体，缺乏对主体之间的协调管理和站在供应链整体角度的统筹规划。在供应链质量与标准体系建设中，现有政策缺乏对智慧供应链质量与标准体系建设的整体规划，尚未形成一套完整的政策支持。

三 政策虽有布局，但实施难度较大

在供应链金融政策中，既有政策尚未深度剖析智慧供应链模式下金融服务的新变化，比如风险传导速度更快、隐蔽性增强等，导致实施环节难度较大。在质量与标准体系建设上，既有政策虽有对于实施主体与过程的规定，但如何监督落实还有待完善，推动实施难度较大。

四 政策虽有出台，但存在较大滞后

随着智慧供应链的发展，智慧技术不断催生创新的应用场景。而政策

出台往往滞后于行业发展，无法及时匹配新变化，在金融监管、质量与标准、政府治理等方面存在较大的滞后性。

第四节 智慧供应链创新与应用的政策体系设计的总体要求

从技术特征来看，技术的快速变化要求政策支持的重点具有政策精准性，政策手段也要充分利用智慧技术；从管理特征来看，多主体合作的柔性管理机制要求政策体系强调政策的个性化与前瞻性特点，即政策精细性；从组织特征来看，供应链多主体合作的组织特性要求政策体系必须考虑到多成员的合作共同利益，不能以偏概全，即满足政策全局性；从发展特征来看，强调政策设计要符合不同发展阶段进行因地制宜的变化，满足政策渐进性。

一 政策精准性

政策精准性要求能够准确地把握智慧供应链政策体系中的关键堵点，制定科学、合理和精准的政策，即精准切入，直击要害。政策精准性由政策主体、政策客体、政策目标和政策工具等政策系统的不同维度所决定。[1] 提高政策精准性，一是需要精准界定多元主体的责任分工和协作关系。二是需要精准锚定政策发生作用的对象。三是需要精准设定政策实施预期达到的效果和要求。四是需要精准运用实现政策目标的机制与手段。因此，政策主体需要重点推进政策设计阶段的技术赋能和数据驱动，实现精准调研和精准决策。[2] 一方面，政策设计需要提升收集、挖掘数据信息的能力，通过运用大数据和各类智能决策技术实现政策设计前期的精准调研，为精准决策提供重要参考；另一方面，政策主体需要通过数字化平台充分集成多元主体的研判和意见，完善与专家智库和社会公众的信息交流和反馈机制，极大地发挥集体理性优点，提高政策决

---

[1] 廖燕珠：《政策精准性视角下复工复产政策文本研究——基于深圳市 115 份政策文本的内容分析》，《安徽行政学院学报》2020 年第 4 期。

[2] 付超：《公共政策精准性的影响要素与提升对策》，《领导科学》2018 年第 21 期。

策的质量。

二 政策精细性

政策精细性要求能够覆盖政策目标包含的细节问题，制定完善、深入、细致的政策或系列政策。提高政策精细性，需要配合有针对性的政策目标和精细入微的政策措施。一是需要针对不同的政策客体进行政策细化，提高对个性问题的关注；二是需要提高对关键问题、潜在问题的识别，提高政策的灵活性；三是需要紧密结合社会发展、产业发展的趋势，提高政策的前瞻性。因此，政策主体间需要在提高政策精细性上细化分工、紧密衔接。一方面，考虑到单一政策主体无法完全顾及繁杂多变的问题和不同客体的现实需求，应强化企业、公众等多元主体在政策设计阶段的参与度，作为一种重要的补充力量推动政策设计的精细化；[①] 另一方面，应着力关注智慧供应链不同主体合作的柔性管理机制，各政策主体应在各自负责的领域向精细治理转化，既要为智慧供应链创新与应用赋予合理的发展空间，又要真正做好规范管理。

三 政策全局性

政策全局性要求从供应链整体利益的角度出发，制定全面、包容的政策。提高政策全局性，需要切实加强战略与政策研究，提高政策的站位和高度。一是需要增强大局意识，与国家创新驱动发展战略保持高度一致。二是需要增强系统观念，统筹供应链各主体合作的共同利益和冲突，协调多主体合作关系。三是要强化引领作用，调动各方开展智慧供应链创新与应用的积极性。因此，政策主体需要坚持系统思维，加强战略实施与政策设计的协调性和一致性。一方面，必须坚持战略与政策设计创新，紧密结合智慧供应链创新与应用领域新的实践需要，充分调动内外部资源来推动政策完善；另一方面，需要做好全局规划，加强系统思考和科学统筹，提高政策设计的先动性、自觉性，将"被动工作"转化为有计划的"主动性、创造性工作"。

---

① 雷晓康、张田：《数字化治理：公众参与社会治理精细化的政策路径研究》，《理论学刊》2021年第3期。

四 政策渐进性

政策渐进性要求根据智慧供应链不同发展阶段的特征和需要进行政策调整、补充和完善。提高政策渐进性，要求政策设计紧密结合智慧供应链创新与应用在不同阶段的发展变化。根据政策指导作用的不同，政策主要包括基本政策和具体政策。其中，基本政策具有全局性和全面指导性，具体政策是为执行基本政策而制定的局部政策或阶段性政策。[1] 因此，政策主体需要从基本政策制定和具体政策制定两个维度出发，提高政策渐进性。一方面，在基本政策制定前做好扎实的产业发展预测，实现超前规划设计，有效提高基本政策的延续性、可持续性，确保基本政策对后继渐进性政策具有稳定的现实指导意义；另一方面，做好产业发展的持续调研。智慧供应链的发展是一个动态演变的过程，随着智慧供应链的创新和应用的深入，将可能面临新的问题和挑战。决策者需要掌握智慧供应链发展的实时动向，结合基本政策纲领和具体问题的现实需求，有序推动渐进性政策的设计，实现在迎合发展条件变化的同时，保持政策体系的整体性和稳定性。[2]

第五节 面向智慧供应链创新与应用的政策体系研究框架

针对智慧供应链政策存在的主要问题，我们从智慧供应链金融与监管政策、质量与标准体系建设、政府公共治理三大主要政策体系和相关配套支撑政策展开，为我国智慧供应链创新与应用的政策制定提出具体建议框架。

一 金融与监管政策

金融与监管政策的基本框架如图4-1所示。具体内容应该包括以下

---

[1] 李才森：《渐进型公共政策的制定、执行、更替逻辑：以计划生育政策为例》，《行政与法》2016年第11期。

[2] 蔚超：《政策协同的内涵、特点与实现条件》，《理论导刊》2016年第1期。

几个方面：

(1) 基于智慧供应链的信用评价机制设计

信用评价机制的具体设计内容包括：促进商务、海关、质检、工商、银行等部门和机构之间公共数据资源的互联互通的机制；促进智慧供应链核心企业之间、核心企业与政府部门之间信用信息共享的机制；利用区块链、人工智能等新兴技术，建立基于供应链的信用评价机制；推进各类智慧供应链平台有机对接的方法机制；促进信用评级、信用记录、风险预警、违法失信行为等信息的披露和共享机制。

(2) 有效防范智慧供应链金融风险防范体系设计

风险防范体系的具体内容包括：金融机构、供应链核心企业联合建立债项评级和主体评级相结合的风险控制体系方法机制；基于供应链大数据分析和应用的智慧供应链核心企业的风险管理机制；利用先进的技术如区块链技术构建供应链金融风险防范体系。

(3) 创新智慧供应链的金融监管机制设计

金融监管机制的具体内容包括：供应链创新与应用的政府监管平台运行机制；跨产业、跨领域、跨部门的一体化金融监管机制；符合智慧运行特点的金融监管惩罚机制。

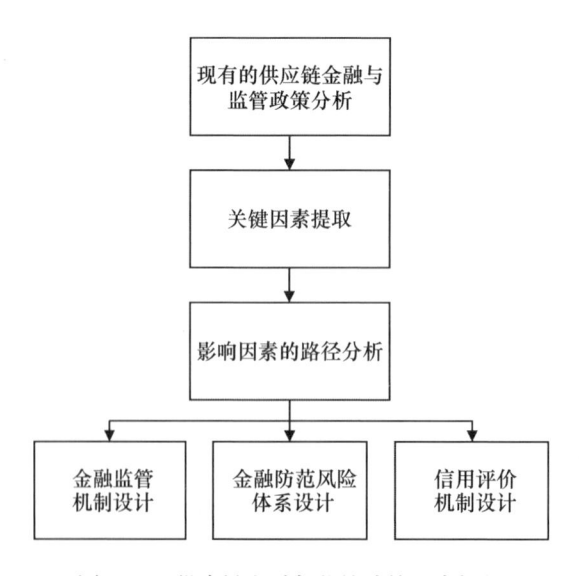

图 4-1 供应链金融与监管政策研究框架

在本书中，考虑到上述内容较多，我们将重点介绍"智慧供应链视角下供应链金融信用评价机制研究"（见第五章）、"面向智慧供应链金融的监管机制设计"（见第六章）、"支撑智慧供应链金融的可持续监管政策研究"（见第七章）。

金融与监管政策的总体政策建议框架如下所示：

（1）加强全链条数据治理，构建智慧监管体系

政府一是要协助"一行三会"金融监管机构，调动供应链主体整合数据信息的积极性，加快贯通供应链金融全过程的数据关联。二是要引导监管机构重视对供应链数据的收集和分析，加强全链条的数据监管，杜绝"数据孤岛"与"数据垄断"现象。三是要督促监管机构加快开展智慧监管体系建设，一方面，积极利用区块链等技术丰富监管工具箱，逐步改善监管科技发展滞后导致的监管制度的滞后状态；另一方面，大力建设基于区块链的智慧监管基础设施，推动监管科技与金融科技的同步创新与应用。四是政策内容要补充完善创新监管依据及相应的配套保障措施，让智慧监管有标准可循、有法律可依。

（2）规范主体权责，提供差异化的政策支持

一方面，要明晰异质主体的权力责任。一要增强核心企业的金融运营能力和智慧科技的赋能水平，强化核心企业的产业链救助枢纽作用；二要敦促核心企业积极配合金融机构提供融资服务，杜绝恶意盘剥上下游企业现象的发生；三要倡导商业银行及各级金融机构依据供应链企业实际需求情况，提供全面覆盖不同规模、不同层级企业融资愿望的金融产品和服务；四要明确泛金融化下新兴的金融科技企业和P2P民间借贷组织在智慧供应链金融中的定位，金融科技公司要发挥产业数字化的驱动力作用，民间借贷组织要坚持信息中介目标不动摇，避免折损供应链整体利益的不良投机行为。

另一方面，政策设计要针对不同类型主体实施堵点的不同和多种供应链金融模式之间的差异，提供差异化、个性化的政策支持。

（3）持续引导技术驱动创新，及时跟进相应政策更新

在技术上，要推动智慧技术在赋能供应链金融的同时，完成自身的创新升级；要逐渐打通技术边界，让供应链企业加快技术的集成式发展，推动技术融合。在产品上，激励金融机构、核心企业与中小企业形

成合力，积极利用大数据、区块链，共同打造出供应链整体受益的多元化金融场景与服务。在监管上，激励监管机构创新金融监管机制设计，深度融入监管科技，对供应链上包括核心企业与非核心企业的异质主体实行差异化监管。同时，政府部门要及时洞察智慧供应链金融市场的变化以及创新带来的新问题，完成调整与政策更新，在渐进发展的政策体系中解决新矛盾。

（4）推进信用信息管理，构建智慧的供应链金融生态圈

一方面，把握"信用信息管理"建设要点，引导金融及监管机构改变传统单一主体静态视角下的信用评估模式，带头建设基于供应链整体的联合动态信用信息管理平台。同时，要激励智慧供应链金融信用评价机制的创新设计，着力解决中小企业的资信评估问题；要牵头供应链金融标杆企业、行业协会等建立完整、细化的智慧供应链金融信用评级标准、征信失信制度及交易规则，并予以监督落实。

另一方面，要着力构建有机高效的智慧供应链金融生态圈，政府要联合行业协会、金融科技运营方共同维护健康的供应链金融运作秩序；要推动金融生态圈利用技术手段和内在激励实现生态自治和自律。

二　质量与标准体系建设

质量与标准体系政策的基本框架如图 4-2 所示。具体内容应该包括以下四个方面：

（1）智慧供应链下产品质量形成过程

考虑智慧供应链成员分布式运作的特征，研究智慧供应链运作模式下的产品质量形成过程，构建一个完整有效的供应链质量保证体系。本节的研究方法主要采用企业调研与专家访谈相结合，总结企业的智慧供应链产品质量的形成过程，分析质量控制的关键阶段、影响因素和核心考核指标。开展智慧供应链中产品质量生命周期分析，通过影响因子提出质量成熟度指数，探索质量成熟度与供应链质量绩效之间的相关关系，这是标准化政策的实施基础。

（2）基于智慧供应链的全链条可追溯质量体系建设

研究建立覆盖种植养殖、生产加工、仓储物流、终端销售、政府监管、企业管理、公众查询等各环节的产品安全追溯管理体系，利用智慧供

应链技术，实现产品质量安全全覆盖全链条可追溯，采用层次分析法，通过建立考核指标体系，保证可追溯体系的绩效评价。研究智慧供应链核心企业与成员企业在质量追溯体系构建中的责任与权力，发挥智慧供应链平台的作用。

（3）智慧供应链关键共性质量标准体系设计

基于对质量形成过程的模式识别，以及可追溯质量体系的建设，选取典型的产业，研究智慧供应链关键共性质量标准体系设计问题，提炼关键共性质量标准体系设计的通用方法，推动在其他行业普及和推广。

（4）智慧供应链标准化体系设计

基于智慧供应链关键共性质量标准体系，考虑智慧供应链运行特性，研究在新特性背景下的供应链标准化体系的宣传贯彻办法，利用智慧技术，更好地解决当前标准化宣传贯彻存在的问题，提出相应的改进措施，推动智慧供应链标准宣贯体系建设的规范化、精细化和信息化。

```
┌─────────────────────────────┐
│ 供应链质量体系与标准化政策  │
│       研究现状分析          │
└─────────────┬───────────────┘
              ↓
┌─────────────────────────────┐
│ 智慧供应链下产品质量形成过程│
└─────────────┬───────────────┘
              ↓
┌─────────────────────────────┐
│基于智慧供应链的全链条可追溯 │
│       质量体系建设          │
└─────────────┬───────────────┘
              ↓
┌─────────────────────────────┐
│智慧供应链关键共性质量标准体系设计│
└─────────────┬───────────────┘
              ↓
┌─────────────────────────────┐
│  智慧供应链标准化体系设计   │
└─────────────────────────────┘
```

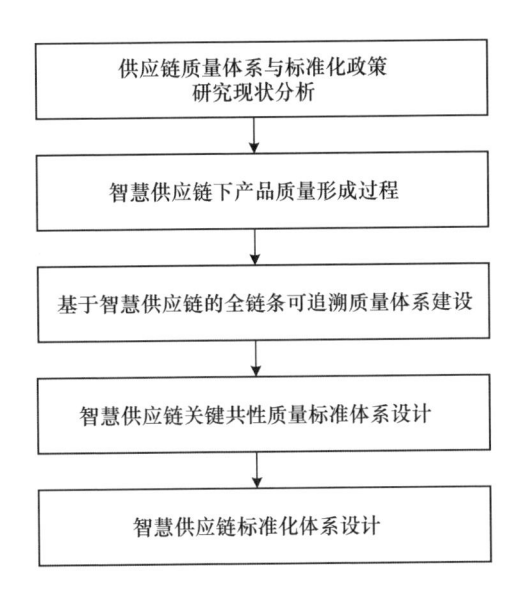

图 4-2　供应链质量体系与标准化政策研究框架

在本书中，考虑到上述内容较多，我们将重点介绍"面向智慧供应链的供应链质量体系与标准化政策研究"（见第八章）、"智慧供应链标准化体系设计"（见第九章）。

供应链质量体系与标准化政策的总体建议框架如下所示：

(1) 秉持全局观点，建设全面的质量管理体系

充分利用新技术手段，对整个供应链内的产品质量实行多层次、多维度的管理。基于供应链质量管理的过程视角和主体视角，推进各实体终端和虚拟平台的质量监管体系建设。一是从智慧供应链的各个实体及其实际业务出发，如产品（或服务）供给方、接收方、零售终端、服务保障等，建设有效的实体终端质量监管体系；二是从智慧供应链的各类虚拟平台出发，包括以信息共享平台、金融服务平台、物流服务平台为主的开放式网络平台，开展数字化监控与质量监督；三是关注各个实体终端与虚拟平台的角色关联与业务联系，从二者的交互过程出发，建立全面协同的质量监管体系。

(2) 细化政策主体，确保质量管理体系建设有效落地

在政策主体上，要明确推动质量体系建立的政府内部责任部门，由工业和信息化部、国家市场监管总局等部门负责统筹规划；要明确质量体系的下属执行机关，搭建质量监督与控制的组织基础；要明确质量体系制定的责任对象，从政策的高度上细化供应链质量相关的前期控制措施，协同后期管控与处罚措施。在政策客体上，要继续发挥政府的引领作用，由相关部门直接牵头推动质量体系建设工作；要发挥行业协会的凝聚作用，依托协会组织各方力量着手质量体系建立；要发挥重点企业的带动作用，推动试点企业质量管理方法的优化和革新，鼓励供应链上下游质量协同管控。

(3) 合理规划标准制定进程，有序地建设相关标准体系

把握标准制定的重心和先后顺序。一要从应用范围广、应用程度高的核心技术入手，协同相关技术和管理人才，兼顾供应链的技术和模式问题，制定细化、科学的行业标准。二要重点研制一批核心技术相关标准，率先推进其在产业和行业内的应用，为智慧供应链发展提供良好的基础环境。长期来看，还应逐步形成可供借鉴的组织模式，便于着手相关标准的修订和补充。三要推进基础通用类标准（标准信息编码、智慧供应链管理通用要求等）、服务类标准（企业运营规范、流程与质量控制、产品/服务实现过程等）、设备设施标准（智慧供应链数字化设备设施）以及平台相关标准（平台基础技术、具体业务和服务管理）制定，形成充分涵

盖智慧供应链不同客体的标准化体系。

（4）保持新旧标准体系以及新体系内部的协调一致

一要考虑智慧供应链与传统供应链的共通之处，在此基础上协调与现有的信息管理系统、制造系统等的关系，避免产生割裂。二要考虑与相关科技标准体系建设的协同，维持步调的一致性，适用相关技术标准成果，遵循国家质量基础的基本思路。三要关注新建立标准体系的互通与统一，确认承担标准制定的各主体情况，建立主体间沟通和信息共享的有效渠道，从而避免标准多样化和重复研制造成的浪费以及不同标准在小范围内形成既有规模后更加难以统一的局面。

三　政府公共治理政策

政府公共治理政策具体内容应该包括以下三个方面：

（1）推进智慧供应链创新与应用的政府公共服务体系研究

政府公共服务体系对开展智慧供应链创新与应用至关重要。合理的政府公共服务体系设计应该包括公共服务社会化的财政体制、公共服务社会化的法制建设、公共服务需求的表达机制、公共服务社会化的参考标准、公共服务社会化的考核机制等内容。在研究各个内容的时候，还要考虑到政府垂直管理和各部门分工合作的具体要求，表现在从纵向上明确中央与地方各级政府的公共服务供给分工与责权，从横向上明确各级政府部门的公共服务职责。将智慧供应链创新对公共服务新要求按照纵向与横向责权分工的原则进行进一步目标细分。

（2）政府公共服务体系社会化的主要模式和方法研究

基于社会网络分析方法，分析社会网络节点之间的联结机制，从度数、密度、中心性等方面对公共服务系统结构进行分析，进而研究公共服务体系社会化过程中的服务提供模式、服务采购模式和互助服务模式。其中，服务提供模式是：政府→公益性智慧化的服务机构→公众；服务采购模式是：政府→互联网服务平台→公众；互助服务模式是：政府→线上线下公共社区→公众。

（3）智慧供应链背景下政府实施智慧治理模式研究

基于多案例研究方法，从技术变革、职能变革、理念变革、体制变革四个角度研究智慧供应链中政府治理变革新趋势；同时，要考虑到未来政府治理变革中，整体性治理将取代政府部门的碎片化管理、精准性供给将取代粗放性供给下的服务供需断层、政府购买公共服务将实现公共服务的共享共建等重要发展方向带来的影响。

在智慧时代下，政府治理模式的新变革体现在构建智慧治理这一全新的模式上。智慧治理的本质是精细化治理；智慧治理的特征是整体性、个性化与前瞻性；智慧治理的主体是政府主导的多元主体协同网络；智慧治理的工具是利用现代信息技术尤其是智慧技术来实现精准治理和前瞻性治理。

第五章

智慧供应链视角下供应链
金融信用评价机制研究

第一节 引言

供应链金融是商业银行面向供应链的重要金融模式，它主要是以供应链中的核心企业作为切入点，通过供应链中上下游企业间的联系来提供相关金融产品以及金融服务（李晓明，2021）。依靠供应链金融，一方面供应链中的中小型企业能够在核心企业的信用支持下更容易地获得融资的机会，另一方面银行也能够通过供应链金融开发更多的客户。作为商业银行信贷业务的一个专业领域，供应链金融需要有效规避风险的手段和措施，因此建立科学的信用评价机制十分重要。2017年10月，国务院办公厅印发《关于积极推进供应链创新与应用的指导意见》，提出要积极稳妥发展供应链金融，加强供应链信用和监管服务体系建设，利用区块链、人工智能等新兴技术，建立基于供应链的信用评价机制。在这种背景下，供应链金融将具有新的特征和运行模式，因此开展供应链金融信用评价机制设计和创新应用非常必要。

当前，供应链正加速迈向智慧供应链新阶段，智慧供应链是供应链和现代智能技术的深度融合，它使供应链成员在信息流、物流、资金流等方面实现无缝对接，从而达到供应链运作的智能化。智慧供应链具有可视化、智能化、透明化、协同化等发展特征（黄成成等，2018）。同时，智慧供应链环境下供应链金融信用评价机制将被要求实现更高程度的自动化和智能化。然而，传统的供应链金融信用评价机制存在人工操作占比高，信息不对称问题严重,数据资源获取困难以及相应的标准化体系不完善等问题,不能够适应智慧供应链视角下供应链金融业务发展的需要,亟须转型。

为构建面向智慧供应链的供应链金融信用评价机制,必须要充分理解智慧供应链阶段的发展特征。首先,在智慧供应链环境下,供应链金融信用评价机制将有更高的技术渗透性,区块链、大数据、人工智能等新一代智能技术会应用到信用评价工作中,推动信用评价机制运行模式的改变。其次,通过技术支持,智慧供应链视角下供应链金融信用评价机制将能够更容易地获取数据资源,并在数据的广度和深度上延伸,从而建立更加科学的信用指标体系,发挥数据存在的潜在价值。同时,电子化的信息和平台间的共享机制将帮助实现信用数据信息的可视化、透明化,大大减少信息不对称带来的影响。因此,智慧供应链环境下开展供应链金融信用评价机制将具有明显的智慧特征,技术渗透性更高、信息可视化程度高、数据驱动性强,并逐渐向增值环节转型,能够更科学地评估企业的信用水平,更好地识别并规避金融风险。然而,通过对相关文献的整理和分析,我们发现既有的许多研究并没有考虑到智慧供应链视角下信用评价的新特征,也没有开展智慧供应链视角下供应链金融信用评价机制的设计。

本书旨在为智慧供应链视角下供应链金融的信用评价机制建设提供理论依据。我们的研究总结清算了传统信用评价模式存在的不足,明确了智慧供应链视角下信用评价的特点,并提出了智慧供应链视角下供应链金融信用评价机制的构建思路。通过本书分析和研究,我们得出的主要结论主要分为三个方面。第一,传统供应链信用评价机制标准化和信息化程度低,业务操作依靠人工,无法实现供应链金融效率的提升。第二,供应链信用评价机制需要达到更高的准确度和灵活度以适应智慧供应链的发展,智慧供应链下的供应链信用评价机制存在技术渗透性更高、信息可视化程度高、数据驱动性更强、增值定位更明显等特点。第三,智慧供应链信用评价机制的设计,需要综合应用各种金融科技的特点,建立数据获取能力更强、数据综合性与实时性更高、技术全程赋能的信用评价体系。因此,本书提出了一种能够实现集数据采集、数据分析、动态评价等功能于一体的信用评价系统,以及包括主被动两个流程的信用评价模式。

本书的架构主要包括五个方面的内容,在第二部分,本书对当前学者们在智慧供应链以及信用评价领域的研究进行了总结，分析出当前学者们研究的空缺，同时明确本书的研究方向和要解决的问题。第三部分，本书从指标体系和业务主要环节两个方面对传统供应链金融信用评价机制展开了剖析，总结出传统信用评价机制的特点及其存在的问题点。第四部分基于智慧供应链协同化、可视化、移动化、人性化特点说明了智慧供应链视角下供应链金融信用评价的新特征。第五部分在第四部分的基础上，从基本要素、业务流程、保障机制三个方面提出智慧供应链视角下供应链金融信用评价机制的构建思路。最后，我们在第六部分总结了本书得出的结论，并提出了对后续研究的展望。

第二节　文献综述

智慧供应链是供应链新时代发展的主题，大数据、人工智能、物联网等新兴技术的应用将会对传统供应链的运作模式产生较大影响。与此同时，基于智慧供应链的信用评价机制也会随着智能化、集约化的发展趋势而改变。本书将从智慧供应链、信用评价两个角度对以往学者的研究进行探讨和总结。

一　关于智慧供应链的研究

"智慧供应链"是结合物联网、云计算等现代供应链管理的理论和技术，实现供应链智能化、网络化和自动化的技术与管理的综合集成系统。随着科学技术和管理理念的强力渗透，智慧供应链成为近年学术界的研究热点。

部分学者从框架构建的角度展开了对智慧供应链体系的研究，黄成成等（2018）通过分析智慧供应链的起源以及演化过程，阐述了智慧供应链的六大功能要素，明确了智慧供应链的基本结构组成。贺三龙（2020）在研究智慧供应链平台服务体系开发建设的现状及意义后，提出了制造业供应链发展的具体推进方法。丁倩兰等（2020）突出数据在智慧供应链中的核心地位，提出智慧供应链信息资源模型的总体框架，并以互联性、系统性、精准性、完整性的原则为基础，从管理层、业务层、平台层、技术层的四个层面出发构建了数据驱动的智慧供应链生态体系框架。林海霞

（2020）总结了当今供应链管理体系存在的问题，并从基本流程、运作模式两个层面描述了面向智能制造的供应链管理体系构建思路，旨在提高传输信息的速度和精确度，减少传统供应链信息不对称、不完整、不及时的问题。

同时，学者们研究智慧供应链建设中的高新技术应用。邬贺铨（2019）提出，5G技术将能够在工业互联网、机器人、车联网等领域发挥优势，促成供应链的智能升级。张婉婉（2020）指出，大数据技术是促进传统供应链向智慧供应链转变的关键因素，同时阐述了区块链、人工智能等高新技术对智慧供应链发展的推动作用。林强（2020）总结了RFID、GPS、WSN等物联网技术在现代物流中的应用，并提出基于物联网技术的智慧物流管理系统。宋华和刘文诣（2021）展开了供应链多技术应用的研究，系统地总结了物联网、大数据、区块链在智慧供应链中扮演的角色，突出技术对传统运作模式的改变。

可见，在智慧供应链领域的研究主要集中在供应链架构以及技术应用方面，在具体的业务层面涉猎的相对较少，很少有学者将智慧供应链与供应链金融业务结合在一起，这也是目前研究的空缺。

二 关于供应链金融信用评价的研究

信用评价根据起源和发展趋势，可以分为广义与狭义两个含义。狭义的信用评价是对企业的偿债能力、履约状况、守信程度的评价。广义的信用评价指各类市场的参与者（企业、金融机构和社会组织）及各类金融工具的发行主体履行各类经济承诺的能力及可信任程度。在这里，我们主要总结以银行为核心主体的供应链金融信用评价方面的研究。

熊熊等（2009）在传统融资模式的信用评价基础上，运用主成分分析法和Logistic回归方法建立了供应链金融模式下的信用风险评价模型，减少了专家制度法主观性带来的负面影响。孟丽（2011）结合"具体—抽象—具体"的辩证思维方式，构建了基于供应链金融中小型企业的信用风险评价指标体系，并综合运用灰色层次分析法、一次门限法和模糊综合评价法三种方法建立了基于供应链的中小企业信用风险评价模型。夏立明等（2013）选用微粒群算法和模糊综合评价方法构建了基于时间维的模糊综合评价模型，充分考虑了政策和环境变化对指标数据带来的影响。

李倩等（2014）基于商业银行的视角，重点考虑了整条供应链及其交易的信用状况。并且在传统的商业银行传统的信用评价指标体系的基础上，加入了核心企业资信状况、供应链运作状况以及宏观环境的因素。牛似虎等（2015）基于供应链金融业务开展前后风险水平的改变，提出了一种两阶段的信用风险动态评价模型，同时引入了实例研究证实了模型的可行性。王璇（2017）在其研究中阐明了传统融资模式与供应链金融模式的区别，引入融资企业资质、核心企业资质、供应链关系、质押物资质以及宏观环境五个方面的具体指标，通过结构方程模型构建了供应链金融下中小企业信用风险评价体系，并将该评价体系应用于常州市某公司的信用风险评估当中。

近年来，学者们也开始注意到互联网和科技的发展给信用评价模式带来的影响。范方志等（2017）在前人研究的基础上，结合互联网金融大数据的思维和数据挖掘方向对信用指标进行了筛选，并通过建立银行、核心企业以及中小型企业之间的博弈模型，分析了供应链金融各参与主体的风险分担原则。戴昕琦（2018）在线上供应链金融融资模式特点的基础上，建立了相应的信用风险评价指标体系，发现基于 C-SMOTE 算法的随机森林模型在帮助商业银行管理线上供应链金融信用风险、降低信用损失上效果更为显著。鞠彦辉等（2018）在分析银行线上供应链金融信用风险评价相关研究和盲数理论的基础上，构建了银行线上供应链金融信用风险盲数评价模型，并基于某商业银行线上供应链金融业务平台的调研数据进行了实证研究。陈小蕴（2019）将视野放到大数据背景下，提出大数据为信用评价提供了良好的技术支持，并以阿里和京东为例，总结分析出基于大数据的 B2C 供应链金融信用风险控制存在的问题。刘金月和张红梅（2021）结合大数据背景的技术特征，选取汽车行业作为样本，基于主成分分析法和 Logistic 回归模型，从盈利能力、经营能力、偿债能力、成长能力、现金流量等方面选取评价指标，建立了中小上市公司供应链金融信用风险测度模型。

可见，供应链金融信用评价领域的研究集中在模型、算法、评价指标的研究上。虽然越来越多的研究考虑到了科学技术的应用，通过先进算法和指标来设计信用评价也逐渐成为热点，但是并没有学者系统地研究过智慧供应链视角下，供应链金融信用评价机制发生的变化。

三 文献综述总结

基于上述文献，可以看出目前智慧供应链领域的研究主要集中在体系构建和技术应用两个方面，包括智慧供应链的体系结构模型、平台运营模式、协同运作机制、新兴信息技术带来的影响等。对于信用评价领域，许多学者从模型和算法的角度研究信用评价的技术创新和管理创新。但是，当前的研究很少通过智慧供应链视角来阐述信用评价的特点和运行模式，因此本书将重点研究传统信用评价机制存在的问题，并提出基于智慧供应链的信用评价机制构建思路，弥补智慧供应链金融信用评价方面研究的空缺。

第三节 传统供应链金融信用评价机制分析

由于我国供应链金融起步较晚，所以在传统阶段，商业银行在开展供应链金融业务时普遍会沿用传统信贷的信用评价体系。一方面，因为供应链金融是新兴的金融产品，商业银行所掌握的数据储备不足，缺乏业务数据的积累，供应链金融信用评价体系还不完善（江莺，2020）；另一方面，传统阶段科学技术并不发达，商业银行也不具备转型升级的环境条件。

一 传统供应链金融信用评价指标体系

传统供应链金融信用评价的核心在于使企业的主体评级和债务评级在一个统一的框架下完成，为供应链金融提供信用支持。同时，针对供应链进行信用评价时，由于供应链内部具有关联性和约束性，评价的标准也将与普通的信贷业务有所区别。例如，一些处于供应链核心企业上下游节点的中小型企业，虽然自身的实力无法达到银行的授信标准，但是，核心企业与这些节点企业间存在着供应链层面的业务依赖关系，这些合作以及交易关系将能够提高节点企业的价值，因此，银行等金融机构便可以适当放宽标准。通过对相关学者的研究整理（马佳，2008），传统供应链信用评价指标体系一般如表5-1所示。

表 5-1 传统供应链金融信用评价指标体系

传统供应链信用评价指标体系	主体评级	申请人资质	企业素质
			经营能力
			盈利能力
			偿债能力
			发展潜力
	债务评级	交易对手资质	交易对手信用等级
			交易对手行业特征
			盈利能力
			经营能力
			偿债能力
		交易资产特征	质押物特征
			应收账款特征
		供应链运营状况	行业状况
			合作密切程度
			以往履约状况

从传统供应链金融信用评价指标体系的内容可以看出，面向供应链的信用评价不单是对目标企业进行分析，而是将信息获取的视角拓宽到了供应链的维度。但是，在实际操作过程中，由于受到技术的限制，以及获取信息的渠道窄、信息真实性无法得到保障等问题的影响，信用评价的效率和价值则被打折扣。

二 传统供应链金融信用评价业务主要环节

传统供应链金融信用评价业务环节主要分为初审和终审两个部分，主要依靠人工及简单的计算机辅助来进行，具体的环节如图5-1所示。

主要的业务环节为：

①接收融资企业申请：银行通过营业网点柜台接收企业贷款申请。

②初步审核递送材料：银行首先对申请人所携带的相关材料进行审核，初步审查企业贷款的直接用途、材料的真实性、企业偿债能力等，对不合格者予以驳回。

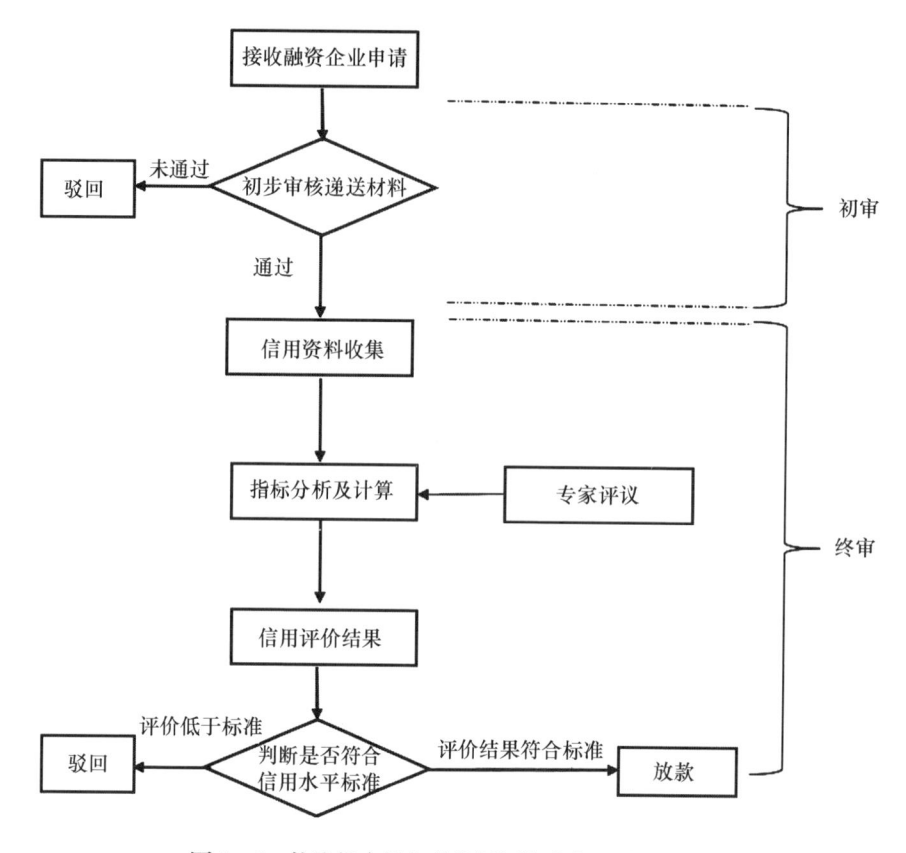

图 5-1 传统供应链金融信用评价业务环节示意图

③信用资料收集：对通过初审的企业开展终审，首先是对与企业有关的资料以及供应链核心企业及其上下游企业的信用数据进行收集整理，为指标计算及确定提供参考依据。

④指标分析及计算：银行组织专家评议，并委派专业的职员手工或在计算机的帮助下计算信用指标。

⑤信用评价结果：结合专家意见以及信用指标，出具对目标企业的信用水平描述的报告。

⑥判断是否符合信用水平标准：若报告显示评价结果符合标准，则准予放款，反之予以驳回。

三 传统供应链金融信用评价体系存在的问题点

(一) 信息不对称引发较高风险

在传统的信用评价体系中,因为监管能力不足,信息不透明,信息缺乏共享,使得不同供应链金融参与方掌握的信息不对等、不均匀。而信息的不对称在供应链金融中会带来逆向选择和道德风险这两个问题(于辉,2019)。逆向选择问题来源于商业银行与融资企业签订合同前信息的不对称(邹建国,2019)。融资企业为了获得贷款可能会过度包装自身企业,商业银行在信息不对等的情况下可能对融资企业做出不准确的信用评价;道德风险问题源于双方签订合同后信息的不对称(邹建国,2019)。企业可能为追求自身利益或陷入财务危机,拒绝或无法履行偿债义务。传统模式下,要保证企业在签订合约前后行为的一致性只有依靠企业自身的道德自律,而不能够有效地通过信用评价的手段合理规避或及时发现风险。

(二) 原始人工操作占比大

传统供应链金融信用评价体系中,对融资企业的信用评价较多地依靠原始人工操作,具体体现在人工决策和手工操作两个方面。首先,确定和计算指标的过程主要依靠专家打分和人工计算。专家打分较为依赖专家的主观判断(江莺,2020),手工计算又有较大的差错率。因此,在指标体系比较复杂的情况下,人工操作确定的指标可能不够准确,专家出具的评价结果可能不够全面客观。其次,传统阶段搜集数据时也主要依赖人工,可能出现调查不全面、数据造假等状况,间接造成计算指标时不客观、不准确的情况。而且,在相关人员出现一些低级错误时,要开展对信用评价结果的复核,指标的复核检查同样依靠人工,耗时耗力,这些问题都会给信用评价带来一定难度和风险。

(三) 难以有效利用数据资源

商业银行在分析评价对象的信用状况时需要参考大量的数据信息。然而,在传统供应链阶段,银行等评价主体因受到技术和权限的限制,无法直接广泛地获取并利用大范围内的数据。一方面,传统供应链阶段,信用信息多依托纸质载体保存,并且不同平台之间也缺乏有效的数据信息互通机制,银行在获取数据信息时十分困难,不仅需要耗费大量的人力,而且获取的信息范围窄、维度单一、缺乏实时性;另一方面,传统供应链阶段存在着公共数据资源开放程度低的问题。公共数据资源往往由政府和权威机构统计、保存、管理，面临着数据产权的归属问题（张爽，2020）。在信息的保密性和归属得不到确认的情况下，部门机构不知道是否应该开放公共数据共享的通道，银行无法方便地从公共数据中获取参考信息。

（四）信用评价工作标准化程度低

传统的供应链金融信用评价工作标准化程度低，很多信用评价相关的政策和业务都无法统一，行业监管规则也不明确（刘晓剑，2012）。首先，我国用来规范和管理信用评价活动的法律法规多分散在像《公司法》《证券法》等相关领域的法律中，或者只是对某一行业、某个特定范围而制定的管理办法，缺乏能够统一和专门针对信用评价的普适性法律。其次，信用评价在评价主体间的经营规范标准、评价结果互通互认等方面也存在问题。大部分银行所制定的信用评价规范还停留在部门规章的层面上，将其作为内部管理的一部分。评价资料的收集、评价过程及评价结果等业务层面的操作并没有形成行业内共同遵守的标准和规范。同时，信用评价的信息披露规则、从业人员的资质、相应的法律责任等都尚未纳入标准化范围，没有统一的监管部门以及可参考的法律依据、行业规范，标准化难以推行。

第四节 智慧供应链视角下供应链金融信用评价机制的特征

智慧供应链相较于传统供应链有着更先进的智能技术支撑，具有协同化、可视化、移动化、人性化等特征。作为评估供应链经营主体信用状况的核心工具，供应链金融信用评价机制将被期望达到更高的准确度和灵活度以适应智慧供应链的发展需要。因此，传统的信用评价必须向更加智能化、网络化、数字化、集成化的方向转型。本部分，我们通过对比智慧供应链的优势特点和功能要素总结了在智慧供应链视角下供应链金融信用评价机制具备的新特征。

一 技术渗透性更高

在智慧供应链的背景下，信用评价相较于传统的模式会有更高的技术渗透性，快速发展的信息技术和数据处理技术为银行开展供应链金融信用评价工作提供了更多解决问题的思路和方向。移动互联网、物联网的发展为数据信息的可感、可视、可控带来了强大的技术支持，利用区块链、人工智能、大数据等技术，智慧供应链视角下的信用评价支持从社会媒体、互联网、企业、税务部门、司法机构等多方渠道获取信息，并且将可以实现对海量数据信息的处理和分析。因此，银行可以利用这些金融科技开发功能强大的信用评价系统，并通过后台来完成各种智能分析和决策工作，减少了传统人工评价在道德和操作层面存在的风险。

二　信息可视化程度高

智慧供应链阶段，管理者更倾向于使用电子化的手段来表达、传输所需的信用记录、信用证明等。目前，电子单证、电子发票、电子汇票等电子票据正加速推广和应用。电子信息较于传统纸质介质，具有可视化、移动化程度更加明显的特征。因此，智慧供应链在信用评价中所使用的各种信息资料更多的是以电子介质的形式进行收集、分析、处理、存储、展示与访问。同时，各大智慧供应链平台和银行系统在逐步推进平台间和系统间的信息共享，通过有效的平台对接机制，信用数据信息变得更加透明化，信息不对称风险有效减少，信用数据归集和使用的灵活度将大大地提高，这是智慧供应链视角下供应链金融信用评价机制建立的基础，也是同传统信用评价区别的关键特征。

三　数据驱动性更强

智慧供应链阶段，数据成为信用评价工作的生产要素和价值核心。一方面，体现在信用评价所处的底层数据环境，大量的数据被储存在后台，这些种类繁多的数据将为分析客户信用状况提供更大价值的参考；另一方面，体现在信用评价的业务和管理层面，智慧供应链背景下信用评价将会应用大数据采集、大数据分析以及人工智能来支持自动化建模和决策。同时，在开放共享的智慧供应链体系下，数据将实现全过程的透明管理，通过一定的认证和授权流程，这些数据可以被银行相关业务的管理者访问，并用于开展多维度的数据挖掘和利用，不仅能够更好地提高信用评价的全面性和准确性,还能够发现这些信用数据背后的潜在价值,主动发现企业的金融需求,开发新产品和服务,甚至推动融资模式的创新。

四 向增值环节转型

智慧供应链视角下,信用评价由供应链金融的保障环节逐渐转变为增值环节,与供应链的整个运作流程紧密融合在一起。在传统模式下,信用评价通常是属于放贷前授信机制的范畴。随着先进技术的不断进步,信息获取的实时性和范围不断提升,信用评价的周期被不断缩小,甚至可以做到"一单一评"和动态更新,信用评价的功能将从传统的授信评估拓展到事前规避风险、事中控制风险、事后监控风险的全方位、全过程的风险控制机制。因此,越来越多的管理者开始意识到信用评价对于信用风险控制的重要性,信用评价将被定位为供应链金融的增值环节,旨在提高银行供应链金融业务的抗风险能力,为商业银行找到更加优质的客户,从而创造更大的价值。

基于以上分析,我们总结了智慧供应链视角下供应链金融信用评价的关键特征,并将传统供应链信用评价和智慧供应链信用评价之间的区别进行了汇总,如表5-2所示。

表5-2　　　　传统供应链与智慧供应链信用评价特征比较

项目	传统供应链	智慧供应链	后者优势
评价方式	人工操作为主	信息技术支持	通过后台信息技术做智能分析和决策,减少传统人工评价在道德和操作层面存在的风险,技术渗透性更强
数据信息介质	纸质介质	电子介质	信用信息透明可视,信息不对称风险有效减少,信用信息归集和使用的灵活性大大提高。这是智慧信用评价建立的基础,也是同传统信用评价区别的根本特征

续表

项目	传统供应链	智慧供应链	后者优势
评价依据	专家意见+指标计算结果	对海量实时数据的分析结果	数据获取更加容易，信用评价的数据驱动性更强。不仅有利于提高信用评价的准确性，还能够发挥数据的潜在价值
评价功能	授信评估	全方位、全过程	由传统的放贷前授信机制转变为事前规避风险、事中控制风险、事后监控风险的全方位、全过程的风险控制机制

第五节　面向智慧供应链的供应链金融信用评价机制构建思路

在智慧供应链时代，为更好地控制供应链金融领域的信用风险，我们提出面向智慧供应链的供应链金融信用评价机制构建思路，以推进智慧供应链视角下供应链金融业务的顺利开展。

一　基本要素设计

（一）信用评价概念模型

从信用评价的主体来看，在智慧供应链视角下，银行、金融公司、提供融资服务的供应链核心企业等都会参与到信用评价中，信用评价工作将由以银行为主导的多类主体共同完成。其中，信用评价工作的管理和领导职能集中于国有商业银行这类放贷额度较大的权威机构，银行利用后台功能强大的智慧型信息管理系统，通过数据分析和信息整合来对目标企业、核心企业及其所在供应链的各环节展开绩效评估，并最终形成对融资对象偿债能力、盈利能力等的综合信用评价。

从信用评价的对象来看，智慧供应链视角下供应链金融信用评价的对象主要是申请融资服务的供应链成员，既可能是供应链的核心企业，也可能是上下游的各类中小型企业。与传统模式有所区别的是，智慧供应链是数字化融合共享的供应链机制，供应链上各个环节由传统的链式结构转变为智慧互联的网式结构，业务活动和损益联系更加密切。因此，智慧供应链金融的信用评价将更加注重全链条的有效管理。当对某一供应链成员进行信用评价时，不能将其剥离并独立分析，要把对目标企业造成较大影响的上下游成员一并作为信用评价对象，追求从视野更广、系统性更高的角度出发，提高信用评价的敏捷度和综合度。

基于以上对智慧供应链视角下供应链金融信用评价机制的评价主体、评价对象范围的划分，我们提出智慧供应链视角下供应链金融信用评价的概念模型，从整体视角说明不同主体之间的关系和作用，具体模型如图 5-2 所示。

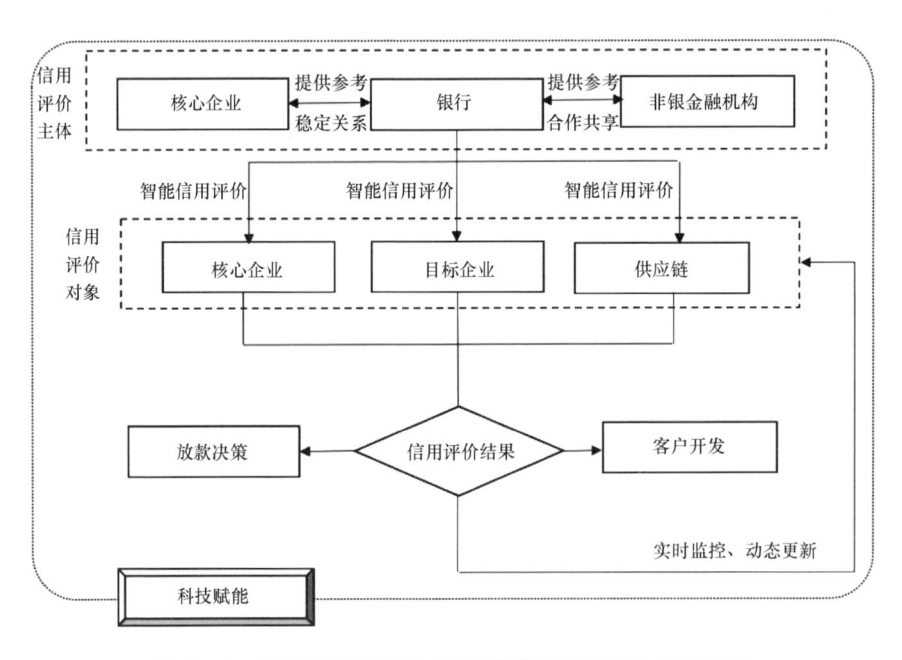

图 5-2　智慧供应链视角下供应链金融信用评价概念模型

（二）信用评价指标

在智慧供应链阶段，随着信用评价功能和范围的扩展，供应链金融信用评价指标从设计上反映出综合性、动态性、实时性的特点。结合智慧供应链视角下供应链金融信用评价具备全方位、全过程的特质，我们认为智慧供应链视角下的信用评价指标体系需要分包括事前、事中、事后三个方面，并且能够分别应用于事前准入、事中控制和事后监管三个阶段，以满足智慧供应链视角下供应链金融信用评价机制的需要。

事前准入主要是用于放款决策，是银行对申请人及其所在供应链的首次信用评价，相应的评价指标与传统的比较相似，但指标维度更多，范围更加全面。事中控制是用于放款后进行动态跟踪，是银行对申请人及其所在供应链的实时风险识别，具体的特点是注重易于变化波动的指标。事后监管是从较长一段时期来看，银行对申请人及其所在供应链的信用评价连续的循环过程，时间的跨度将从首次接触到申请人开始，不只局限于单次金融业务，因此指标会兼具全面性和动态性，同时还会着重宏观指标，帮助银行持续动态地更新申请人及其所在供应链的信用状况。如表5-3所示，是我们所汇总的智慧供应链视角下供应链金融信用评价指标体系的组成项目、特点及优势。

表5-3 智慧供应链视角下供应链金融信用评价指标体系的构成及特点

指标体系项目	特点及优势	举例
事前准入	多维度、范围广	领导素质、员工素质、质押物易损程度、贷款履约情况、交易履约情况、销售净利率、企业规模等
事中控制	集中于易变化且潜在风险大的指标	对外担保情况、速动比率、法律纠纷、质押物市场价格、应收账款账期等
事后监管	综合性强、全方位，且注重反映未来趋势的指标	营业利润增长率、企业信用等级、行业前景预测、宏观经济状况等

因此，我们提出智慧供应链视角下供应链金融信用评价指标体系的基本构成，如图5-3所示。

二 业务主要环节设计

本部分将以银行为主体，对智慧供应链时代面向供应链金融的信用评价的业务环节进行设计。在智慧供应链阶段，传统的信用评价流程将发生巨大变革。首先，银行在进行信用评价时，可以不再依赖"初审—终审"

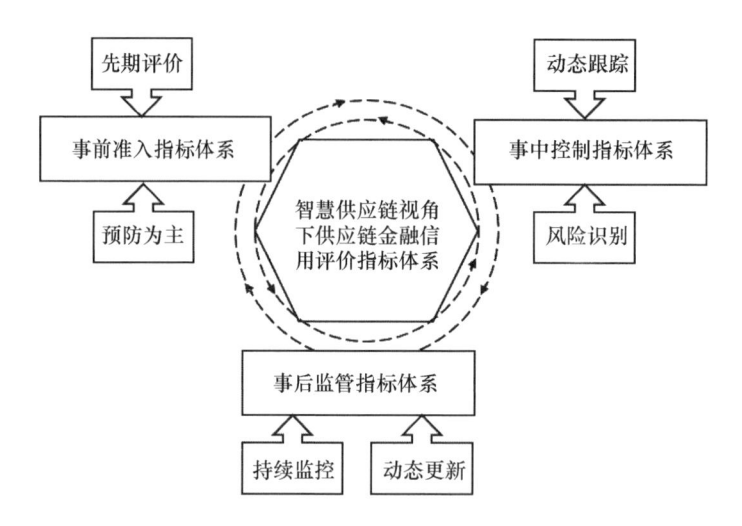

图 5-3　智慧供应链视角下供应链金融信用评价指标体系的构成

等复杂程序，大部分的评价活动将由智慧化的信用评价系统来执行。其次，由于数据价值被有效利用，智慧信用评价作为增值环节的特征越发明显，信用评价将具有被动和主动两个模式，为银行挖掘更多的潜在客户和优质客户。接下来，本节将从系统运行机制、被动式信用评价业务、主动式信用评价业务三个视角出发来设计智慧供应链背景下供应链金融信用评价模式。

（一）系统运行机制

信用评价系统集成了数据收集、数据处理、智能评分、动态监管、风险预警以及报告出示在内的所有业务操作，通过计算机辅助技术完成整个流程的自动化运转以及自我修正工作，且具有实时性、动态性。整个系统与其所处环境按照功能和空间的不同分为五个层次，分别是外部系统层、数据获取层、数据处理层、动态监管层以及信息交付层，其总体运行机制如图 5-4 所示。

接下来，我们将从信用评价系统边界内部比较关键的数据获取层、数据处理层、动态监管层三个层次展开更进一步的说明。

（1）数据获取层

在信用数据的识别与归集上，不同于传统的人工操作，银行可以利用 RFID 和物联网等技术形成自动化、实时性的数据采集链。通过传感网、

第五章　智慧供应链视角下供应链金融信用评价机制研究 / 67

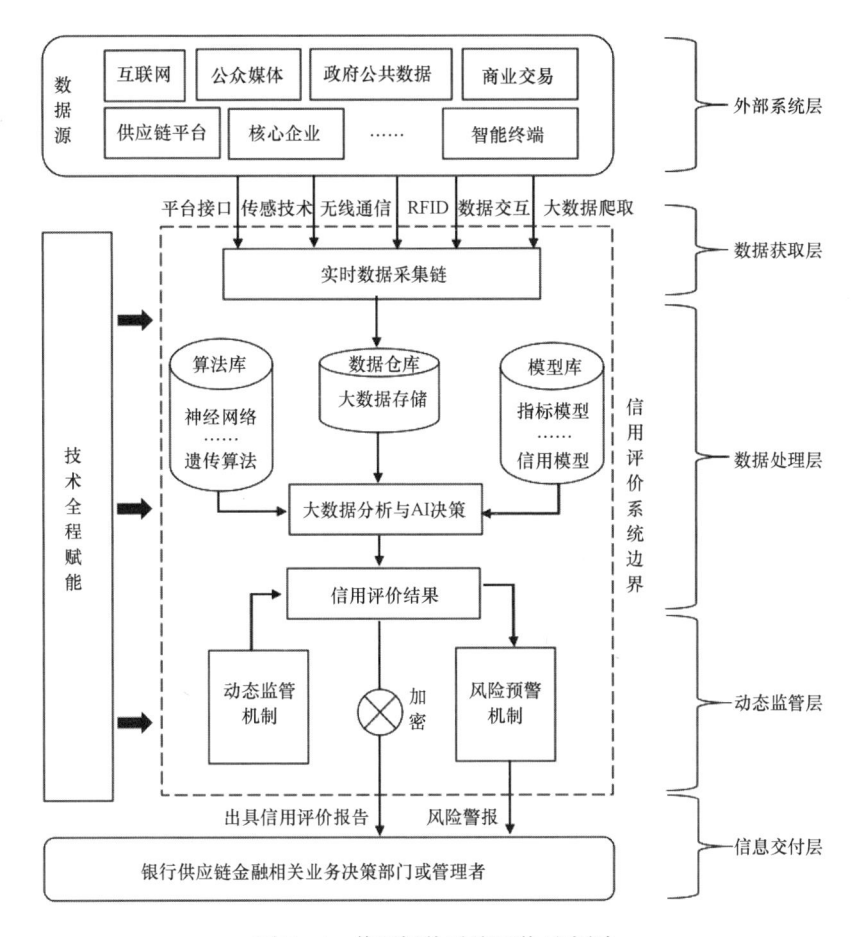

图 5-4　信用评价系统运作示意图

无线通信等技术支持，可以构建"无处不在，物尽其用"的终端网络，像车辆、机器设备、城市基础设施、POS 机、移动终端等都可以被利用起来，辅助完成相关数据信息的采集工作。例如，通过 RFID 技术的应用实时监控信用主体所质押货品的出入库和流通信息，当质押物发生空间上状态的改变时，能够及时地发现风险并进行干预，有效地实现对质押物的控制。通过这些技术的应用，数据采集节点将能够接触到大量的原始数据信息，例如财务信息、电子单证、车辆轨迹、交易记录、货品状态等。因此，信用评价系统可以同步扩大信用数据获取的范围，让传统模式下难以采集和规整的零散信息发挥作用，提高参考信息的数量和种类，帮助实现有效的信用监管和评估，提高信用评价结果的真实性和实时性。

（2）数据处理层

数据信息的统计和分析，是信用评价系统利用信用数据得出信用评价结果的过程。在这个层面，面对数据库中所存储的结构化和非结构化数据，可以依靠大数据、人工智能等先进技术来实现统计分析、数据挖掘等工作，推动传统的信用评价模式发生转变。首先，在数据结构方面，可利用数据的范畴、维度、历史周期被扩大，收集到的信用信息、行为记录等能够尽可能地被综合利用。在数据处理方面，采用高效的算法模型，使用大数据分析、神经网络、机器学习等技术工具，提高数据统计分析的效率，实现自动化智能评分。其次，对后台信用数据进行充分的挖掘和学习，从信用信息数据中发现企业的潜在需求，提高信用评价业务的附加价值。最后，在信用评价标准方面，优化评价指标体系，提高信用评价的可靠性和综合性。

（3）动态监管层

在智慧供应链金融体系中，银行为了能够及时止损，提早发现每笔贷款业务的异常情况，会在放款后对融资企业及其供应链进行实时的监控并动态地更新信用评价结果。因此，信用评价不再是静态工作，而是具备连续性和动态性。具体来说，信用评价系统通过数据采集节点不断地获取最新的信用数据，在后台完成数据的分析和处理工作，从这些数据中及时地发现异常情况，并分析波动产生的原因，如果发生异常情况的原因会对企业履约能力带来明显的负面影响，则及时更新相应融资企业的信用评价结果，并启动风险预警机制，提醒管理者及时核实情况，采取相应的措施控制坏账的发生。通过这种智能监管及动态评价，将能够有效地解决小微企业信息零散、状态多变的问题，并减少信息不对称带来的影响。

（二）被动式信用评价业务

被动式信用评价业务是指融资企业事先向银行提出融资申请，银行再进行受理、评价、回应的过程，是基于融资企业实际需求的反应型业务。在智慧供应链视角下，被动式信用评价业务将依托于信用评价系统而建立，一方面，数据的范围更广、实时性更强、结果更可靠；另一方面，简化了业务环节，系统自动完成收集、分析、监管等工作。图5-5为智慧供应链视角下被动式信用评价业务主要环节示意图。

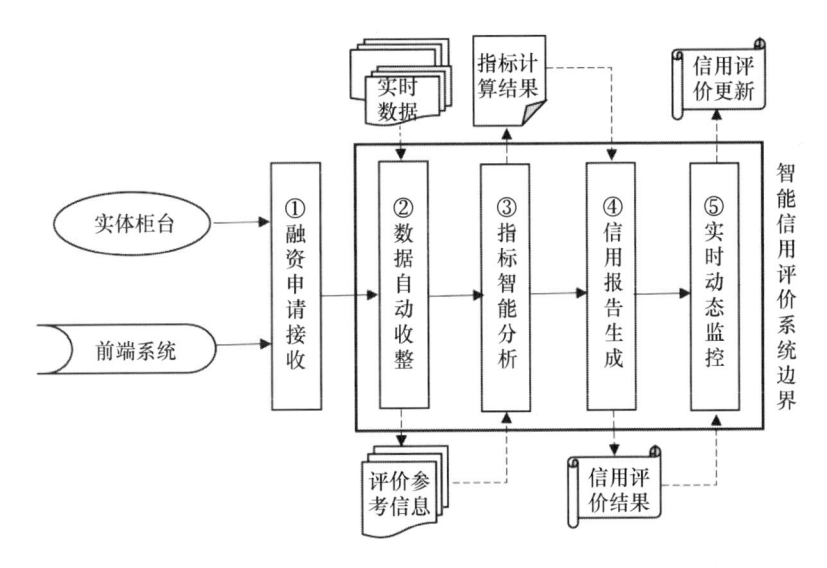

图 5-5 被动式信用评价业务环节示意图

主要环节为：

①融资申请接收：银行通过营业点实体柜台或客户交互前端系统接收有融资需求和意愿的融资企业（此处指有融资需求的供应链成员）所提交的融资申请。

②数据自动收整：银行的信用评价系统在接收到融资申请后，通过数据采集链广泛收集与目标企业相关的数据信息，并通过大数据预处理技术对数据进行多层次的清洗和处理，整理出对信用评价有较大参考意义的信息。

③指标智能分析：信用评价系统依据评价参考信息，在大数据分析技术和人工智能技术的支持下对目标企业的信用指标进行分析与计算，形成科学、客观、准确的指标计算结果。

④信用报告生成：信用评价系统根据指标计算结果生成目标企业的信用评价报告，帮助银行管理者了解客户信用水平，决策是否向目标企业放款。

⑤实时动态监控：后台对客户企业时刻保持关注，监控可能会影响到其信用水平的异常波动，实时对数据进行智能分析，并动态地更新信用评价，保证信用评价结果的实时性。

(三) 主动式信用评价业务

主动式信用评价业务是指信用评价系统在处理后台数据时，通过对用户需求的挖掘，锁定可能存在融资需求的企业，事先对其进行信用评价，发现优质的潜在客户，而后向银行提供参考信息，银行再根据参考信息主动联系客户的过程，是基于对潜在客户预测需求的主动型业务。图5-6为智慧供应链视角下主动式信用评价业务主要环节示意图。

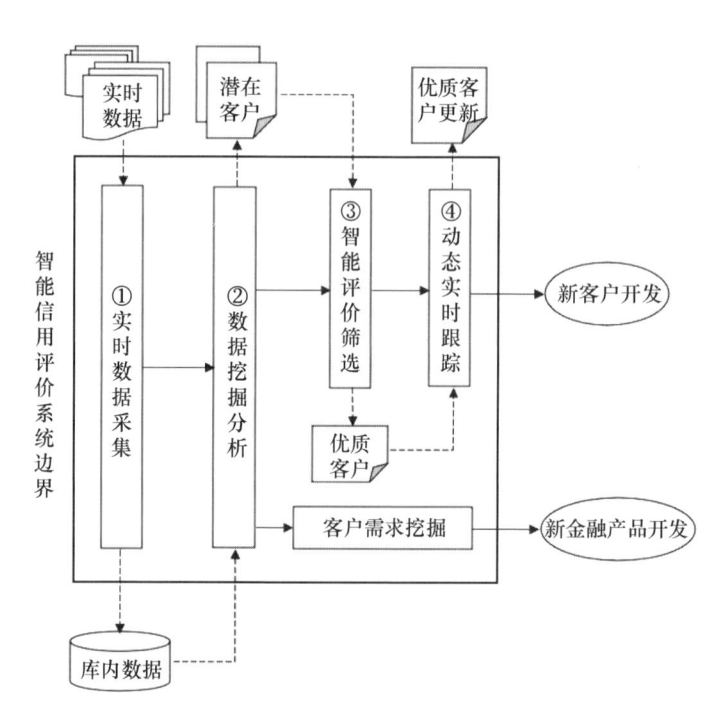

图5-6 主动式信用评价业务环节示意图

主要环节为：

①实时数据采集：从主动视角来看，指信用评价系统后台通过自动数据采集链动态地收集、归整实时数据到内部数据库的过程。

②数据挖掘分析：在数据挖掘分析阶段，面对后台所储存的海量结构化与非结构化数据，信用评价系统利用大数据挖掘技术和人工智能技术对其进行统计分析，初步识别并发现可能存在融资需求的企业，完成对潜在客户的挖掘。

③智能评价筛选：初步识别出潜在客户后，信用评价系统利用实时数据主动地对这些企业进行一整套的信用评价分析过程，筛选出信用水平符合标准或更高的企业，完成对优质潜在客户的筛选。

④动态实时跟踪：对挖掘出的优质潜在客户，信用评价系统会保持跟踪状态，动态实时地监控其信用状况，一旦发现异常情况，及时地调整信用评价，调整对潜在客户企业的定位，更新优质客户库，防止出现不必要的损失，控制金融风险。

同时，在主动式信用评价过程中，系统通过对后台数据进行挖掘，不仅会识别潜在的客户，还会对客户的融资需求进行分析。一是总结客户群体需求的发展趋势和特点；二是理解单客户个性化需求，这些信息将会对银行开展新金融产品的开发工作提供参考和依据。

三　保障机制设计

前文对智慧供应链视角下供应链金融信用评价基本要素和业务环节进行了设计，为了能够保障信用评价工作顺利运行，本部分将提出相应的保障机制，通过以下几个措施进一步提高信用评价机制的可用性、安全性、可靠性。

（一）完善智慧型硬件和人才配套体系

智慧供应链阶段，商业银行要落实好供应链金融信用评价工作相关的智慧型硬件和人才配套体系。在硬件方面，主要是做好信用评价智慧化转型所需要的硬件设备的铺设工作，一是完善信用评价系统所需要的传感网设备、无线通信设备、物联网设施以及高性能数据信息处理设备等。二是从软件层面完成不同平台和系统间的对接。在人才方面，银行首先需要明确智慧供应链阶段信用评价对工作人员能力素质的需求。以具体的需求为切入点进行现有人员的培训，包括评价系统的操作方法、输出信息的解读等方面，改"人工评价"为"系统自动评价＋人工管理"。其次是调整现有的人员结构，一方面很多岗位被自动化、智能化的系统替代，银行对基层一线的操作人员的需求将减少。同时，由于信息系统和智慧型设备的引入，银行会需要更多的系统开发人员、设备维护人员，因此对技术型人才的需求将增加。在这种情况下，银行需要合理地调整基层操作人员和技术人员的比例，完善人员结构，既要满足智慧化转型的需求，还要避免不必要的损失。

(二) 建立信用数据信息共享生态圈

智慧供应链视角下的供应链金融信用评价强调各成员间有效的信息交互，减少因"信息孤岛"而导致的信息不对称问题。因此，银行需要牵头建立智慧供应链信用数据信息的共享机制，打造数据共享生态圈。具体来说，首先，供应链各成员应该联合构建专门适用于供应链融资业务的信用信息平台，并建立不同智慧供应链平台之间的有效对接机制，提高供应链金融业务中信息的可视性。通过构建信用信息平台，企业和金融机构可以方便地从平台上获取信用数据，为信息共享提供硬件支持。其次，为了保证信用数据信息共享工作能够顺利有序地进行，减少过程中的不确定性因素，核心企业、政府、金融机构需要就信用数据信息共享开展工作流协同建模。在明确不同主体的责任和权力划分的基础上，针对信用数据信息如何自动完成收集，数据信息如何在后台加工处理，内外部数据如何实现整合，如何对访问数据的用户进行授信等问题进行设计，在计算机技术的帮助下完成各项固定工作的流程制定，开发智能化的业务系统。

(三) 建立数据安全访问机制

在智慧供应链阶段，无论是保证信用数据收集的效率还是实现信用信息的披露和共享，都必须要解决数据的安全与可信问题。这是因为信用数据在交互和流通过程中，不免会遭到各种网络攻击的威胁，这些数据包含着大量的商业机密和用户隐私，通常具有不同等级的保密性质，如果发生泄露将会带来巨大的商业风险，因此银行应建立完善的数据安全访问机制。智慧时代，银行可以利用区块链技术来开发可信数据访问控制方案，辅助建立安全、高效的数据共享机制（芦效峰，2021）。区块链技术具有去中心化、可追溯、不可篡改、去信任化、透明度高的特点（薛腾飞，2019），因此可以实现信息的高度安全性。通过应用依托区块链技术所建立的可信数据访问机制，无论是数据的写入还是读取，都需要满足访问控制系统的条件。此用户只需要执行简单的文件上传和下载操作即可，信息共享的方案和安全性控制都由系统工作流设计实现（芦效峰，2021）。未来，金融机构、核心企业和政府在推进信用数据信息共享以及信用评价披露工作时，要加快区块链技术的应用，提高信用信息与数据交互联通的安全性。

（四）建立智慧供应链视角下供应链金融信用评价标准体系

智慧供应链视角下供应链金融信用评价的推进，需要一系列针对智慧特征的标准化建设。总的来看，评价标准体系应包括四个方面，分别是智慧型信用评价业务操作标准，解决不同银行在智慧化转型过程中存在的信用评价方法和评估标准不一致的问题；数字评价结果共享互认标准，解决信用评价系统出具的数字化信用评价结果的公信力问题；智慧系统与平台数据交互标准，解决信用数据和信用信息在不同智慧化系统和平台间的交互问题；信用信息公示披露标准，解决信用信息向公司内部和社会公开的问题等。银行、核心企业、行业协会以及其他非银金融机构需要联合相关政府部门，在技术环境和现行法律政策环境的基础上，协同建立供应链金融信用评价标准体系，推动供应链金融信用评价工作在智慧供应链阶段的统一化、标准化。通过推进信用评价标准化，将有助于减少金融监管的难度，提高智慧供应链视角下供应链金融信用评价机制的应用范围，为控制金融风险发挥更大作用。

第六节　结论与展望

智慧供应链视角下供应链金融信用评价机制将为供应链金融的发展提供强有力的支持，能够在事前、事中、事后全过程帮助银行、核心企业、非银金融机构评估并监管融资方的信用水平，有效地控制金融风险。本书通过总结前人研究、理清传统模式的问题点、在明确评价模式新特征的基础上提出了智慧评价机制构建思路。我们得出的结论主要包括以下三个方面：

第一，我们对传统的供应链金融信用评价机制进行了分析，发现传统评价机制存在标准化程度低、信息化程度低、业务操作流程繁复等问题，无法实现供应链金融效率的提升，不能够适应智慧供应链阶段供应链金融的需要。同时，传统模式下信息不对称和原始人工操作带来的问题严重，标准化推进与数据利用方面还存在着较大的阻碍因素，这使得供应链金融在开展过程中面临着较大的风险。

第二，我们对智慧供应链视角下供应链金融信用评价机制的特点进行了分析总结。智慧供应链视角下供应链金融信用评价机制被期望达到更高的准确度和灵活度以适应智慧供应链的发展需要，包括技术渗透性更高、信息可视化程度高、数据驱动性更强、增值定位更明显等。

第三，智慧供应链视角下供应链金融信用评价机制的设计，需要结合信用评价和技术应用的特点，建立数据获取能力更强、数据综合性与实时性更高、技术全程赋能、评价流程更简单的信用评价体系。基于以上认识，本书提出了一种将数据采集、数据分析、数据挖掘、动态评价、风险预警等功能集中在一起的智慧化信用评价系统，并提出围绕信用评价系统而开展的主被动两种业务的信用评价模式。

本书从宏观的视角开展了对智慧供应链视角下供应链金融信用评价机制的研究。总体来说，没有从定量分析的角度对细节问题展开设计。在后续的研究中，可以针对信用评价机制的不同环节进行细致的分析和构思，也可以运用具体的技术开发相应的系统和模型算法，引入实证分析，提高相关研究的实用性，为管理者提供更有实践意义的指导建议。

第六章

面向智慧供应链金融的监管机制设计

第一节　引言

中小企业作为推动我国经济发展以及社会主义建设的主力军，贡献了50%以上的税收、60%以上的GDP、70%以上的技术创新、80%以上的城镇劳动就业、90%以上的企业数量（刘鹤，2018）。然而，我国中小企业普遍面临着融资难、融资贵的问题，尤其在新冠疫情下，中小企业普遍抗风险能力较差，遭到了巨大的打击，中小企业发展指数从疫情前的90以上一度下跌到76.4（中国中小企业协会，2020），目前虽然稳步回升，但与疫情前仍然有一定差距，解决中小企业融资难题的需求更加迫切。供应链金融为中小企业融资难问题开辟了新的解决思路，从2017年开始，国务院办公厅、商务部和银保监会等8部门出台多个相关政策鼓励供应链金融健康发展。供应链金融的应用虽然对中小企业融资难问题有所缓解，但并没有彻底地解决问题，核心企业信用穿透性较差，难以辐射供应链远端的中小企业，同时，供应链金融监管不力，"一女多嫁""套利套现"等乱象频现，传统供应链金融发展遇到瓶颈。

近年来，随着物联网、大数据、人工智能、区块链等现代智能技术的发展，供应链逐渐呈现智慧化的特征，相应的供应链金融也逐步向智慧化发展。在数字经济背景下，科技赋能为供应链金融的瓶颈突破提供了有利条件。因此，应当把握时代机遇，充分发挥技术优势，创新供应链金融监管机制，从而突破传统模式下的监管"瓶颈"，使供应链金融的监管向便利化、精准化、智慧化、动态化以及高效化发展，为中小企业增信的同时降低风险、保障运行质量。

然而，目前学术界对于在科技赋能的条件下的智慧供应链金融监管机制的研究缺乏。本书将围绕智慧供应链创新金融监管机制的构建开展研究。本书首先对传统供应链金融监管机制的瓶颈进行了比较分析，然后以此总结出构建智慧供应链金融创新监管机制的创新要点（创新中小企业的授信机制、收紧对核心企业的监管和利用金融科技赋能），并最终构建了创新供应链金融监管机制的总体框架图。最后，本书提出应当从政策激励、立法管制、标准制定、市场规范、数据质量及安全保障、公共信息平台建立、技术创新及人才培养几个方面入手来保障创新监管机制的运行。

本书的研究框架如下：第二部分文献综述从传统供应链金融风险管理、智慧供应链发展以及现代金融科技在风险管理方面的应用三方面对以往的研究进行了梳理，并总结了以往研究的空白。第三部分从传统供应链金融瓶颈突破角度阐述了数字经济下创新供应链金融监管机制的动机。第四部分为智慧供应链金融的监管机制框架构建。对智慧供应链金融监管机制创新点进行了讨论，从核心企业监管、非核心企业监管以及金融科技赋能三个方面的创新进行了重点阐述，最后对总体创新监管框架进行了构建。第五部分为创新监管机制的保障，提出了几点建议。第六部分为总结与展望。

第二节　文献综述

由于本书将就智慧背景下供应链金融的监管机制进行研究，因此，本书的文献综述部分将从供应链金融风险管理研究、智慧供应链发展以及现代金融科技在风险管理方面的应用三方面展开，对传统和智慧背景下的供应链金融监管研究现状进行梳理。

一　关于供应链金融风险管理的相关研究

从供应链金融问世开始，供应链金融风险就成为一个重要的研究课题，在后续实践的过程中，供应链金融的风险大量地暴露出来，学者们也对供应链金融存在的风险进行了大量研究，并逐步完善风险评价机制对其进行控制。由于供应链金融的风险区别于传统金融风险，因此识别并度量供应链金融风险是供应链金融风险管理的一大研究方向。Rosenberg 和

Schuerman（2004）从市场、信贷、业务总体风险出发，用 copula 函数度量供应链金融中的风险并与传统度量方法对比。Barsky 和 Ctanach（2005）提出了一个帮助银行家分析和评估供应链金融中风险的框架，他们在研究中将借贷风险分为环境风险、业务流程风险、信息技术风险、人力资源风险和基本结构风险五类。马佳（2008）研究了三种不同融资模式下的供应链金融主要风险控制点，并针对信用风险和市场风险做出了具体的风险控制方案研究：运用主成分分析法和 logistic 回归方法构建了新的信用风险评价体系，基于套期保值解决货押业务中货物价值不稳定的风险。李毅学（2011）在研究中将供应链金融风险分为系统风险和非系统风险。曹俊（2011）研究了供应链金融中信用风险的识别和度量，并就评价指标的选择提供了意见。随着互联网等现代信息技术的发展，线上供应链金融模式出现，相应的风险也发生了一些变化。何昇轩（2016）对基于第三方 B2B 商务平台的线上供应链金融的相关风险进行了研究，用博弈论、层次分析法以及模糊综合评价法等方法进行了线上供应链金融风险的动态及静态风险评价研究。宋华和杨璇（2018）跳出传统金融风险角度将供应链金融风险总结为外部环境风险、供应链网络风险和供应链企业风险，并从结构、流程、要素三个维度出发降低供应链金融风险对企业绩效的负面影响。郑昱和张凯夕（2020）基于实践提出了信息不对称、核心企业应收账款确权难等四个风险点，并基于此提出了一种更完善的风险评价指标体系。郑伟进（2021）对供应链金融存在的风险进行了总结，并在信用评价和监管等方面给出了相应意见。目前学者们对于供应链金融的风险分类方式和角度不一，但其研究趋势有一定的统一性，通过梳理前人的研究，笔者认为，目前对于供应链金融风险的研究已从金融风险角度向供应链与金融风险结合的角度转移，同时，近年来随着电商的出现，线上供应链金融风险研究成为新的研究方向。

二 关于现代金融科技应用于风险管理的相关研究

区块链、大数据等现代金融科技的应用使得智慧供应链区别于传统供应链，供应链效率等各方面能力都大幅提升，包括风险管控的能力，其作用于供应链的许多方面，学者们对于现代金融科技如何作用于供应链金融，使其得到有效监管和控制的研究也一直在进行。许荻迪（2019）研究了区块链在供应链金融中的应用，其中，对于监管方面，研究指出区块链对于控制信用风险和票据风险有重要意义。蔡恒进和郭震（2019）探讨了"大数据+区块链"的供应链金融服务框架构建，以区块链解决互信问题，以大数据提高精确度和效率。宋华（2019）指出，ICT能够实现供应链金融各主体有效联结，提高信息治理水平，从而降低供应链金融风险。付玮琼（2020）探讨了核心企业主导的供应链金融模式中核心企业带来的风险，并提出用区块链技术削弱核心企业权利从而达到削减核心企业带来的风险的目的。王鹏虎（2020）指出，随着金融科技的应用，供应链金融数据化风险防控体系已初步建立。曹允春等（2020）指出，传统监管机制无法满足供应链金融的创新发展，需要利用现代金融科技提高企业的信用穿透力，实现链条上各主体的互信，同时降低风险。

以上通过对传统供应链金融风险管理、智慧供应链发展现状以及现代金融科技应用于供应链金融监管的研究现状进行了梳理，我们发现当前研究存在以下不足：一方面，目前关于供应链金融风险控制的研究大多还集中在传统的模式，但是，在数字经济背景下，供应链金融模式进入新的阶段，那么对于风险的控制也应该在管理和技术等方面做出相应的调整；另一方面，近两年有一些学者对区块链等新技术如何应用于供应链金融风险控制做出了研究，但这些研究大多以一项金融科技为基点赋能供应链金融风控或是研究风险管理在某一方面的改善，对于系统的智慧供应链金融下监管机制研究较少。本书将在以往研究的基础上，系统地构建智慧供应链金融监管机制，探讨数字经济下供应链金融监管机制创新的必要性，该如何创新以及如何保障其后续的运行。

第三节　数字经济下创新供应链金融监管机制的动机

一　传统供应链金融模式及风险研究

（一）传统供应链金融模式

传统供应链金融模式从不同角度可以划分为多种模式，以下介绍具体业务及供应链主导者两种角度的分类：

按照具体业务进行分类，可以分为应收账款模式、预付账款模式以及存货质押模式（柴正猛和黄轩，2020）。应收账款模式即上游的中小企业依托核心企业信用将应收账款作为抵押从而获得贷款，这种模式下应收账款票据真实性难以保障，同时核心企业可能不按时付款导致中小企业资金链断裂；预付账款模式即下游的中小企业向上游支付一定的预付账款后以其取货权作为担保向银行等金融机构申请贷款融资，这种模式同样需要核心企业的信用作为担保；存货质押模式也称为融通仓模式，该模式以第三方物流企业的信用作为担保，将存货作为质押物向银行等金融机构申请贷款。三种模式都涉及质押物，可能发生"套利套税""自融自保""一女多嫁"等主观的非法行为。

（二）传统供应链金融风险

供应链金融的风险来源相比普通的金融业务更为复杂，因为其风险不仅来自传统的金融风险，还来自供应链的各节点和主体。本书将从系统风险和非系统风险来研究供应链的风险（李毅学，2011），其中非系统风险将从各主体以及供应链网络的信息流角度分析。

系统风险即外部环境带来的风险，首先是宏观的系统风险：包括经济、政治、法律、自然灾害等因素。其次是来自行业的系统风险：包括行业的发展前景、行业市场变化、行业技术变革、行业商业模式变革等影响因素。

非系统风险指供应链金融特有的风险。风险来源主要有中小企业、核心企业以及供应链信息流。首先是来自小企业的风险，主要包括来自中小企业的信用风险以及中小企业本身的经营风险。来自核心企业的风险主要有核心企业的信用风险、经营风险以及核心企业行为风险。随着互联网等技术的发展以及供应链金融范围的扩大，信息流的风险也逐步扩大，主要包括信息传递过程不对称不充分导致的风险以及信息存储数字化带来的安全隐患。除此之外，供应链金融中还存在操作风险以及质押物风险等。

二 传统供应链金融监管瓶颈

（一）中小企业监管瓶颈

中小企业监管瓶颈主要体现在中小企业授信难，导致中小企业监管范围受到限制。一方面，中小企业本身的实力不足，决定了其大部分的融资只能依托于核心企业的信用，而核心企业的信用在传统模式下传递有限，无法辐射到末端的中小企业,因此,对于末端的中小企业监管比较困难;另一方面,传统的中小企业授信主要是依据中小企业的偿债能力、盈利能力等自身的资金实力,再辅以质押物以及大企业信用进行担保。这种授信方式局限性较大,对于很多其他因素重视不足,比如整个供应链的经营前景等。此外,中小企业由于自身经营时间短、规模小或管理混乱等原因可能会缺少有效的财务数据以及质押物,大大增加了其授信难度,使得中小企业授信时信用监管难度激增。

(二)核心企业监管瓶颈

核心企业监管瓶颈主要体现在核心企业的权力过大,导致对其行为的监管难度大。由于整个供应链金融业务中大部分依托于核心企业的信用,导致核心企业的权力过大。这就导致核心企业可以利用其不平等的话语权扣押应收账款或预付账款扩大自己的资金流,将自己的资金压力转移给中小企业,对中小企业造成进一步挤压,但是,目前的监管机制对于核心企业的这种行为缺乏有效的监管和约束措施。

(三)信息传递监管瓶颈

信息传递监管瓶颈主要体现在信息传递不对称及信息安全难以保障。一方面,当下供应链金融所辐射的范围越来越广泛,涉及的角色主体增多,复杂供应链结构下各种庞杂的交易信息、信用信息等难以得到深入全面的监管,从而导致各方的信息不对称,带来联合欺诈等风险;另一方面,传统供应链金融业务中还存在着信息监管不严格导致的信息篡改等问题,信息流不能安全无损地在链上流动和传递。此外,随着线上供应链金融的发展,各种交易信息被电子化、庞大的信息流在互联网上流转,那么如何有效地控制信息不被篡改和泄露就成为现行监管的一个"瓶颈"问题。

(四)结构及范围监管瓶颈

以上三方面监管瓶颈的存在导致了供应链金融结构和范围的监管瓶颈。首先,从结构来说,核心企业位于整个结构的中心,并且其话语权远大于其他小企业,导致核心企业可以利用其话语权向中小企业转移资金压力,导致供应链金融结构的瓶颈问题。其次,从覆盖范围来说,传统的供应链金融覆盖范围由于信息传递、授信机制等原因,从横向和纵向来说都不够深入,无法渗透到多层供应链中。

三　基于现代金融科技打破传统供应链金融监管桎梏

数字经济背景下，现代金融科技的应用，创造了全新的监管条件，因此，配合管理标准的创新，可以使得传统的供应链金融监管桎梏得以突破。

（一）信息不对称及安全瓶颈的突破

随着数字经济的发展，各种新技术的应用给打破信息壁垒带来了契机，比如大数据等技术的应用可以充分搜集各种信息，区块链由于其分布式存储、公开透明、不可篡改等特点可以使信息流在各主体之间安全而充分地传递。简而言之，区块链、大数据等现代金融科技的应用为供应链金融搭建了一个协同、高效、安全的信息流传递环境，保障了每个角色信息的可获得性及真实性，使得企业之间的互信增强，欺诈行为减少，信用风险带来的损失大大减少。此外，无损传递的信息对核心企业的信用传递形成助力，使得信用下沉到供应链末端的各中小企业，突破了末端监管的难题。

（二）中小企业信用监管瓶颈的突破

针对中小企业授信难的瓶颈的突破包括以下两个方面。一是依赖金融科技的搜集和处理能力，大数据、人工智能等技术使得更多的信息能够被搜集到，并进行清洗和分析，笔者认为可以从授信机制管理上进行根本的变革，改变以往的授信标准，将更多指标纳入授信体制中，使得对中小企业的信用监管更加全面，又能够使中小企业的局限性有所降低，并提高便利性。二是要依赖区块链等技术的数据存储和传递能力将各种交易和债项数据比如单证票据作为担保，减少对担保物的依赖，进一步降低中小企业融资门槛，从管理体制上解决中小企业授信瓶颈。

（三）核心企业监管瓶颈和供应链金融结构及范围监管瓶颈的突破

针对核心企业监管"瓶颈"和供应链金融结构及范围监管"瓶颈"突破，主要包括以下两个方面。首先，对于结构不合理，即核心企业话语权过大带来的监管"瓶颈"，一方面，可以利用智慧供应链背景下的信息监管优势，加强对核心企业的监管和约束；另一方面，可以利用基于区块链等技术搭建的信息传递平台，更多地将公开透明的运营数据作为中小企业授信的依据，减小中小企业对于核心企业信用的依赖，从而削减核心企业的控制性地位，减轻核心企业对于中小企业的压迫，这也同时实现了对核心企业监管瓶颈的突破。其次，对于覆盖范围瓶颈来说，通过互联网、区块链、物联网等技术手段搭建供应链金融服务平台后，供应链金融横向监管范围就可以拓展到多行业、多地域中，实现多条供应链的交织联结，形成网状结构；通过区块链技术的信息穿透作用，可以使供应链金融纵向监管范围拓展到链的远端，最终实现横向纵向监管范围综合拓展。

数字经济背景下，智慧供应链快速发展，相应的各种新技术的应用给传统的监管瓶颈带来了突破口。通过系统地搭建新的供应链金融监管机制，发挥技术优势并结合管理创新，打破传统监管桎梏，正是智慧供应链背景下进行供应链金融监管机制创新的动机。

第四节 智慧供应链金融的监管机制框架构建

一 智慧供应链金融监管创新逻辑梳理

（一）智慧供应链金融模式构建

由于金融科技的发展，智慧背景下供应链金融模式与传统供应链金融模式产生了结构性的变化，我们可以从主体和结构两个角度研究智慧供应链金融的新模式。

从主体角度来看，智慧供应链金融相比于传统供应链金融加入了一些新的角色，同时核心企业也随着现代科技的发展发生了一些变化。传统供应链金融的主体一般有金融机构、核心企业、物流企业和中小企业等。首先，从金融科技服务需求出发，金融科技公司、京东等电商巨头、供应链综合运营平台企业等有一定研发能力的企业加入供应链金融，为各方提供大数据、区块链等金融科技服务。其次，从核心企业变化来看，传统的核心企业一般是规模较大信用良好的龙头企业，但是提供的管理服务有限，甚至可能因为应收预付账款融资等业务操作成本高而拖延确权。但随着数字经济的发展，核心企业也有了一定的平台建设能力，通过与金融科技公司的合作自建平台，提供更多的供应链金融管理服务，代替银行成为供应链金融的主导者。此外，供应链金融风险管控的信息需求以及监管需求要求供应链金融平台与政府对接，包括与工商、税务、海关、司法、公安等政府机关的对接。

从结构来看，智慧供应链金融的结构趋于网络化。传统的供应链金融结构趋近于一个链条，信用传递范围较小，同时各主体联系不够紧密，信息壁垒普遍存在。数字经济下由于金融科技的赋能，供应链金融向平台化、生态化发展，供应链金融主体范围扩大，金融科技企业等新主体加入，互联网、大数据、区块链等技术使得更多的链条以及更远端的中小企业被纳入服务范围。通过专业化平台化的建设，最终形成将各参与主体、技术环境、制度环境紧密结合的生态网络，实现网络结构上各主体的紧密结合、动态协调、合作共赢。

我们基于对智慧供应链金融主体以及结构的分析构建了智慧供应链金融新模式示意图，如图6-1所示。

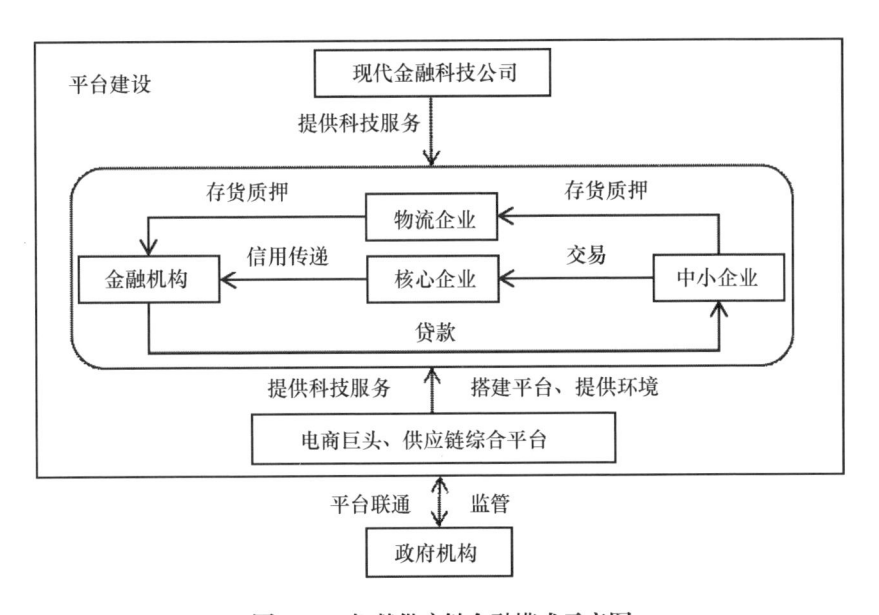

图6-1 智慧供应链金融模式示意图

（二）新模式下智慧供应链金融监管三要素

智慧供应链金融新模式下，创新构建供应链金融监管机制首先要明确监管三要素，即监管的主体、客体以及监管手段。

首先，明确监管的主体及客体。一是对于监管主体来说，智慧供应链金融新模式下主客体基本与传统的供应链金融监管机制相同，但其联系紧密程度有所加强。银行等金融机构作为资金的来源应当承担主要的监管责任，严格对供应链金融业务的贷前、贷中及贷后进行监管。同时，政府也是监管主体之一，应当利用相关法律和制度对被监管方进行约束。在智慧背景下，金融科技赋能监管机制可以实现监管主体之间更加紧密的联系，即银行等金融机构与银行可以利用科技手段打通监管平台，进行联合监管。二是对于监管客体，即被监管方，主要是借贷的中小企业以及为中小企业担保的核心企业。

其次，明确智慧供应链金融监管的手段。智慧经济背景下，监管手段呈现数字化的特点。传统的智慧供应链金融监管手段大多采用人工，比如采用纸质的单据、由人工录入。智慧供应链金融监管手段应借助金融科技搭建数字监管平台，打破信息孤岛，实现更加动态、高效的监管。依据前文对智慧供应链金融模式的研究，这种手段的变革可以与金融科技公司以及电商巨头、供应链综合服务平台等有科技实力的企业合作，加快监管手段数字化脚步。

（三）新模式下供应链金融监管机制创新点

在新的供应链金融模式下，监管主体范围扩大，各参与主体之间的关系更为复杂，但是，技术条件也有了一个质的飞跃，因此，监管机制也要有相应的创新。笔者认为，创新监管机制可以从供应链的角度出发，分别对末端中小企业及核心企业进行创新监管，同时这种创新监管要以金融科技赋能为基础。

具体来说，智慧供应链金融监管机制创新点有三：第一，实现末端监管辐射，利用大数据、区块链等技术的赋能，突破传统的中小企业监管瓶颈，通过建立创新的信用评级及授信标准加强贷前监管，从供应链金融业务的源头降低风险，在解决中小企业授信难的同时，将更多的中小企业纳入监管范围。同时，通过管理手段创新加强对中小企业的贷中及贷后监管，降低中小企业信用风险。搜集多维数据对中小企业进行信用评价提高对中小企业的信用评价准确度，可靠的信用评价可以降低授信时对中小企业质押物的依赖，从而在实现风险可控的同时将更多中小企业纳入服务范围。第二，要收紧对核心企业的监管，也就是说要加强对核心企业的风险管控。核心企业联合欺诈会导致不可估量的损失，目前由于核心企业在供应链金融中话语权过大，存在将资金压力转移至中小企业的行为，目前的监管机制对于这种行为的约束存在"瓶颈",但区块链等技术的发展使得信息在供应链上安全完整地传递,削弱了核心企业的权力,此时是加强对核心企业监管的适当时机。第三,应该充分利用大数据、区块链等金融科技对整个供应链金融监管机制赋能,建立良好的信息传递基础环境,同时利用人工智能等技术进行上层的运营决策,为管理等各方面的创新创造条件,实现供应链金融监管机制与智慧供应链金融的同步发展变革。我们将监管机制创新要点的内在逻辑反映在图6-2中。

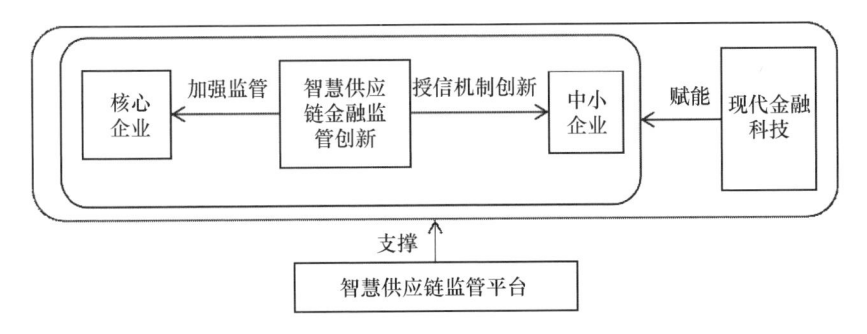

图6-2 监管机制创新要点示意图

二 供应链非核心企业金融监管机制创新

供应链金融核心的业务即经济实力差、规模较小的企业借助其所在供应链上的核心企业的信用向银行提交融资申请。而非核心企业即供应链中依托核心企业信用进行融资的链上的其他企业,由于有融资需求的非核心企业大多是中小企业,本书接下来主要针对中小企业的监管机制创新进行讨论。

(一)中小企业授信机制改革重要性

中小企业授信问题一直是传统供应链金融面对的一个难题,由于核心企业的信用传递范围有限,大量的二级、三级供应商无法被纳入服务范围,2018年中小企业的融资需求已超过13万亿元,但只有1万亿元融资需求得以满足,处于供应链尾端的中小企业融资缺口近12万亿元。[①] 具

---

① 《供应链金融 破解中小企业融资难》,2019年4月9日,新浪网,http://finance.sina.com.cn/stock/relnews/hk/2019-04-09/doc-ihvhiqax1182495.shtml。

体来说，中小企业授信主要面临着三个难点：一是传统供应链金融服务中信息的穿透性不强，核心企业的信用无法渗透到供应链末端，导致大量中小企业无法授信；二是信用评级标准不完善，传统的信用评级中大多以对中小企业本身财务的状况评价为主，但是由于经营规模和管理问题，大多数中小企业都无法向银行及核心企业提供足够的财务数据和担保物，导致中小企业在授信环节上举步维艰；三是中小企业授信操作上的一些问题，现行采用的人工操作复杂且效率较低，而且准确性也无法得到保障，另外，授信后对企业进行动态监管、及时地更新企业的信用状况也是一个难点。以上这些痛点问题在数字经济背景下都有了新的解决方式，应基于现代金融科技的赋能驱动，对中小企业授信机制在管理标准和操作手段上进行根本性的变革，在将更多的中小企业纳入供应链金融服务范围的同时，降低中小企业的信用风险，提高中小企业授信用信效率。

（二）中小企业授信机制创新要求

中小企业授信机制创新主要包括信用评级标准创新和操作手段及流程创新两方面的要求：

（1）信用评级标准创新——重债项、轻主体

中小企业信用进行评级创新要遵循重债项、轻主体的原则。传统的信用评级中大多是以主体评级为基础，以债项评级为辅助，一般是在主体评级确定的基础上再根据债项评级进行微调，但是，这种评级方式相比于中小企业更适用于对核心企业进行评级。主体评级往往是根据过去一段时间企业的财务报表，大部分的指标都可以通过财务报表反映出来，具体包括企业素质、营运能力、盈利能力、偿债能力和发展潜力等。但是，中小企业往往无法提供过去几年完整的报表，主体评级相对困难，再者，中小企业自身的信用评级往往很低，无法获得足够的融资金额。因此，以主体评级为主的原则显然不适用于中小企业，只有以债项评级为主才能充分利用供应链金融自偿性的特点，为中小企业提供适当的融资规模。具体来说，中小企业虽然没有足够多的资产作为偿付担保，但其可以利用预付账款、应收账款以及存货作为担保，当这些资产产生的收入回流，企业就可以偿还贷款。而这种自偿性融资的信用风险往往不只来源于企业自身主体，还来自交易的对象、交易资产的特征、供应链本身的稳定性以及行业等。因此，在进行中小企业信用评级时应从供应链金融交易

自偿性出发，采用重债项、轻主体的原则。此外，在数字经济背景下，供应链整体联系更加紧密，因而由点引发的风险也更容易牵动整个网络，各主体的关联性更复杂，因此在进行债项评级时应更加注重对供应链整体的评估。

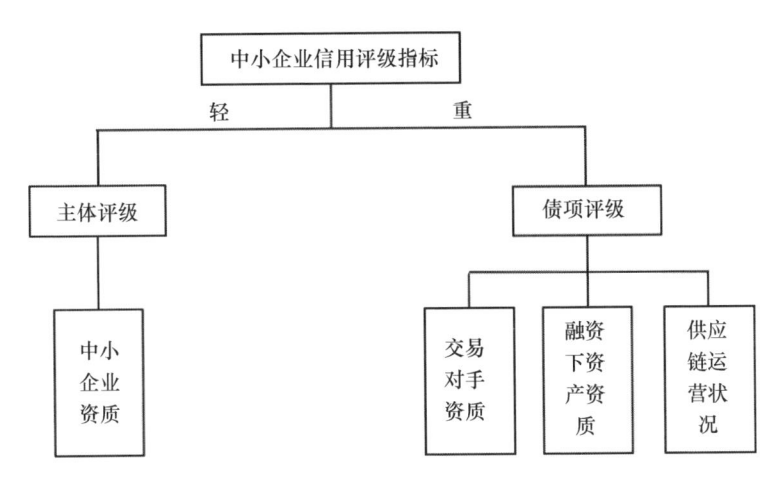

图 6-3　创新评级指标示意图

（2）操作手段及流程创新——数字化改革

要推进中小企业授信全过程数字化改革，以金融科技为手段，推动授信流程数字化创新。首先，要鼓励利用区块链技术实现资产数字化，数据上链后将仓单数字票据、应收账款数字票据作为信用传递的依据，向银行等资金方发出融资申请。其次，在申请提交后，平台利用现代通信技术搜集来自第三方物流企业、核心企业、行业协会等相关方的多维数据，形成包括大量结构化及非结构化数据的数据库，而后基于大数据进行风险评估，银行及核心企业基于评估结果对中小企业进行授信。最后，基于区块链、物联网等技术对后续账款发放、回款等情况进行事实监控，并及时进行信用变更，做到贷后的动态风险控制。通过对中小企业授信全流程的数字化改革将大幅度提高中小企业授信的准确性及效率，减小中小企业对质押物的依赖，降低中小企业授信难度，从而优化供应链金融营商环境，更好地为中小企业服务。

中小企业信用评级标准的创新实现管理"瓶颈"的突破，而操作手段及流程上的创新实现对信息"瓶颈"的突破,二者结合将有效地为中小企业增信,供应链金融服务范围扩大,实现结构"瓶颈"上的突破。

三 供应链核心企业金融监管机制创新

(一)加强核心企业监管重要性

供应链金融主要是依靠核心企业的信用连接上下游,核心企业在整个结构中占据着领导及支配地位,然而核心企业一旦失信,给供应链金融带来的打击也是最严峻的。近年来核心企业失信事件在供应链金融的实践中屡见不鲜,核心企业可能会与融资企业恶意串通,利用重复或虚假仓单重复贷款,对银行进行欺诈从而套取资金。此外,很多核心企业也存在着利用优势地位对上下游中小企业进行挤压的行为,例如其恶意占用中小企业的资金资源,延长应收账款确权支付时间,导致上下游的中小企业面临更大的资金周转压力,并且很有可能导致供应链金融业务的断裂。尤其是在数字经济时代,供应链金融走向智慧化,其参与主体范围扩大,形成复杂的网络结构,核心企业作为网络结构的核心,其带来的风险更容易传递到网络的各节点,导致各部分的连锁风险,将造成更加严重的后果,甚至导致供应链金融网络崩溃。因此,不论是从传统供应链金融条件出发还是从供应链金融智慧化形势出发,加强核心监管都是十分必要的。数字经济下可以利用新的手段进行监管模式创新,从而实现核心企业风险的严格防范及监管。

(二)核心企业监管机制创新要求

加强对核心企业的监管,一方面,要基于大数据技术加强对核心企业的风险识别,同时基于线上供应链金融平台与政府征信平台对接,做好预警及惩罚机制;另一方面,要基于区块链技术对各节点交易信息进行监管,从而达到核心企业与中小企业监管一视同仁,削弱核心企业权力,解决供应链金融结构问题。

具体来说,首先要基于大数据技术对核心企业进行全方位的风险识别,如对行业地位、资源实力、运营状况、发展前景、技术实力等多方面进行综合评估,同时积极与海关、税务等政府机构进行对接获取相关信息,利用大数据对结构化与非结构化数据进行处理,做好核心企业风险预警,并通过与政府征信平台的对接将企业重大失信行为尤其是核心企业的失信行为公开通报,加强对核心企业的信用惩罚,以达到约束核心企业串谋欺诈的目的。其次要利用区块链技术分布式存储及不可篡改的特点，增强中小企业话语权，实现核心企业与中小企业话语权的平衡，通过削减核心企业的优势地位从而从根本上降低核心企业的失信概率，同时区块链分布式存储的特点可以有效阻止核心企业节点风险向上下游传递。总之，要在现代金融科技的驱动下从监管力度和话语权结构两方面对核心企业监管机制进行重塑。

四　现代金融科技赋能金融监管

从金融科技的应用实践来看，金融科技是整个供应链金融监管机制创新的驱动力，金融科技的赋能是后续管理制度及流程上配套创新的基础，对于具体金融科技如何驱动供应链金融风险防范体系，实现数字化、精确化、严格化的监管，笔者认为可以分为三个层次，一是对信息采集的赋能，二是对信息传递的赋能，三是对信息处理的赋能。

（一）信息采集赋能

对于信息采集的赋能，现代金融科技的应用使得所采集的信息的丰富度大大提升。具体来说，首先，对于中小企业、核心企业等参与主体本身的信息采集，不仅各参与主体的财务数据更加丰富，企业的水电数据等更多元的数据也能够被搜集。其次，对于外部信息的采集，大数据、互联网等技术使得信息的开放和丰富程度明显提高，各主体的信息平台相互联通，监管方可以采集到更多的外部信息，包括如宏观经济及行业数据、工商、税务等相关信息，丰富了信息环境。此外，行业的景气指数、汇率波动等信息也是风险评价的重要信息，利用大数据等技术可以动态地采集及监测。最后，对于物流信息、资金流信息的采集使线上流程与线下流程实现同步操作。基于物联网技术，可以实现对线下物流信息的实时追踪，同时可以利用区块链等技术手段将应收账款单据等录入系统，成为电子提单，将线下物流与线上的商流、资金流和信息流进行匹配，达到四流合一。总之，金融科技的应用大大丰富了监管方的数据库，信息更加丰富和全面，为监管提供了有力保障。

（二）信息传递赋能

对于信息传递的赋能，现代金融科技的应用有力地打破了供应链金融各参与主体信息传递的壁垒。一方面，基于区块链技术的优势实现庞大信息流在供应链金融服务范围内的安全无损传递，打破信息孤岛，增强信息流动性的同时保证信息的真实性。同时，金融科技的应用将传统模式下一些不能够被线上同步传递的信息也进行了数字化改造，如一些电子提单、智能合约等，使资金流、物流与商流更加紧密地结合。另一方面，科技应用实现了各监管方与被监管方的系统联通，及时进行信息反馈和沟通，对于一些外部的风险也能够实时地在监管平台上传递，从而保障监管的精确性、安全性、动态性。总之，信息传递手段的更新使得信息传递壁垒被打破，信息的传递更具流动性及动态性，同时信息安全也可以通过技术手段得到有力保障。

（三）信息处理赋能

对于信息处理赋能，金融科技赋能下信息的采集量以及采集维度都大大提升，更开放的信息环境给基于信息的决策准确性的提高提供了基础，但同时更多维、多层次、多量的信息给信息处理提出了新的要求。监管方要基于大数据、云计算以及人工智能等技术对各维度、各层次的信息进行有效的清洗和挖掘，提升对信息的分析及有效利用的能力。具体来说，可以基于科技赋能进行更加科学有效的主体信用评价，基于更加丰富的数据库进行分析和决策，对中小企业、核心企业等进行有针对性的用户画像，实现中小企业增信及对核心企业更加严格的监管。此外，建议在当前复杂的网络结构下，对动态外部整体信息进行分析，在传统各主体评价基础上加入对系统整体的风险评价，加强上层决策的科学性、准确性。最后对信息处理的赋能不仅体现在其处理的准确性及科学性上，还体现在信息处理效率的提高，从而提高整个供应链金融的绩效。

五 基于金融科技赋能的智慧供应链金融监管机制构建

在金融科技赋能的前提下，供应链金融监管机制在手段、流程、管理规则上都与传统监管机制有巨大的差别。前文分别从供应链上中小企业以及核心企业监管角度对智慧背景下供应链金融监管机制的创新要点进行了研究，技术赋能下手段的创新要配合管理规则的更新，最终实现智慧供应链金融监管机制的数字化、智能化、精准化、动态化、高效化，并通过监管机制的创新实现供应链金融的结构优化。

因此，在对总体框架进行构建时，要将技术赋能与管理结合，通过管理创新充分发挥技术优势。具体来说，我们将监管框架分为科技赋能和管理流

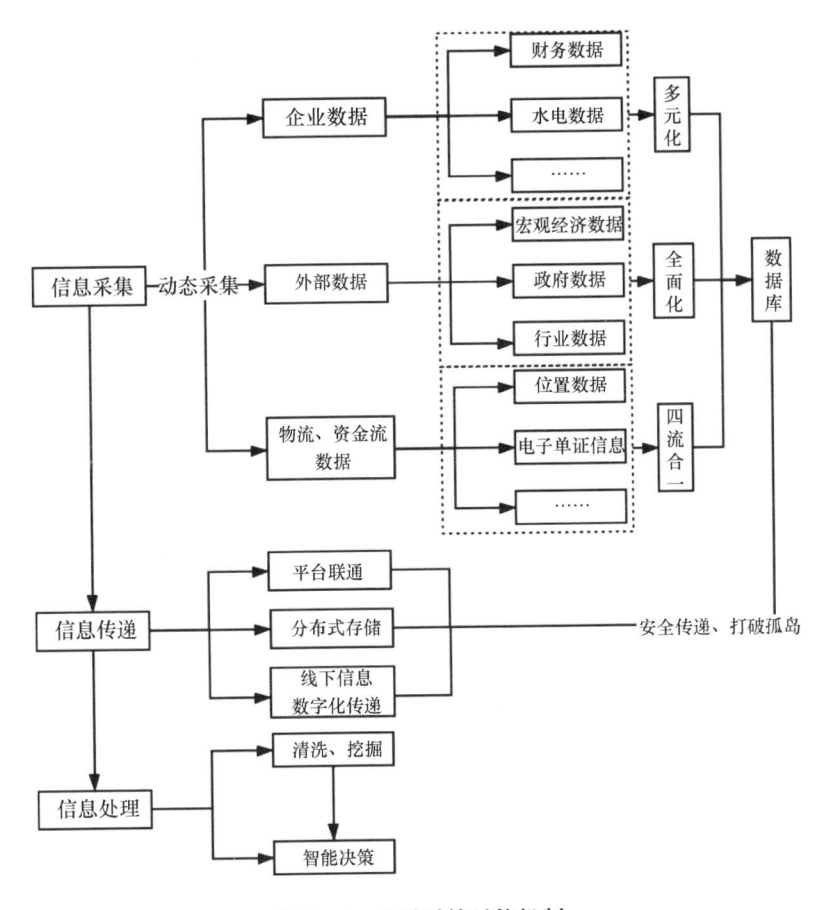

图 6-4　金融科技赋能机制

程及规则优化两个部分。首先是科技赋能部分，金融科技通过对信息采集、信息传递及信息处理的赋能实现监管全流程的数字化及智慧化，并为全流程的管理创新提供基础。从管理流程及规则优化来说，银行及政府要对贷前授信、贷中质押物及资金监管、贷后更新整个流程有一个实时动态的监管，同时对于每个环节的管理规则要根据技术条件进行变更。具体来说，在贷前环节要充分利用金融科技实现多方面的数据搜集，利用区块链等技术对核心企业信用进行深层传递，在智慧条件下对中小企业信用评级标准进行改革，并放松对于中小企业质押物的要求，建立授信标准，最终进行智能决策。在贷中通过区块链、物联网等技术手段对物流、资金流、商流进行线上线下的同步动态监管，而对于贷后，应基于结果对交易数据及被监管主体的信用数据进行及时更新,将结果及时反映在银行及政府部门的数据库中。

以下我们分别构建了传统供应链金融机制与智慧供应链金融监管机制总体框架图,如图6-5所示。

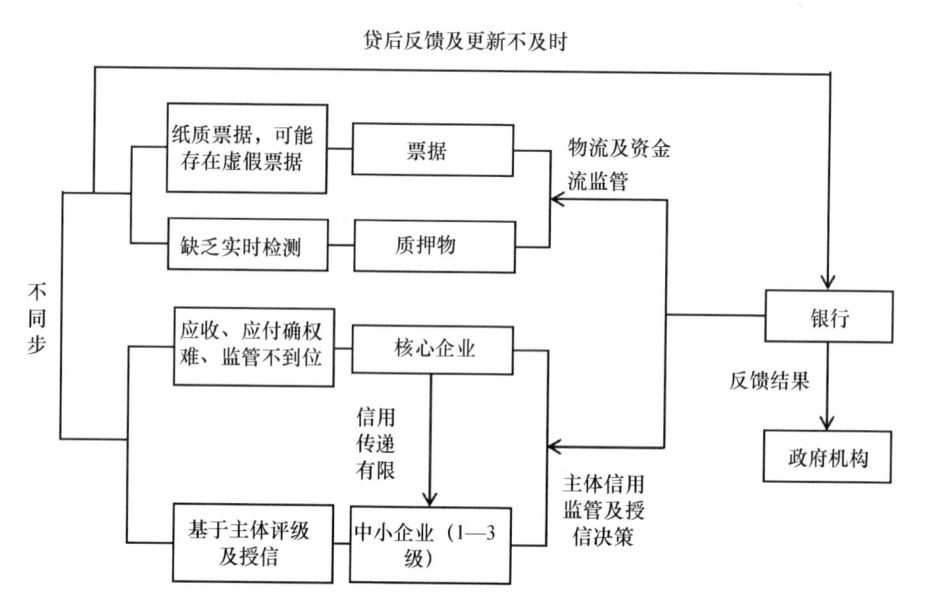

图6-5 传统监管机制

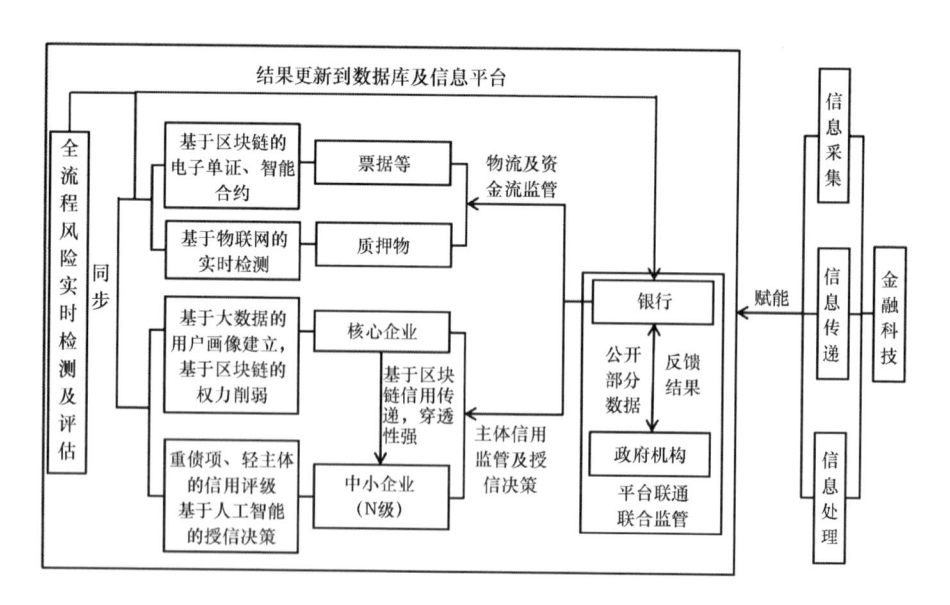

图6-6 智慧供应链金融监管机制

第五节　智慧供应链金融创新监管机制的保障

新的监管机制带来新的执行挑战，为了保证这种监管机制的顺利执行，笔者认为，要从数据质量、政企合作、法律完善、市场规范和人才培养五个方面采取相应的保障措施。

一　统一数据标准，提高数据质量，加强数据安全管控

在智慧背景下，数据作为重要的监管依据，其安全的可控及质量的保障是保障创新监管机制顺利运行的重要基础。从数据质量来看，建立统一的数据标准是十分必要的，不同的数据描述方法会对系统上数据的互联互通造成不利影响，而统一的数据标准将提升数据的质量，从而为监管提供便利。从供应链金融业务来看，供应链结构复杂，参与方较多，因此系统中的数据要进行多方交互传输，统一数据标准重要性凸显。从数据的安全可控来看，目前数据的安全隐患普遍存在，有技术问题造成的，也有人为因素造成的。智慧供应链金融监管机制下银行、政府、核心企业几方都掌握着大量数据，一旦数据泄露将造成商业机密及个人隐私的泄露，引发巨额损失。对于数据安全的管控，一是要提高技术水平，通过提高技术壁垒降低数据泄露的可能性；二是要加强立法，增强对非法泄露数据的惩罚力度；三是要明确界定数据查看权限，规定供应链金融网络中不同主体的查看权限，明确责任主体。

二　加强政企合作，建立公共信息平台

智慧背景下的监管决策日益智能化，因此有条件对更多维度的数据进行清洗和分析。对于供应链金融业务来说，要充分搜集企业多维度信息，从而更加全面地评价企业信用，降低企业信用风险。为了充分发挥创新监管机制的优势，要加强对场景的外部信息的搜集和获取。但是目前不同的供应链间和行业间都存在着数据壁垒。政府充分发挥其作用，重视公共信息平台的构建，促进供应链间以及行业间的信息共享。公共信息平台与企业的信息系统进行联通，及时更新信用等信息，对于一些政府掌握的数

据，如征信、工商、税务、司法、海关等相关部门的数据，政府应当适当地开放给企业，从而增强供应链金融的风控防范及监管机制。

三　加强关于金融科技应用的立法，同时加强政策激励

新技术的应用伴随着一些法律空白的出现。目前我国对于区块链等新兴技术尚未有明确的国家标准，在技术的应用方面出现了法律空白，比如说在应用区块链及大数据等技术进行数据采集的界限不明晰，无边界的数据采集将造成商业机密的泄露及对个人隐私的侵犯，对由数据滥用导致的不良后果的惩罚机制也尚未建立。此外，智能合约、电子签章等新的操作形式的具体相关法律法规也尚未建立。因此，相关的政府部门应尽快制定并出台相关的法律法规，规范智慧供应链金融的操作流程，建立惩罚机制，保证智慧供应链金融的合规性及参与主体的利益，同时在后续的实践中不断完善。

在加强立法的同时，政府应加强对金融科技应用于供应链金融监管以及监管创新的政策引导和支持。政府应当积极出台激励政策并及时向外界披露，在经济政策上给予一定的优惠，同时给予银行、金融科技公司、核心企业等主导方一定的自由操作空间，鼓励监管机制的不断创新。

四　尽快制定相关行业标准，规范和强化市场准入门槛

从整个智慧供应链金融行业市场来看，其正处在发展的前期，大量的金融科技公司、银行、企业涌入市场，参与主体的水平良莠不齐，不符合标准的主体参与可能会引发风险。因此，当前应由政府部门联合金融科技公司、银行、核心企业、行业协会等联合订立相关的行业标准，并根据相关行业标准对各参与主体进行审核，对于不符合标准的参与主体予以惩罚或淘汰，规范市场准入门槛，从源头上做好风险控制，从而为后续的监管减轻压力。

五　监管方积极应用新技术并健全人才培养

新技术的应用是监管机制顺利执行并得到保障的一个重要前提，政府和银行应当积极在金融科技上进行投资，通过不断改进和提高技术水平来完善新的监管机制的建立和运行。此外，为了适应新的监管机制，人才投

入也必不可少，监管方和被监管方都需要加强相关人才的储备，尤其是加强对兼具技术才能和金融知识的复合型人才的培养和储备，同时在后续的监管机制运行中不断总结经验，培养合格的监管人才，保障监管机制的顺利运行。

第六节　总结和展望

传统的供应链监管机制已经不再适用于当下复杂的供应链网络的监管。数字经济下，供应链呈现智慧化的特征，同时供应链金融也应该向智慧化迈进，科技进步为传统供应链金融监管机制的瓶颈的突破带来了机会，新的供应链金融监管机制急需建立。本书在探讨以往对供应链金融风险管理、智慧供应链以及现代金融科技应用的基础上对智慧供应链金融创新监管机制建立的动机、创新监管框架的构建以及后续执行的保障进行了研究。

首先，对于智慧供应链金融监管机制创新的动机，我们从传统监管的风险研究，总结了传统供应链金融监管"瓶颈"来自四个方面：一是中小企业的监管；二是核心企业的监管；三是信息流监管；四是监管结构及范围瓶颈。数字经济背景下可以借助金融科技的应用，配合管理标准创新，从而建立创新监管机制来突破传统供应链金融监管的瓶颈，这也是供应链金融监管机制创新的动机。

其次，对于智慧供应链金融创新监管机制的框架构建，我们从构建智慧供应链的框架入手，探讨了创新监管机制的创新重点有三：一是实现末端辐射，创新中小企业的授信机制；二是收紧对核心企业的监管，也就是说要加强对核心企业的风险管控；三是利用金融科技为新的监管机制赋能。在此基础上，我们分别对三个创新重点进行了具体的研究，最终构建了创新的监管机制的整体框架。

最后，对于创新监管机制运行的保障，本书给出了五点建议：一是政府要加强关于金融科技应用的立法，同时加强政策激励；二是应尽快制定相关行业标准，规范和强化市场准入门槛；三是要统一数据标准，提高数据质量，加强数据安全管控；四是要加强政企合作，建立公共信息平台；五是监管方积极应用新技术并健全人才培养。

本书仍具一定的局限性，仅从理论角度探讨了智慧供应链金融创新监管机制的构建，本书所构建的监管框架对于在实践中如何应用以及本书所提出的意见对于实践的适用性尚待研究。此外，本书仅结合管理创新与技术应用进行了创新监管机制构建，并未过多涉及专业的技术领域知识。后续的研究可以从更加深入的技术角度进行研究，也可以结合企业现状进行实证研究。

第七章

支撑智慧供应链金融的可持续监管政策研究

第一节 引言

2020年伊始的新冠疫情，对全球很多产业来说都是一场毁灭性打击。尤其对于许多抗风险能力较弱的中小企业来说，由于上游供应链与下游需求链的中断，经营中入不敷出的情况比比皆是，面临着资金链中断的风险，企业融资形势相比以往更加严峻。在这一背景下，智慧供应链金融利用金融科技，通过组织供应链企业与金融机构协同，整合物流、信息流、资金流与商流，实时监控运营交易的全流程，从而设计出多种融资模式，高效纾解了中小企业的融资困境。

然而，供应链金融中的主要参与者是抗风险能力较弱、资产规模较小、信用质量良莠不齐的中小企业，因此，容易产生坏账和违约。例如，根据中国人民银行2019年的报告，中国大型企业的不良贷款率仅为1.19%，而中小企业的比重则达到5.94%（Zhu et al.，2020）。这种情况下，金融机构不信任中小企业的信用质量，从而产生怕贷、拒贷现象。要有效克服这一痛点，就需要系统性地分析智慧供应链金融的运营模式和存在的问题，科学提出应对政策，从而有效把控风险。智慧供应链金融上的风险一旦发生，会对整个系统产生持续性的影响，因此，政府监管部门需要进行持续性监管，建立风险管理体系，并充分运用现代信息通信技术，提高监管的智慧化水平，遏制可能带来金融风险的各类因素。

本书结合疫情下中小企业融资难、融资贵的现实问题，梳理了传统供应链金融和智慧供应链金融的相关文献，拓展和深化了对智慧供应链金融现状与发展的研究。从智慧供应链金融的特点入手，对比传统供应链金融，介绍了三种常见的模式，并对其通用的服务框架进行刻画，明确了智慧供应链金融服务的基础以及各个维度之间的关系，并以菜鸟网络、微众税银和易见股份为代表介绍实践进展。通过问卷调研，对智慧供应链金融运营、发展中面临的痛点进行总结，并拟定监管目标，为政府针对性地提供政策监管建议，促进智慧供应链金融体系持续健康发展。

本书的其余部分按照以下结构进行组织。第二部分讨论相关文献，第三部分介绍我国智慧供应链金融的特点与模式，第四部分探讨智慧供应链金融的发展现状与问题，第五部分进行可持续监管政策的研究，第六部分进行总结与展望。

第二节　文献综述

一　供应链金融的相关研究

供应链金融是产业供应链与金融两个领域的融合（Jing et al.，2020），对供应链金融的研究起源于美国，是由供应链现金流演化而来的。Divakar 等人于 2006 年最早提出了现金供应链结构的框架，为供应链金融的研究奠定了基础。Ma Hoi-Lam 等人（2020）强调了供应链金融在提高供应链整体可信度上的重要性，揭示了其本质是各方公司相互合作以实现互惠互利。供应链金融的目标是使资金流与物流和信息流保持一致，以便从供应链的角度改进现金流管理（Wuttke et al.，2013）。这一模式不仅能够简化融资流程，降低运营成本，还可以降低供应商违约风险，更好地整合供应链（Zhi et al.，2022）。

在供应链金融参与主体的研究上，主要分为两方参与主体与三方参与主体。在两方参与主体中，最常见的是由制造商与零售商构成的融资模式（Wu et al.，2019；Yang et al.，2019；Dong et al.，2021）。在三方参与主体中，有以供应商作为领导者，零售商与第三方物流公司作为跟随者的融资模式，零售商可以申请银行融资或 3PL 融资进行采购，为零售商提供资金的 3PL 会促使零售商增加订购量，从而使 3PL 从物流服务中获得更多的利润（Hua et al.，2021）；也有以银行、B2B 平台作为领导者，中小企业作为跟随者的融资模式，银行和 B2B 平台通过调整贷款利率或平台使用费率进而控制中小企业的参与度（Wang et al.，2019）；还有政府、银行、供应链企业同时参与的融资模式，从社会福利的角度出发，探究供应链金融在经济与环境上的双赢（An et al.，2021）。

二 智慧供应链金融相关研究

近些年来，数字供应链、环境智能、IoT 等的发展，导致了包括供应链管理等众多领域的管理范式的转变（Mohamed et al.，2019）。具体来看，智慧供应链跨越了传统的单一纵向供应链，呈现了多行业相关和多主体协同的特点。伴随着供应链的智慧化，供应链金融活动也开始呈现出与新兴科技高度融合的趋势，运营效果日益完善。其中，区块链技术在智慧供应链金融与智能合约中得到广泛应用（Saberi et al.，2019）。也有学者将大数据分析整合到智慧供应链融资中，研究信息处理和数据驱动的作用，使得智慧供应链金融能够在当今数据丰富且不确定的环境中更好地应用（Li et al.，2018；Yu et al.，2021）。新技术的应用也会带来更多的不确定性，在可能面临的技术性风险方面，人工智能与物联网技术的结合为监测智慧供应链金融上的多种风险提供了保障，弥补了传统供应链金融的缺陷（Sun，2021）。目前，智慧供应链金融在食品业（Olan，2021）、农业（Yi，2021）、服装行业（Abdeen，2020）等都有深入的应用研究，已逐渐成为各行各业必不可缺的融资模式。

三 文献总结

综上所述，随着供应链网络发展愈加复杂，智慧供应链金融逐渐成为学术研究和企业应用的重要方向。加之后疫情时代下，中小企业线下交易受限、融资需求增大这一话题持续受到关注，更显现出研究智慧供应链金融的迫切性。在供应链金融参与主体的研究上，目前多集中于银行、核心企业及中小企业之间的利润分配、风险管理及行为博弈，涉及政府方面对这一活动的监管仍存在一定的理论空白。本书通过深入分析智慧供应链金融的发展现状与趋势，通过问卷调研其在发展过程中面临的痛点、难点，为政府实行可持续智慧监管供应链金融提出建议，弥补既有研究的空白。

第三节　我国智慧供应链金融的特点与模式

本节从智慧供应链金融的定义入手，概括了其不同于传统供应链金融的三大特点，总结其常见的发展模式，并从基础设施、平台运营与产业运作三个维度搭建了通用的服务框架，探究智慧供应链金融的运营机理。

一　智慧供应链金融的定义和特点

智慧供应链金融，是指兼具供应链掌控者、资金提供者、平台经营者身份的商业银行或核心企业，运用信息通信技术，对交易数据以及信用保障体系进行分析，从而向平台上的中小企业提供资金支持的一种创新性金融模式（黄锐等，2016）。它的存在，有效解决了供应链金融活动中的信息不对称和道德风险问题，实现了用金融服务推动供应链生态发展的过程（如图 7-1）。

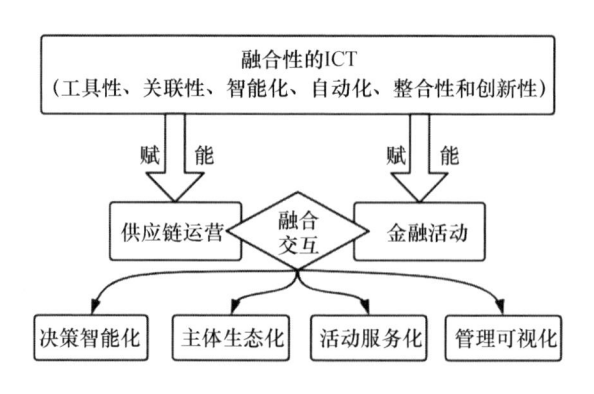

图 7-1　智慧供应链金融的内涵示意图

智慧供应链金融不同于传统的供应链金融，主要体现在以下三个特点上：

第一，智慧供应链金融是由信息技术赋能的平台式结构。在传统的供应链金融模式下，金融机构只是为供应链中的上下游企业提供资金并管理资金风险，结构逻辑较为单一。而在智慧供应链金融的模式下，供应链金融服务的推动者是产业中的核心平台企业，它们基于自身的信用与数据，为上下游的中小企业提供资金融通服务，自身具有贷款牌照的核心企业还能够直接提供资金。其结构不再是链条式，而是平台式，整个供应链结构呈现高度组织化的网状结构。

第二，智慧供应链金融需要全面管理供应链流程。由于网络结构呈现高度组织化、参与方众多且千差万别，金融服务的提供者无法直接参与所有的交易环节，因此，唯有平台拥有强大的供应链流程管理能力，包括需求管理、上下游企业关系管理、财务资金管理等方面，才有可能降低网络化供应链金融中存在的巨大风险。这些能力的形成必须借助智慧的现代信息技术，以便全方位地把握供应链网络中的状况。否则，任何环节管理的缺失，都会为供应链金融活动带来巨大的风险。

第三，智慧供应链金融涉及高深度与宽广度的数据信息。在传统的供应链金融模式下，金融机构通过时刻关注企业的财务及信用信息、抵押担保以及贷后的风险控制来解决流程中的信息不对称。而在智慧供应链金融的模式下，全流程上的信息来源变得范围更广、内涵更深，因此，需要借助各类信息技术，把握和获取各参与方的行为数据、业务数据以及相应的资产数据，通过获取、整合和分析高深度与宽广度的数据来提高信息的介入性，进而提升资金借贷的意愿，保障智慧供应链金融的稳定发展。

二 智慧供应链金融的模式分类和服务框架

在传统的供应链金融模式下，金融机构通过审核中小企业的信用信息，一定程度上解决了融资难的问题。但随着供应链网络发展愈加复杂，金融机构难以高效地为庞大数量的、需求各异的中小企业发放贷款。因此，供应链金融开始借助互联网技术，向智慧化方向发展，呈现出多样化的发展模式，常见的模式有以下三种：物流服务型、应收型、预付型。

物流服务型智慧供应链金融是借助物流企业对供应链中货物的控制能力或自身信用的传递进行融资，其又可细分为存货质押与仓单质押，典型模式图如图 7-2 所示。

应收型智慧供应链金融是客户以买方商业信用作为担保或信用增级，从而获得融资的方式。根据互联网平台角色的不同，其又可细分为平台成为供应链的一部分和平台不直接参与供应链，只起到数据中心的作用的两种情况，典型模式如图 7-3 所示。

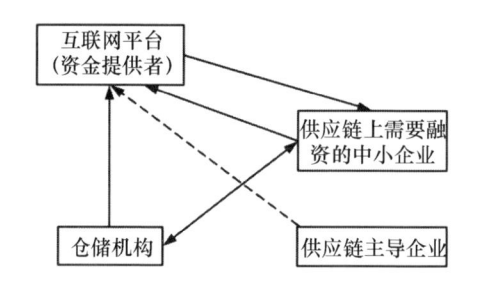

图 7-2　物流服务型智慧供应链金融模式图

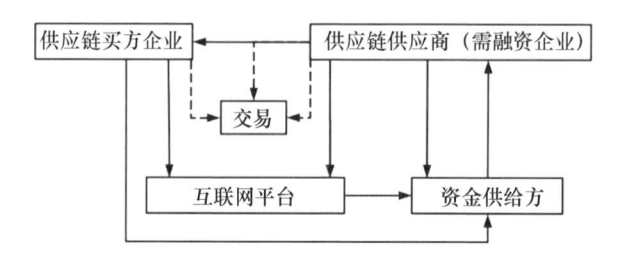

图 7-3　应收型智慧供应链金融模式图

预付型智慧供应链金融是下游企业以预付账款下的在途和库存的货物提供质押担保，并作为还款来源，从而获得融资的方式。当供应链卖方企业有符合平台标准的"卖家已发货"订单，就可以凭此依据申请融资，典型模式图如图 7-4 所示。

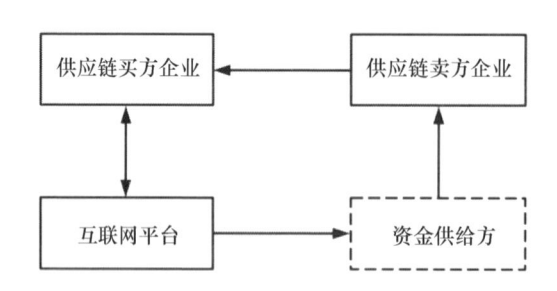

图 7-4　预付型智慧供应链金融模式图

智慧供应链金融服务的本质是突显平台信息共享的价值，以促进产业供应链健康协同运作。本节从基础设施、平台运营与产业运作三个维度构建智慧供应链金融的服务框架，明确供应链金融服务的基础以及各个维度之间的关系，服务框架如图 7-5 所示。

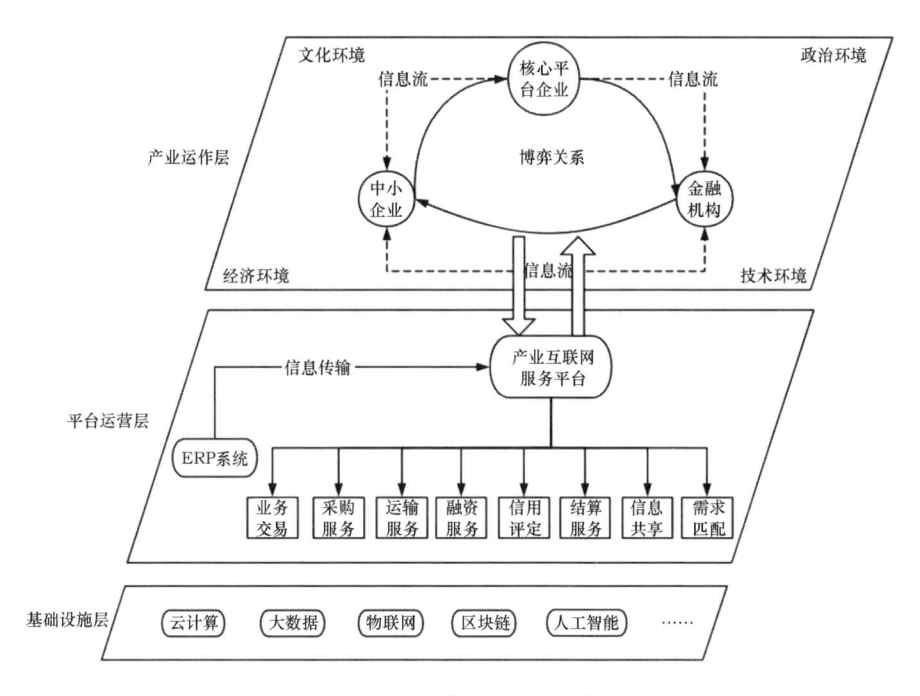

图 7-5 智慧供应链金融的服务框架

首先，基础设施层由包括物联网、大数据、云计算、人工智能以及区块链等新兴技术提供支撑，它们作为整个服务框架的基础，嵌入供应链运营的全过程，为平台运营层面的各个企业搭建交互性的信息系统、构建互联网平台提供技术基础。

其次，平台运营层主要由供应链上企业的业务系统（例如 ERP 系统）以及一系列交易活动组成，为产业运作提供支撑。

最后，产业运作层中参与主体为核心平台企业、中小企业与金融机构。核心平台企业充分利用信息通信技术，深入挖掘中小企业过往的诚信记录等交易信息，进行信用评级。金融机构结合评级情况决定是否对其发放贷款。而中小企业通过加入核心企业搭建的平台，与核心企业形成长期稳定的业务关系，有效解决自身融资难、融资贵等问题。智慧供应链金融的运作平台涵盖了产业链上的众多成员企业，并充分考虑了外部环境，降低了产业链的运作风险,促进多方建立长期稳定的合作关系,提高整体竞争能力。

第四节 我国智慧供应链金融发展现状与问题

一 智慧供应链金融的发展现状

当前,智慧供应链金融在众多物流企业中已有实践性应用。菜鸟网络构建了一个能够提供全流程物流服务的供应链平台,平台上存有海量的数据业务信息,促进与其合作的各级企业相互协同,并开发多种数据应用业务,为上下游提供一站式解决方案。2016年5月,菜鸟网络成立供应链金融事业部,为电商平台上的商家、物流合作伙伴提供完善的供应链+融资解决方案,截至2017年4月,已累计发放融资规模接近15亿元,为300多家客户提供融资服务(掌链,2017)。微众税银成立于2014年,自成立以来,通过搭建智慧化融资平台,已为2000多万家企业提供服务。同时,微众税银联合税务局、银行,开拓性地建设了基于企业征信的全自动融资审批平台,促进了银行金融科技创新,为中小企业提供快速便捷的融资渠道。除此之外,易见股份以众多现代通信信息技术为支持,致力于提升中小微企业的资金周转速度,并针对性地提供多样化的供应链金融服务,通过上线"易见区块"平台系统,已为医药、化工、制造、大宗、航空、地产等行业中的数百家企业提供可视化的贸易信息,支持开放式的融资需求双向选择,从而解决传统供应链金融中的"信息闭环"与"资金闭环"问题(智库,2018)。

二 智慧供应链金融发展问题的问卷调研及数据分析

随着互联网技术的发展,智慧供应链金融逐渐从线下搬到线上,从封闭式向开放式转变。然而,各企业发展智慧供应链金融的现状如何,有哪些亟须解决的痛点,希望政府在政策方面如何改进,以帮助自身规避运营风险,促进智慧供应链金融持续发展,这是本书问卷调研的目的。

由于疫情原因,本次调研我们采用线上问卷的方式,问卷发放对象主要以供应链金融企业为主,同样,包含未开展供应链金融业务的相关企业,问卷内容详见附录6。根据有效统计,确定本次受访者共79人,下面对有效样本的分布情况进行描述性统计分析,以说明样本筛选的随机性与有效性。

首先是样本的性别分布。图7-6说明调研对象的性别分布比较均匀,男女各占50%左右,可以说明问卷的样本选取具有随机性与全局性。

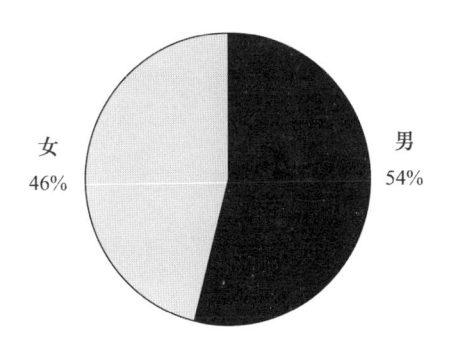

图7-6 样本性别分布

其次是样本的年龄分布。图7-7说明调研对象的年龄分布主要集中在31—40岁,占样本的49.4%。这个年龄段的企业成员相对来说具有较多的工作经验,对公司比较了解,同时,也能够保持新鲜的思想与创新的活力,所以对于智慧供应链金融有着更好的理解,这也说明了问卷的样本选取具有代表性与有效性。

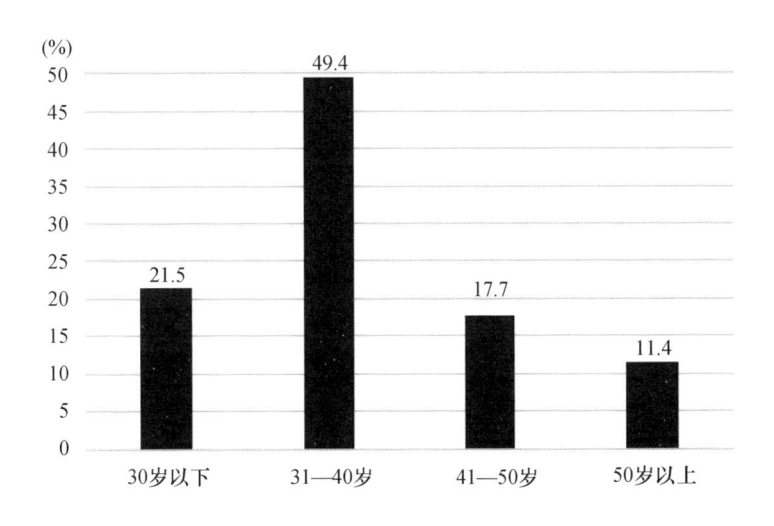

图7-7 样本年龄分布

再次是样本的职位等级分布。从图 7-8 可以看出，本次调研对象主要以部门员工和部门中层领导为主，其对公司业务运营的把握更为准确。样本中同样存在 30% 以上的群体担任较高的职位，这部分群体可以比较宏观地把握公司整体运营方向，比较符合本书调研的期望和目的。

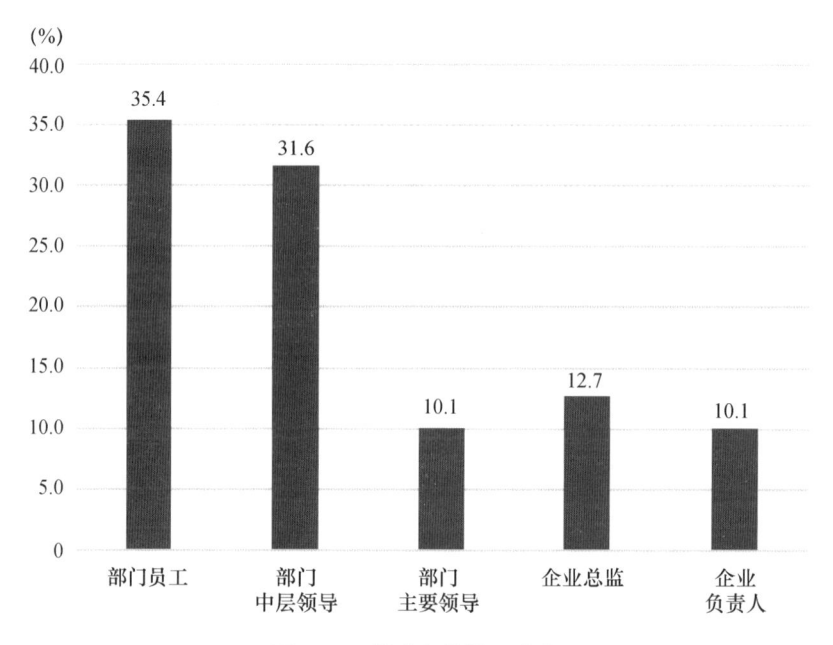

图 7-8 样本职位等级分布

职位	占比 (%)
部门员工	35.4
部门中层领导	31.6
部门主要领导	10.1
企业总监	12.7
企业负责人	10.1

从次是样本的从业经验分布。从图 7-9 可以看出样本中从业两年以内的群体占比最大，其次为从业经验 3—5 年和 10 年以上的群体，样本分布总体来说比较均匀，具有全局性的特点。

最后是样本的企业规模。从图 7-10 可以看出样本中企业人数 500 人以下的中小企业偏多，10000 人以上的大企业同样占有一定的比重，可以看出本次样本的选取具有代表性，而非以偏概全。

接下来，本书对问卷整体进行信度分析，即衡量调研结果的可靠性与一致性程度。本研究采用 Cronbach's α 系数进行信度分析，该系数在 0—1 之间，数值越高表示调研结果越可靠。分析结果如表 7-1 所示，量表中问项的总体系数为 0.996，这一结果表明该量表的问项有极好的可靠性。

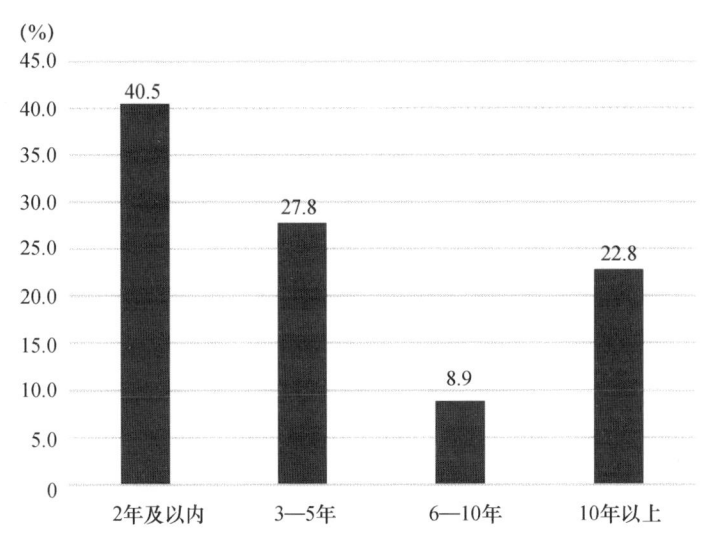

第七章 支撑智慧供应链金融的可持续监管政策研究 / 107

图7-9 样本从业经验分布

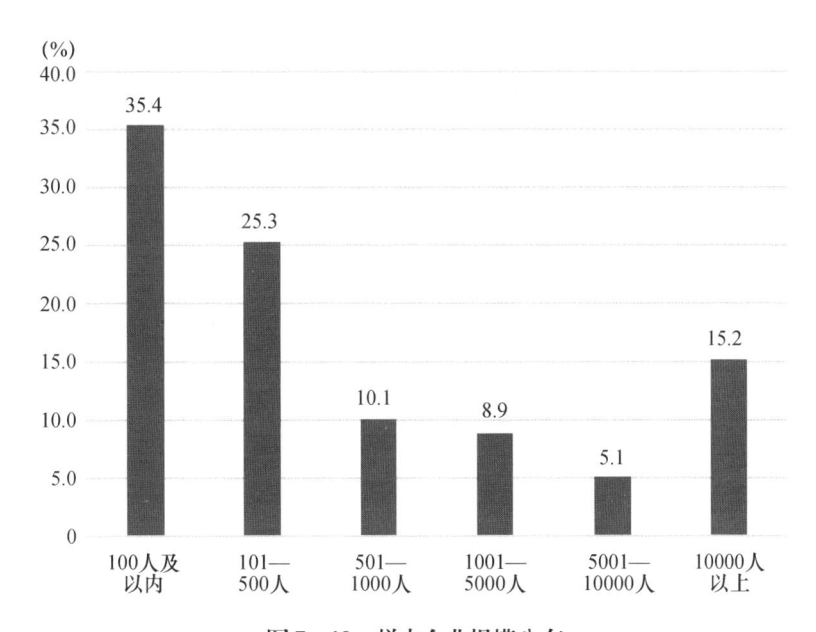

图7-10 样本企业规模分布

表7-1 总体信度分析结果

Cronbach's α 系数	样本数
0.996	79

接下来，对问卷具体问题进行描述性分析。在企业运营供应链金融的情况方面（见图7-11），91.03%的企业打算开展或已经开展供应链金融业务，其中29.49%的企业已开展较长时间，可见此次受访对象的绝大多数满足调研的需求，能够客观反映调研的真实结果。

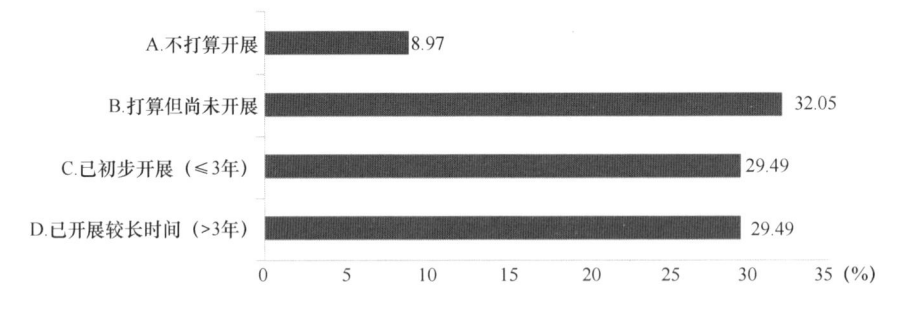

```
A.不打算开展         8.97
B.打算但尚未开展     32.05
C.已初步开展（≤3年）  29.49
D.已开展较长时间（>3年） 29.49
```

图7-11　企业开展供应链金融业务的情况统计

在已开展供应链金融业务的调查对象中，80.43%的企业已经与互联网结合，走智慧化供应链金融的道路（见图7-12），其大都采用大数据、云技术、区块链、物联网等现代技术手段（见图7-13）。其余19.57%的企业虽目前未与互联网相结合，但均有此意向，可见企业与互联网银行在供应链金融领域开展合作必将成为一个大趋势。

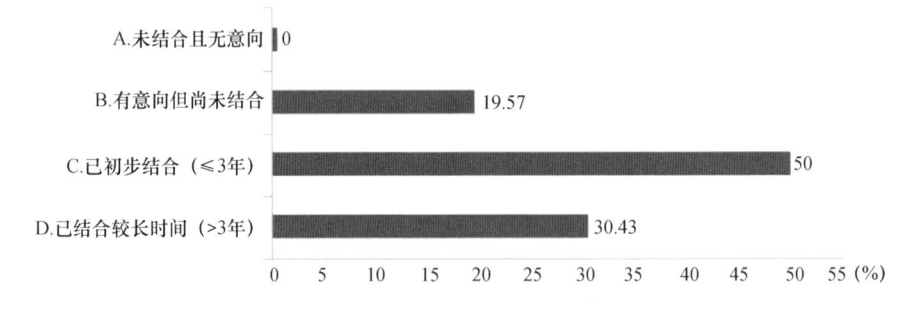

```
A.未结合且无意向      0
B.有意向但尚未结合    19.57
C.已初步结合（≤3年）  50
D.已结合较长时间（>3年） 30.43
```

图7-12　企业开展智慧供应链金融业务的情况统计

在各企业对政府监管现状的评价上（见图7-14、图7-15），52.17%的企业对政府有效推动供应链金融的发展持肯定态度，30.43%的企业不置可否，17.4%的企业对政府政策的有效性持怀疑态度，且只有

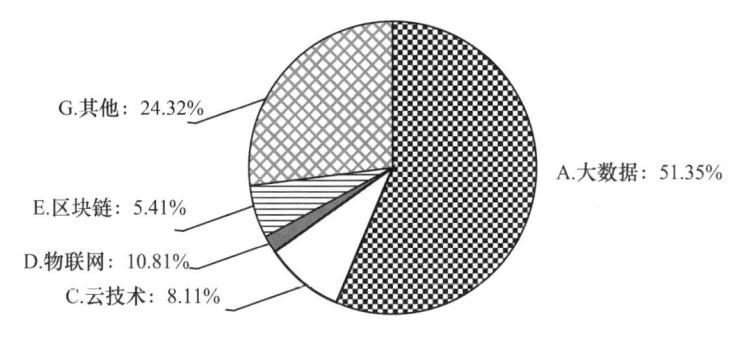

图 7-13　企业运用智慧金融科技手段的情况统计

36.96%的企业认为各监管机构/部门在对供应链金融的监管上做到了明确的分工。可见，总体而言，核心企业认为监管部门在相关政策出台以及组织效率提升上仍有很大的进步空间。

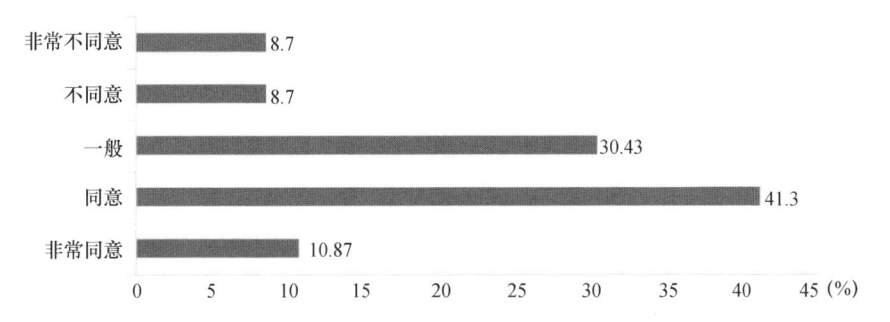

图 7-14　您认为现阶段的监管政策是否能够有效推动供应链金融的发展？

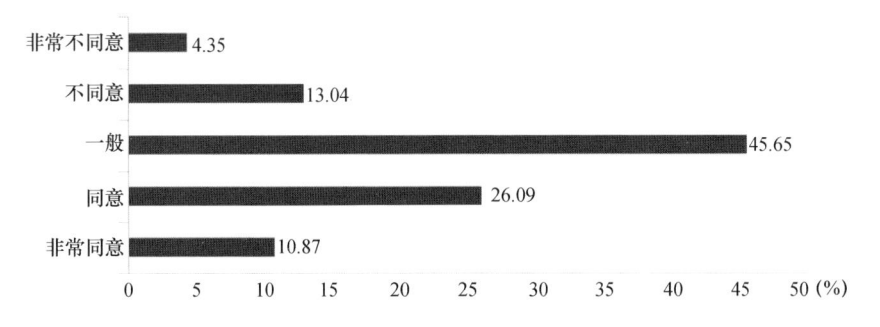

图 7-15　您认为现阶段各监管机构/部门是否做到了很好的分工明确？

在各企业对政府改进监管的建议上，78.26%的企业认为，当前政府非常有必要规范和指引智慧供应链金融的发展，76.08%的企业认为，非常有必要完善对智慧供应链金融监管的技术手段，65.22%的企业认为，现阶段监管部门非常有必要提高对智慧供应链金融的监管强度。在各企业开展供应链金融业务的痛点调查方面（见图7-16），51.28%的企业认为其面临最大的挑战是运营的资金成本太高，46.15%的企业认为最大的挑战是没有效控制风险的金融工具，44.87%的企业面临着缺乏专业人才的瓶颈，30.77%的企业认为当前的政策监管制度不明朗，33.33%的企业认为其在运营时缺乏有效的技术支持，6.41%的企业选择"其他"。这也给监管部门对症下药提供了启示。

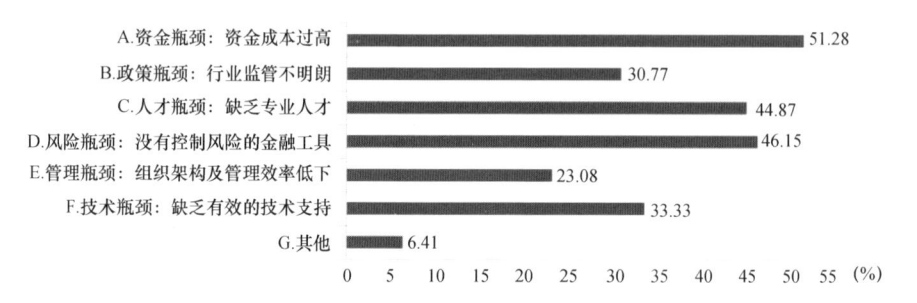

选项	百分比
A.资金瓶颈：资金成本过高	51.28
B.政策瓶颈：行业监管不明朗	30.77
C.人才瓶颈：缺乏专业人才	44.87
D.风险瓶颈：没有控制风险的金融工具	46.15
E.管理瓶颈：组织架构及管理效率低下	23.08
F.技术瓶颈：缺乏有效的技术支持	33.33
G.其他	6.41

图7-16　您认为开展供应链金融业务遇到最大的挑战是什么？

三　智慧供应链金融存在的问题

除了对企业运营的实际情况进行调研，本书还从智慧供应链金融的定位、模式特点、参与主体、操作手段等方面进行分析，总结出该模式发展存在的问题，有如下六点。

（一）难以实现全流程数据的整合和关联

随着数字化的发展，大数据建设逐渐成为企业与政府发展的重要方向。在智慧供应链金融建立的信息系统中，信息来源、信息主体不断多元化，大大增加了企业的数据存量。然而，这些数据缺乏全流程的整合与关联，尚未面向整个供应链业务建立数据仓库，导致智慧供应链金融各参与主体之间没有形成有效的数字协调与整合，形成了众多垂直化的大数据壁垒。

（二）数据信息不够可视

随着互联网的发展，海量信息进入企业信息系统。然而，数据本身并不具有价值，只有不断对数据进行清洗、结合和转换，转化为对供应链金融决策及时、有用的信息，才算发挥了数据的价值，因此，这对企业的数据"可视化"能力提出了挑战。当前，智慧供应链金融中的平台企业难以高效地从动态的视角管理数据信息，将数据转化为决策部门和监管部门真正"可视"的信息，导致参与主体的战略决策滞后，限制了供应链金融的发展。

（三）业务活动和对象复杂

智慧供应链金融面向众多不同的业务和对象，这些业务的不同环节和对象的不同活动对信息和数据的要求千差万别，因此，需要仔细研究行业的特征、业务中的交易特点以及运行规律，对复杂的业务活动和对象进行有目的的分类，了解运作流程，从而有针对性地分析数据和信息，以便各方做出决策（宋华，2019）。

（四）数据隐私泄露

海量的数据使供应链金融透明化的同时，也面临着隐私泄露的风险，这些信息包括交易数据、技术架构与行为策略等。过于"智慧"的信息平台不仅可能违反保护网络隐私的安全规定，也无益于推动供应链金融的有效开展，因此，如何有效保护平台上的海量信息，防止被恶意利用，成为智慧供应链金融建设的一大挑战。

（五）存在监管资源浪费

对于智慧供应链金融，监管部门应该先充分了解这一模式的运作机理，找到薄弱点，再针对性地配置监管资源，明确监管的核心点和支撑点，提高监管的专业化程度。然而目前，政府监管部门对智慧供应链金融运作模式的了解仍有待加深，存在监管资源浪费的现象，各级监管部门之间的数据也缺乏有效贯通，使得监管存在着真空与漏洞，给智慧供应链金融的发展蒙上阴影。

（六）监管无法持续

由于互联网金融的发展速度远远超过各参与方的适应能力，因此，企业的风险控制意识和自我保护意识还亟待增强，加之政府监管存在前紧后松、难以持续的现象，在针对监管效果的持续跟踪与反馈上仍有不足，使得互联网金融企业泥沙俱下，全国性的金融风险事件时有发生（张新存，2016）。

综上，针对实际调研得到的智慧供应链金融发展面临的问题，下文进行支撑智慧供应链金融的可持续监管政策设计，使银行、企业主体、政府监管部门和平台通力协作，多管齐下，共同助力智慧供应链金融的健康发展。

第五节 支撑智慧供应链金融的可持续监管政策研究

通过对智慧供应链金融发展问题的实际调研与总结分析，本章进行监管政策研究，针对痛点问题，制定切实可行的监管目标，构筑起有效防范各种风险的立体监管网，如图 7-17 所示。

一 监管目标设计

政府的监管目标应与参与智慧供应链金融的企业、产业链以及整个社会的发展目标相一致，因此，本节总结出政府监管应实现的目标有如下三点。

（一）可持续化

供应链金融的本意就是通过持续有效的供应链运营来推动资金的合理配置和流通，同时运用资金流进一步优化供应链，最终将各参与方有效地组织起来，实现共赢，达到产业与社会长期持续发展的目标。因此，政府监管也应以此目标为核心，通过政策支持，让智慧供应链金融能够更广泛地服务于中小微企业，让其在灵活高效地获得资金的同时，实现社会和环境效益，做到智慧供应链金融发展的可持续（宋华，2019）。

（二）信息安全

智慧供应链金融集合了最新的网络信息技术，涉及业务更加多元化，面临的发展环境更加复杂多变，因此，传统的信息安全防范策略已很难应对快速发展的智慧供应链金融新形式。政府应主导加强信息安全产业链的协同合作，防止信息被恶意利用和泄露，切实保障智慧供应链金融系统的信息安全。

（三）智能高效

供应链金融的发展离不开供应链信息化，没有完善的信息技术手段，

智慧供应链金融可持续监管政策研究

模式特点
- 由信息技术赋能，高度组织化平台式结构
- 具有高深度与宽广度的数据信息
- 需要全面管理供应链流程

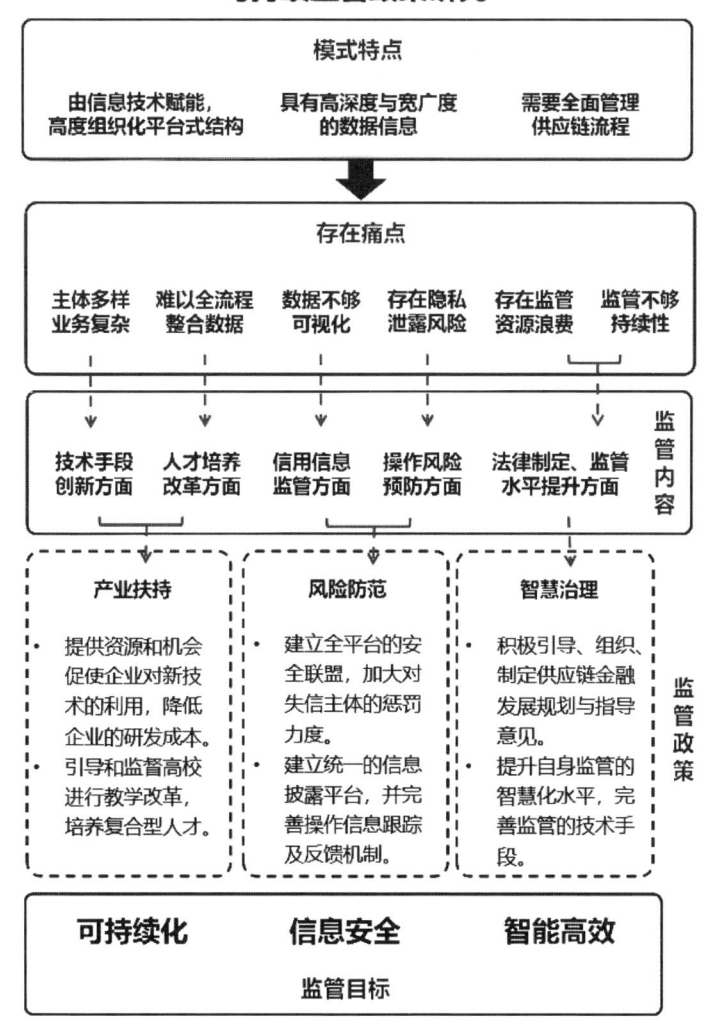

存在痛点
- 主体多样业务复杂
- 难以全流程整合数据
- 数据不够可视化
- 存在隐私泄露风险
- 存在监管资源浪费
- 监管不够持续性

监管内容
- 技术手段创新方面
- 人才培养改革方面
- 信用信息监管方面
- 操作风险预防方面
- 法律制定、监管水平提升方面

监管政策

产业扶持
- 提供资源和机会促使企业对新技术的利用，降低企业的研发成本。
- 引导和监督高校进行教学改革，培养复合型人才。

风险防范
- 建立全平台的安全联盟，加大对失信主体的惩罚力度。
- 建立统一的信息披露平台，并完善操作信息跟踪及反馈机制。

智慧治理
- 积极引导、组织、制定供应链金融发展规划与指导意见。
- 提升自身监管的智慧化水平，完善监管的技术手段。

监管目标：可持续化　信息安全　智能高效

图 7-17　立体监管网

金融活动就会产生风险，从而阻碍资金在供应链上的有效流动。随着越来越多的企业开始关注组织间的信息交换以及信息整合，政府也应以实现上下游的高效协作作为监管目标，既能够实现信息共享，又能够有效整合不同来源、不同形式的信息，以支持供应链业务系统决策，抑制牛鞭效应。

二　主要监管内容

根据前文对智慧供应链金融的特点及发展运营的瓶颈分析，结合拟实现的监管目标，本节建议政府部门从技术手段、人才培养、信用信息、操作风险、法律法规等五个方面进行监管。

第一，智慧供应链金融区别于传统供应链金融中最主要的特点就是整个供应链呈现高度组织化的网状结构，在这一复杂结构中，参与主体非常广泛、业务活动千差万别，因此，必须依靠金融科技的赋能和支撑，才能实现供应链金融的可持续发展，这就要求政府部门从技术手段创新上进行监管和支持。

第二，智慧供应链金融需要全面管理供应链流程，全方位地把握供应链网络中的状况，然而，当前尚未面向整个供应链业务建立数据仓库，难以实现全流程数据的整合和关联，因此，迫切需要兼通计算机、金融、供应链等领域的复合型人才设计研发功能更加强大的平台，形成有效的数字协调与整合，这就要求政府部门在高校人才培养计划上进行调整与改革。

第三，智慧供应链金融系统中拥有海量的数据信息，这些信息的存在是提升资金借贷意愿的基础，然而目前，企业对这些数据进行可视化的能力还存在诸多不足，难以有效地刻画客户的状态和信用程度，因此，政府需要对智慧供应链金融各参与方的信用信息进行监管，预防因上下游企业失信而连带导致的金融风险。

第四，智慧供应链金融涉及高深度与宽广度的信息，这些信息包括交易数据、技术架构与行为策略等，一旦某一环节或主体操作不当，就会面临隐私泄露、信息被不法分子恶意利用的风险，因此，政府要对各个环节上各个主体的操作过程进行监管，规避操作风险。

第五，当前政府监管存在资源浪费的现象，对智慧供应链金融监管的核心点和支撑点还不够明确，针对监管效果的持续跟踪与反馈上仍有不足，因此，政府要推进相关法律法规的制定，并提升自身监管的智慧化水平。

三　监管政策设计

智慧供应链金融通过有效地引导金融进入实体经济，保障产业供应链的有序运行，实现供应链中商流、物流、信息流与资金流紧密结合，政府监管在其中发挥着举足轻重的作用，因此，本节从以下三个方面为政府监管政策提出建议。

(一) 产业扶持

智慧供应链金融需要现代信息技术的赋能和支撑，才能实现可持续高效发展，这就需要平台不断投入成本，以加快高新技术的研发应用。因此，国家应建立和完善产业扶持政策，在财税政策、金融政策以及产业规划政策提供配套的优惠支持，提供相应的资源和机会促使智慧供应链金融对新技术的利用，降低企业的投入成本，扶持运营智慧供应链金融的企业做大做强，获取更大的市场回报，并对重点产业和行业领域给予一定的风险补偿，从而提高参与主体开展智慧供应链金融业务的积极性。另一方面，人才在信息系统设计及技术研发中占据着核心地位，兼通计算机、金融、供应链领域的复合型人才在社会中越来越供不应求，因此，政府应引导和监督高校在课程设置及教学方法上做出调整，结合互联网金融发展的优势和特征，推动教学理念与互联网等新技术相融合，对教育教学领域进行扶持。

(二) 风险防范

伴随着供应链金融业务的发展，各类潜在的风险逐渐显现，由于供应链上下游之间的业务联系紧密、环环相扣，因此，风险问题可能会"牵一发而动全身"，政府在进行产业扶持的同时，也应关注和防范潜在的金融风险发生。一方面，政府应对信用信息加强监管，预防因上下游企业失信而连带导致的金融风险。通过主导建立全平台的安全联盟，组织智慧供应链金融上的各参与方通力合作，将不符合规则与标准的企业拉入网络黑名单，并将风险信息共享，限制其未来融资，加大对失信主体的惩罚力度，运用物联网、大数据等金融科技，深入挖掘潜在的风险点，及时做出相应的防范预警工作。另一方面，政府应对操作过程加强监管，预防因操作不当造成的信息泄露。通过建立统一的信息披露平台，提升信息披露质量，并完善操作信息跟踪及反馈机制，进行操作信息评估与查询，随时追踪平台主体的经营情况，及时了解平台及企业行为，规避操作风险。

(三) 智慧治理

随着供应链金融网络的复杂化和参与主体的多样化，在大数据时代，出现信息过载和冗余的情况在所难免。在这一背景下，政府应如何更加全面、细致、精确地治理业务和参与主体，是实现可持续监管智慧供应链金融的关键。一方面，政府要意识到健全法律法规体系是这一模式健康发展的制度基础，因此，其要积极引导、组织、制定供应链金融发展规划与指导意见，对应不同的业务类型设立相应的法律法规，建立准入标准和退出机制，对不符合、风险较高的企业坚决予以关闭，严格实施行业规则规范，对监管效果进行持续性反馈追踪。另一方面，政府要提升自身监管的智慧化水平，主导运用监管科技，完善监管的技术手段，刻画供应链各参与主体的属性，了解相互之间所形成的业务关系与运营状态，坚持交易背景真实，严防虚假交易、虚构融资、非法获利现象，确保直接获取第一手的原始交易信息，系统化地控制供应链金融的风险，实现智慧治理，助推智慧供应链金融体系稳定健康发展。

第六节　总结和展望

本书聚焦中小企业在疫情下融资难的热点问题，对产融创新的智慧供应链金融模式进行研究。结合问卷调研，了解政府监管、企业运营的现状与痛点，针对供应链金融企业在运营过程中面临的诸多瓶颈，制定清晰的监管目标，并从技术手段、人才培养、信用信息、操作风险、法律法规五个方面设计监管内容，从产业扶持、风险防范与智慧治理为政府监管提出政策建议，为政府实行智慧监管、整顿互联网金融秩序的政策提供方法论参考，助力智慧供应链金融的长远发展。

随着网络可持续导向研究的深入，人们逐渐认识到金融科技在供应链金融中发挥的重要作用，供应链金融借助这些技术能够更有效、透明、可靠地开展金融服务。金融科技导向的研究目前刚刚兴起，仍未有广泛的研究成果。未来，会有更多研究关注供应链金融中新兴科技的作用，探索其中隐含的未知风险，进一步细化风险来源、风险形态，从政府、行业、企业角度构建智慧化风险管理体系，保障智慧供应链金融的可持续发展。

第八章

面向智慧供应链的供应链质量体系与标准化政策研究

第一节 我国智慧供应链的发展现状与趋势

随着全球经济一体化和信息技术的不断发展，供应链与互联网、物联网不断深度融合，科技创新与传统供应链加速融合，智慧供应链由此得到了快速发展。智慧供应链是以物流互联网和物流大数据为依托，以增强客户价值为导向，通过协同共享、创新模式和人工智能先进技术，实现产品设计、采购、生产、销售、服务等全过程高效协同的组织形态。智慧供应链通过柔性化管理、快速化响应和智慧化协同，实现供应链创新、生态、高效的发展目标。

一 我国智慧供应链的发展现状

党的十九大以来，智慧供应链管理与应用顺应历史发展潮流，成为支撑经济发展的新动能。2017年10月5日，国务院办公厅发布了《关于积极推进供应链创新与应用的指导意见》（简称《意见》），《意见》明确提出到2020年形成一批适合我国国情的供应链发展新技术和新模式，基本形成覆盖我国重点产业的智慧供应链体系，标志着我国已将供应链创新与应用上升为国家战略，自此进入智慧物流与智慧供应链的全新阶段（丁俊发，2017）。加快推进智慧供应链的发展与应用，对于提升经济发展质量，实施"中国制造2025"、共建"一带一路"倡议等国家战略，确保我国经济安全和国家安全具有重要意义。但由于我国起步较晚、人才匮乏、资金受限等多方面原因，我国智慧供应链发展较为滞后，不少企业存在认知不全面、智能化技术应用不足、标准化建设不健全等方面的问题。

二 我国智慧供应链的发展趋势

与传统供应链相比，智慧供应链更强调以客户需求为导向，以数据为核心依托，运用现代科技信息技术，高效协同供应链上下游的资源，以实现资源的最优化配置。当前智慧供应链的发展趋势呈现新特征，具体体现在三个方面：

一是技术应用呈现深度融合的新趋势。智慧供应链是通过大数据、人工智能、AI算法、云计算、5G等新技术与供应链之间的跨界融合，在颠覆式变革的基础上形成的综合集成系统（董红永，2021）。通过新技术赋能智慧供应链，供应链结构不断优化，供应链整体运行机制进一步完善，颠覆性创新技术与供应链管理深入融合将成为智慧供应链发展的未来趋势，从而实现真正意义上的平台化、生态化、数字化和场景化。

二是供应链网络呈现快速协同的新趋势。信息技术在智慧供应链中的深度应用拉近了供应链网络间的空间距离，遍布在不同地理区域的企业能够实现智慧协同，决策变得更加柔性化、快速化，智慧供应链网络越来越表现出全面互联互通、高度透明化和柔性化的特征。信息技术在智慧供应链中的应用进一步打破了企业合作协调的壁垒，降低了企业的沟通成本，提高了企业的快速响应能力。

三是供应链主体呈现生态发展的新趋势。颠覆式技术在智慧供应链中的应用扩大了智慧供应链网络范围，使得传统的单一核心企业主导的单线供应链转变为多主体参与合作的生态网络供应链。随着智慧供应链生态化发展，供应链中的网络关系和主体更为复杂，企业之间的战略联盟合作重要性日益凸显，逐渐形成了智慧供应链中多主体生态化发展合作，以客户满意度为目标，实现多主体合作的共同利益最大化的趋势。

第二节 供应链质量形成过程和供应链标准体系的相关研究

随着全球化的发展，产品的生产与交付日益依赖于扩展的供应链网络，供应链质量的重要性日益凸显（Robinson and Malhotra，2005；Flynn and Flynn，2005）[1]，越来越多的研究从产品质量扩展到了供应链质量。Robinson and Malhotra（2005）首次对供应链质量管理进行了明确的定义，认为供应链质量管理是通过将供应链中所有合作伙伴业务流程的协调和整合，以便测量、分析和持续改进产品、服务和流程，最终创造价值来满足市场中客户需求的管理过程，本书将基于这一定义对供应链质量管理展开研究。

一 供应链质量形成过程相关研究

目前供应链质量的形成过程和质量管理体系的相关研究已经比较全面和深入。李昌明（2006）在制造企业内部质量链管理的基础上建立了以质量文化、信息化、标准化为基础的市场开发，产品开发和生产的内部过程质量，并对供应链下游和销售服务环节质量管理做出了基于整个供应链系统的绩效考核体系；麻书城和唐晓青（2001）总结了供应链质量管理活动的特点，讨论了产品全生命周期内质量保证与供应链孕育，构建和运行三个阶段的相关关系，提出了基于质量环的供应链质量保证策略；郎志正（2000）提出了质量与标准的关系，指出了标准的建立需要满足先进性、动态性、实践性三个要素；Zahra 等人（2013）构建了产品质量与供应链整合框架；宋姗姗（2018）基于质量管理体系的构建原则，从供应商选择、采购、供应商产品制造、协同设计、物流服务等几个关键环节构建了制造企业的质量控制体系；马帅旭（2012）基于供应链质量的形成和传递过程，构建了供应链质量过程的优化机制，建立了基于田口质量损失函数的供应链过程质量的评价。闫永新（2019）基于对国内汽车供应链背景的中小企业的质量管理体系的研究，根据汽车行业的相关标准，制

---

[1] Flynn, B, and Flynn, J. Synergies between supply chain management and quality management: emerging implications [J]. International Journal of Production Research, 2005, 43 (16): 3421-3436.

定了汽车公司的质量管理体系，解决了质量管理系统问题以及质量流程问题；林朝阳（2015）分析研究了物流和供应链管理模式下质量管理的具体实施框架，包括了产品生产的基础环境控制、产品生产技术的提升、产品生产的执行和管理控制等方面；吕旭（2020）以 S 公司为例，结合行业现状和发展历程，介绍了 S 公司的相关情况，通过对 S 公司的供应商的质量绩效等材料的分析，识别出其现有供应链质量管理方式中的问题点，并对其现有的供应链质量管理体系进行剖析和进行改善。重点针对了其量产供应商的质量评价体系和绩效考核进行优化和改善。

综合而言，在供应链质量研究领域，目前的研究大都将质量管理与供应链管理相结合，从设计、采购、生产、物流、销售以及回收等多个关键环节进行分析和绩效评价，这也表明了供应链各环节的不可割裂性以及这些关键环节相互关联、互相协调、互相支撑的关系。

二　供应链标准体系相关研究

供应链标准体系的研究主要集中在绿色供应链和供应链安全等领域。张锐（2020）以武汉等商贸物流试点城市建设为基础，介绍了商贸物流供应链中重要的相关标准，说明了商贸物流标准体系的构建步骤以及标准体系框架；东纯海（2016）以国网天津物资有限公司为例，建立了以流程、职责、制度、标准、绩效与内控五位一体的卓越供应链标准体系；曹艳（2016）则介绍了绿色供应链的相关概念，分析了绿色供应链标准体系的构建意义、目的以及思路，建立了绿色供应链标准体系的总体架构和绿色供应链标准体系框架。陈广（2021）从基础通用、需求计划与采购、智能仓储与配送、电工装备智慧物联、供应商合同管理、质量控制等方面提出了电力行业的物资供应链标准体系，为电力行业物资供应链全生命周期的健康发展提供了相关建议；溪道云（2019）在传统制造和供应链的基础上，介绍了绿色供应链的相关发展，基于标准体系的设计原则，构建了绿色供应链标准体系；郭鹏介绍了国际组织物流供应链安全的相关标准和规定，分析了欧美国家关于物流供应链安全标准的应用与发展，提出了构建中国国际物流供应链安全标准体系的构建思路，该研究为我国在供应链安全标准体系构建领域提供了参考。

目前供应链标准体系的研究，大多集中在绿色供应链以及供应链安全体系的研究上,对于"智慧供应链质量标准体系"的研究尚未见太多的文献资料。故本研究对于规范行业的发展具有重要意义。随着《智慧物流服务指南》等国家标准的相继发布与施行,"智慧供应链质量标准体系"的构建已经具备了初步的条件和基础,通过对智慧供应链的特点、运作流程以及供应链质量形成过程的研究,结合标准体系的构建原则和要求,本书将会结合相关国家标准,以智慧供应链上各个影响供应链效能的关键环节为切入点,构建"智慧供应链质量标准体系"。

三 文献述评

从上述研究可以发现,针对供应链标准体系,研究了相关学者在建立标准体系时的原则、方法和框架。目前,有关智慧供应链的研究相对较少,对于"智慧供应链质量标准体系"的设计也鲜有人涉及,因此更显现出本课题的必要性和迫切性。本章将研究智慧供应链对供应链质量体系的主要影响、智慧供应链下供应链质量体系构建的典型模式、面向智慧供应链的质量评价体系构建等内容,并最后提出促进智慧供应链质量体系建设与标准化发展的相关建议。

第三节 智慧供应链对供应链质量体系的主要影响

中国经济进入了高质量发展的新时代,与传统供应链相比,智慧供应链的发展对供应链质量体系建设起到了更加积极的推动作用。

首先,与传统供应链相比,智慧供应链的供应链质量管理体系更加完善。信息技术的应用加强了企业之间的联系,使得供应链主体之间具有更强的互动性和关联性,供应链质量信息共享程度得到加强,企业之间的信息透明度提高,有利于对资源和生产过程进行系统管理。同时,信息技术的应用减少了企业之间的沟通成本,提高了质量问题反馈效率,从而实现对资源提供、生产活动、产品实现、分析监管,以及质量改进的高效指挥和管控,有助于推动标准化智慧供应链质量体系的建设。

其次,与传统供应链相比,智慧供应链的供应链质量保证体系范围更加全面。当前,全球科技正在向智能化方向发展,供应链的智慧化、智能化发展为新兴技术的应用提供了新的场景驱动，使得供应链全链条全节点明晰可控成为可能，有助于智慧供应链成为一个有明确任务、职责、权限，相互协调、相互促进的质量管理有机整体。此外，智慧供应链以技术应用为依托，有助于质量保证活动的系统化、标准化和制度化，进而打造创新、高效、绿色、协同的全新供应链质量保证体系。

最后，与传统供应链相比，智慧供应链的供应链质量评价体系更加高效。RFID、人工智能、大数据、物联网等高新技术的应用增强了智慧供应链的透明度和可追溯性，使得传统供应链中模糊性高、数据获取困难的环节可以得到有效监督。大数据等新技术的应用使得精准定量评价方法取代粗略定性评价方法成为可能，补充了质量评价环节和评价方法，有利于供应链质量管理的全流程监管。

第四节　智慧供应链下供应链质量体系构建的典型模式

一　基于数字化供应链平台的质量体系模式

基于数字化供应链平台质量体系模式是以数据资源作为支撑现代化企业智慧供应链高质量发展的重要引擎，以供应链质量服务和管理为依托，实现多领域数据一体化、平台化处理的体系模式。以国家电网有限公司为例，当前国家电网有限公司正在逐步从传统信息化供应链建设向数字化供应链转型，通过打造"e链国网"的一站式供应链服务平台，将企业资源、电子商务、电工装备、物流服务、物资作业平台与"e链国网"平台相结合，并搭建供应链运营中心智慧运营系统，通过构建智能采购、数字物流、全景质控、供应链协同、运营监督五大业务板块，实现运营分析决策、资源优化配置、风险监控预警、数据资产应用、应急调配指挥等五大功能（贺绍鹏、宋志伟、刘明巍，2021），实现跨业务、跨专业、跨系统质量数据融合，提高供应链质量，完善智慧供应链管理体系，推动高质量、高标准的智慧供应链建设。

二　基于数智化供应链生态的质量体系模式

基于数智化供应链生态质量体系模式是以智能化技术为基础，以数据流引领物资流、人才流、技术流、资金流,从而打造质量数据供应链,实现供应链的数智化转型,形成产业链上下游和跨行业融合的数字化生态体系(发展改革委,2022)。以菜鸟物流为例,菜鸟供应链依托全国仓配网络和电商平台,推广数字化、数智化在全国供应链网络的应用,为供应链质量管理体系提供全方位技术和服务支持,并推出包含数智大脑、数智仓配、数智全案和商流联动产品四大板块的产品矩阵(中国物流与采购联合会,2020),提供科学分仓、需求预测、可视化数据看板、物流配送、定制化决策以及金融支持等服务,保障供应链质量升级,为供应链数智化转型提供了重要支持,有效提高了供应链弹性和供应链质量水平。

三 基于一体化供应链物流的质量体系模式

基于一体化供应链物流的质量体系模式是以数智化为基础,以保障产品、过程和服务质量为前提,将包括资源获取、权责分配、流程设计、生产活动、仓储配送、组织架构设计等在内的多项活动进行综合分析,具有全链条服务功能和定制化决策功能的质量体系模式,是企业高质量发展和智慧化转型的着力点。以京东物流为例,2021年8月,京东物流通过一体化供应链物流解决方案为沃尔沃汽车全国售后供应链进行改造,帮助沃尔沃实现全链条数据透明化,提高了供应链周转效率和智能化水平(欧阳靖宇,2021),为全链条企业质量服务提供技术和数据支持,解决了全渠道多场景发展背景下产品波动对库存管理提出的挑战,从系统改造、数据监管、组织结构和服务流程等多个方面打造一体化的全新供应链质量体系模式,为智慧供应链质量体系发展创造价值。

第五节 面向智慧供应链的质量评价体系构建

一 面向智慧供应链的质量评价环节

面向智慧供应链的质量评价可以分为单一环节的内部供应链质量评价和多个环节的供应链全链条质量评价。单一环节的内部供应链质量评价环节包括企业内部产品生产和流通过程中所涉及的采购部门、生产部门、仓储部门、销售部门等。多个环节的供应链全链条质量评价环节包括主体企业及与企业相关的产品生产和流通过程中涉及的原材料供应商、生产厂商、储运商、零售商以及最终消费者组成的整体供需网络。

相比于传统供应链中的直线型供应链网络结构，智慧供应链组织更具有多主体生态化的特点，主体企业及上下游企业之间网络关系复杂，因此供应链质量评价环节也更为复杂。信息技术在智慧供应链中的应用为解决复杂的环节评定提供了有效支持，可以高效判断获取传统供应链无法追溯和获取的环节信息，使得此前被模糊化的具备不同功能要素的基础节点企业得到有效追踪监管，从而保证对供应链全环节进行质量评价。

二 面向智慧供应链的质量评价指标

相对于传统供应链，智慧供应链在很大程度上消除了供应链中的信息不对称，更大程度上实现了供应链全链条的整合。在财务绩效指标和创新绩效等非财务绩效指标的基础上，智慧供应链增加了新的质量评价指标，包括质量信息透明、定制服务质量、质量可预警能力等指标（徐志宏和吴少雄，2021）。

质量信息透明是指供应链流程和操作中质量数据的可追溯性和透明度，包括生产流程质量数据透明度、仓库储存质量数据透明度、产品物流数据跟踪可见性等。质量信息透明度越高，对供应链质量状态的监控就越有效，更能实现对供应链质量的高效管理。

定制服务质量是指智慧供应链基于大数据定制产品和服务，及时满足客户日益个性化的需求的服务质量和能力，大数据是大规模定制的关键，具体指标包括产品个性化、服务个性化、客户质量满意度等。以客户为中心是智慧供应链发展的重要特征之一，定制化服务质量越高，说明智慧供应链在客户服务方面的整体质量竞争力越强。

质量预警能力是指智慧供应链的利益相关者可以实时获取供应链产品的生产、销售和库存状态数据，并对获得数据进行实时分析处理，创建质量数据库，从而及时对潜在的质量风险进行调整，包括风险管理、质量监督、可控成本等。质量预警能力基于质量数据的完整性、正确性、及时性和一致性，质量预警能力越强，越能保证供应链产品稳定高质地生产销售。

三 面向智慧供应链的质量评价方法

传统供应链质量评价方法包括层次分析法（AHP）、模糊综合评价法、数据包络分析法（DEA）、灰色系统法等多种评价方法（张淑慧，2011），但评价过程较为主观，且评价精度不高。在传统供应链质量评价方法的基础上，智慧供应链质量评价方法更加注重对大数据等技术的深度应用，在"互联网＋"的大背景下，高新技术成为当前智慧供应链数据处理和反馈的核心技术要素，可以实现实时的信息数据感知、采集、传输、分析、共享以及评价结果的及时反馈和决策调整，具有显著的先进性、数字化特性，具体评价方法包括可拓层次分析法（EAHP）、超效率DEA模型、随机前沿分析（SFA）等。技术的赋能使得智慧供应链质量评价方法更加高效精准，解决了传统定量评价方法中难以实现佐证性资料采集和有效监督的难题，在智慧供应链质量评价方法的基础上应用配套智慧技术来辅助跟踪智慧供应链的数据获取、分析和反馈，为合理高效的智慧供应链质量评价提供了坚实的技术方法支撑。

第六节 促进智慧供应链质量体系建设与标准化发展的相关建议

一 促进建设智慧供应链质量管理体系的相关建议

一方面，要鼓励战略性新兴产业、重点行业加强对智慧供应链质量管理体系的研究。选择部分典型行业对其智慧供应链体系的形成机理、系统构成、评价方法、质量指标体系等开展研究，充分发挥产学研一体化优势，通过调研提炼和总结，形成质量体系建设的具体思路与方法。鼓励企业整合科研院所、行业组织等多元主体的作用，利用全面质量管理体系的建设方法，培养一批既熟悉供应链管理又懂质量管理的复合型人才，科学构建面向智慧供应链的供应链质量体系。

另一方面，要积极开展智慧供应链质量体系建设与试点示范。根据智慧供应链质量体系建设发展实际，选择部分典型行业开展试点示范，开展智慧供应链质量体系的评估与推广工作。在试点示范基础上，利用智慧平台增加质量体系评估的对象数量，拓展质量体系服务范围，并坚持供应链全程跟踪，帮助企业建立健全的供应链质量标准体系。

二 推动智慧供应链标准化发展的相关建议

第一，要研究出台鼓励智慧供应链创新与应用的标准化政策。充分发挥政策标准的引领作用，积极研究和推进相关标准化政策的制定和出台，包括制定智慧供应链基础术语、智慧供应链服务基本要求、智慧供应链运营流程、智慧供应链运营质量标准、智慧供应链绩效评价、智慧供应链风险控制、智慧供应链应急管理方法等系列标准。同时加强国际标准化工作，推进中国智慧供应链标准的国际化输出。

第二，要保持新旧标准体系以及新体系内部的协调一致。一要考虑智慧供应链与传统供应链的共通之处，在此基础上协调与现有的信息管理系统、制造系统等的关系，避免产生割裂。二要考虑与相关科技体系标准建设的协同，维持步调的一致性，适用相关技术标准成果，遵循国家质量基础的基本思路。三要关注新建立标准体系的互通与统一，确认承担标准制定的各主体情况，建立主体间沟通和信息共享的有效渠道，从而避免标准多样化和重复研制造成的浪费以及不同标准在小范围内形成既有规模后更加难以统一的局面。

第三，要积极开展智慧供应链质量标准的实施与应用。要加强对智慧供应链质量标准的宣传贯彻，鼓励行业龙头企业率先开展智慧供应链相关标准的执行和反馈，对标准实施过程中产生的问题，要进行系统总结和完善，推动相关标准的修订。同时，政府主管部门要健全组织实施机制，鼓励上下游企业协同开展标准实施，通过政策引导推动标准化宣贯更好地实现。

第四，要鼓励领先的物流供应链企业进行标准试点示范。物流供应链企业作为专业从事智慧供应链运营服务的企业，具备对智慧供应链质量体系和标准体系认知的先行基础。全国物流标准化技术委员会应在全国范围内选择一批标准化基础好、参与意识强的标杆型物流供应链企业，充分发挥其标准化示范作用，督促指导企业不断完善覆盖供应链全过程、全流程、全要素、以"定标率、贯标率、达标率、首检合格率"为基础的标准化体系，助推企业降低供应链经营成本、提高产品质量，同时支持企业牵头或参与制修订行业以上标准，掌握行业话语权，增强核心竞争力。

第九章

智慧供应链标准化体系设计

第一节 智慧供应链标准体系建设的基本要求

标准体系是指一定范围内（包括国家、行业、团体、地方、企业）的标准，按其内在联系形成的科学有机整体（参考 GB/T 13016—2018 标准体系构建原则和要求）。供应链所涉及的环节复杂，涉及行业广泛，虽然每个环节都有各自的特点，但是这些环节都存在特定的内在联系，这些环节紧密联系，使得供应链成为一个有机的整体。所以在系统理论的指导下，智慧供应链可以形成完整的标准体系。智慧供应链质量标准体系是针对目前供应链发展的最前沿——智慧供应链，探索影响智慧供应链质量的关键环节，将供应链各领域、各环节的标准，按照其内在联系而形成的科学有机整体，是包括了现有的标准、应有的标准和相关标准立项在内的标准化成果。通常来说，标准体系建设需要关注以下三个方面的基本要求：

（1）系统性：智慧供应链标准体系一定是立足于供应链的高度上的。供应链标准体系的建立贯穿于供应链的各个环节，在每一个环节当中都考虑了标准体系。在智慧供应链下，标准体系一直贯穿于产品的设计、制造、营销、物流、退货等环节。

（2）动态性：随着市场环境、用户需求、供应链成员企业的不断变化，智慧供应链的反应能力和质量保证能力也需要不断地进行提高。为了保证供应链的良好质量，供应链需要在市场的力量下剔除不合格的成员，同时需要借助各种现代智能技术和设备，不断提高对外界的风险的感知能力；并且依靠技术的进步需要不断地优化供应链的组织结构和业务流程。

故智慧供应链的标准体系存在明显的动态性，智慧供应链下的标准内容将会不断地优化以适应不断变化的外在环境。

（3）预防性：随着产品和服务的日益多样化，智慧供应链标准体系内容中，要通过一系列标准规范各种供应链运营管理问题的场景和行为。通过对标准内容的系统整合和全新设计，为智慧供应链运营提供更好的决策支持和资源管控，特别是在现代供应链管理理论和现代智能技术的发展下，好的智慧供应链标准体系将有助于更好地防控相关质量问题。

第二节　智慧供应链质量标准体系的基本框架

一　智慧供应链质量标准体系的目标

构建智慧供应链质量标准体系的目标一是研究影响智慧供应链高质量运行的影响因素，填补相关研究领域的空白，为行业相关标准的制定提供指导和借鉴。二是结合典型行业头部企业进行研究，总结其智慧供应链的发展情况及先进的技术和管理理念，将智慧供应链发展的相关经验进行标准化总结和推广。

二　智慧供应链质量标准体系的构建原则

智慧供应链标准体系设计除了满足标准体系基本原则，如"目标明确、全面成套、层次适当、划分清楚"以外还需要特别注重以下三个原则：

智慧特性原则：智慧特性将会贯穿于供应链的各个主要环节当中，体现智慧供应链的智能化、自动化、协同化和可视化。

关键共性原则：标准体系的构建将主要基于供应链的各个关键环节，同时基于代表性和典型性，标准体系将会提炼供应链的一般化和共性化的特征为基础来构建，以使该标准体系能够为更多的行业所使用，更具包容性。

动态性原则：智慧供应链质量标准体系将以示范性和引领性为主，注重标准体系的模型和框架的构建，为智慧供应链行业的其他相关标准的构建预留空间，智慧供应链的实际发展与最新理论将为后续该体系的构建提供更多重要的补充。

三 智慧供应链质量标准体系的构建依据

（一）SCOR 模型

供应链运营参考模型 SCOR（Supply-Chain Operations Reference-model）是国际供应链协会 SCC 开发并授权的一个关于供应链管理的，适用于所有行业的供应链标准（Stewart and Gordon，1997）。SCOR 模型得到了广泛的应用关键在于它是第一个为行业提供了规范化、标准化的供应链建模方法，它清晰地描述了供应链的运作流程，具备很好的跨行业使用特点，非常适用于不同的部门、组织进行供应链的沟通与协作。在 SCOR 模型的第一层次描述了五个基本流程：计划、采购、生产、配送、退货，如图 9-1 所示。各个流程的定义如下：

计划：供应链管理的策略部分，对企业所有的资源进行管理和分配以满足顾客对产品的需求。

采购：根据企业需求购买物料和服务所进行的一系列业务流程。

生产：是将原材料加工成成品，包括库存制造、按订单制造和按订单设计的生产过程。

配送：为生产的产品进行订单、储存、运输和派送的管理过程。

退货：退货是指对验收不合格的原材料、零部件以及已出售商品进行回收、运输、保管和再加工的活动。退货类型主要有无缺陷产品退货、有缺陷产品退货、订单处理失误退货、交货延迟退货。

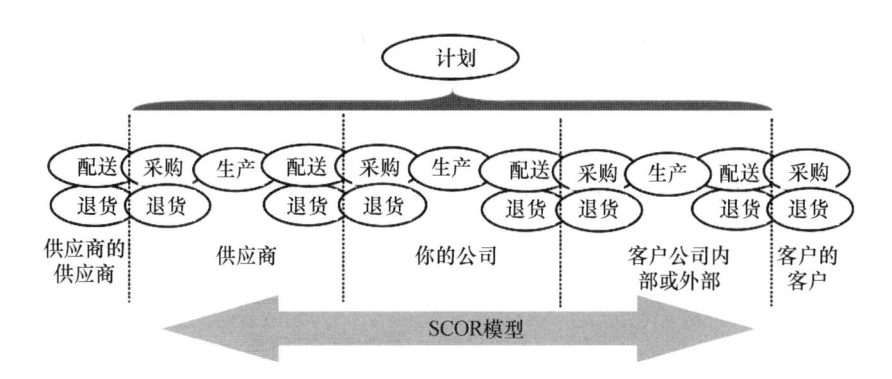

图 9-1 SCOR 模型

（二）相关国家标准和行业标准

智慧供应链质量标准体系的编写应该在相关国家标准和行业标准的框架之下进行编制。2021年公布的国家标准《智慧物流服务指南（征求意见稿）》为智慧供应链下的智慧物流标准的编写提供了全面、详细的依据；《国家智能制造标准体系建设指南（2021版）》为智慧供应链质量标准体系的智能制造环节标准提供了详细的编写方向；此外GB/T 13016—2009《标准体系表编制原则和要求》、GB/T 12366—2009《综合标准化工作指南》、GB/T 13017—2009《企业标准体系表编制指南》等为智慧供应链质量标准体系的构建提供了有益的借鉴。

（三）智慧供应链发展的基本要求

智慧供应链质量标准体系要突出"智慧特性"，其中不仅仅要包含传统供应链的内容，更要考虑引入更多前沿的智慧供应链概念，如智慧采购、智慧物流、智慧退货等。同时由于智慧供应链标准体系所涉及的内容繁杂、概念新颖，很多标准甚至还未开始进行编制，故智慧供应链质量标准体系的编写更要突出"质量"，从影响供应链质量的关键环节入手，不仅可以使标准体系的编写更加全面，而且具备更好的通用性。因此参考SCOR模型设置了智慧计划、智慧采购、智能制造、智慧物流、智慧退货等五个关键环节标准。

四 智慧供应链质量标准体系基本框架的构建方法

智慧供应链质量标准体系基本框架依据印度魏尔曼最早提出的三维结构的思想进行体系框架的构建（魏尔曼，1980）。利用空间概念，对相关标准进行科学合理的定位以反映各项标准所属领域所具有的共性特征和适用范围。基本框架采用了标准对象（X轴）、行业领域（Y）、关键环节（Z轴）构成的三维空间结构。在每一维度之中增设了小的门类，体现出标准体系的可扩展性，三个维度相对独立。三个维度之间相互组合而形成的立体区域构成了相应标准体系的范围。点由坐标（X、Y、Z）唯一确定，每个点在标准体系当中是一个子体系，子体系的大小由研究对象和研究深度共同决定。通过对智慧供应链相关理论和标准体系的研究，将标准对象、关键环节和行业领域作为标准体系的三个维度，建立起了标准体系的三维框架。

（1）X轴——标准对象

参考国内物流标准化体系的通行对象（中国物流与采购联合会，

2015），智慧供应链质量标准体系的标准对象划分为智慧供应链基础通用标准、智慧供应链管理标准、智慧供应链信息标准、智慧供应链技术标准、智慧供应链服务标准。基础通用标准是对供应链的相关术语和符号标识标准进行编制；供应链管理标准是对供应链的管理流程和活动当中所涉及相应标准进行编制；供应链信息标准是对供应链活动当中涉及的信息获取、传输、交换、处理和应用的相关标准进行编制；供应链技术标准是对支撑供应链运作的底层设施设备和作业流程所涉及的相应标准的编制；供应链服务标准是对智慧供应链服务所涉及的组织、人员、环境、质量等标准的编制。

（2）Y轴——行业领域

智慧供应链将引领各个行业领域方向。在未来，智慧供应链将是各个行业的大趋势。不仅包括家电、汽车、电子、机械、钢铁等传统制造行业，而且对于食品、医药、农产品、烟草等行业进行可追溯的智慧供应链体系构建具有巨大的作用。智慧供应链凭借其智能化、自主化、协同化和透明化等特点，已经越来越成为各行各业的应用趋势和未来方向。但是各行各业由于需求和实际情况存在不同，对智慧供应链的需求程度和应用程度不一致，每个行业的供应链标准都具有独特性和一般性。所以Y轴——行业领域标准根据当下不同行业对智慧供应链的需求程度和应用程度的不同划分了智慧供应链家电行业标准、汽车行业标准、钢铁行业标准、食品行业标准、冷链行业标准、电子行业标准、快递行业标准等，Y轴也预留了空间方便后续行业标准的增加。

（3）Z轴——关键环节

通过对供应链质量形成的研究以及参考SCOR模型，选取了影响智慧供应链质量的关键环节：智慧计划、智慧采购、智慧制造、智慧物流、智慧退货。关键环节定义如下：

（1）智慧计划：智慧计划是指借助智慧供应链中台对企业资源进行管理和分配，为企业的采购计划、排产计划、物流计划、库存计划、销售计划、财务计划等提供智能化的辅助决策，以满足客户对产品的需求。

（2）智慧采购：智慧采购是指借助大数据、人工智能等智能技术精准分析企业客户需求进行智能寻源，依靠智慧采购平台链接采销双方实现采购场景智慧化，让企业采购真正做到智能化、自动化、人性化。

（3）智慧制造：智慧制造是一个大的集成系统，它贯穿于产品的设计、制造、服务的全生命周期，是由智能产品、智能生产和智能服务三大功能系统以及工业互联网和智能制造云两大支撑系统集合而成的综合制造系统。

（4）智慧物流：智慧物流是通过在物流的各个环节集成和应用物联网技术、人工智能等智能技术，实现物流各环节的有效感知和高效学习，以此实现整个物流系统的智能化、自动化和高效化管理，实现物流活动的降本增效。

（5）智慧退货：智慧退货借助智能技术提高供应链的信息透明度，降低在供应、生产、分销、消费等多个环节的退货率，缩短退货处理周期。

为了使模型更具代表性和典型性，本书参考了具有跨行业应用特点的 SCOR 模型的第一层流程分析，同时结合影响智慧供应链质量的关键环节来设计智慧供应链质量标准体系框架。选取了标准对象、关键环节、行业领域三个维度来构建智慧供应链质量标准框架，如图 9-2 所示。该模型的建立有助于认识和理解智慧供应链质量标准化的对象、边界和相互联系。

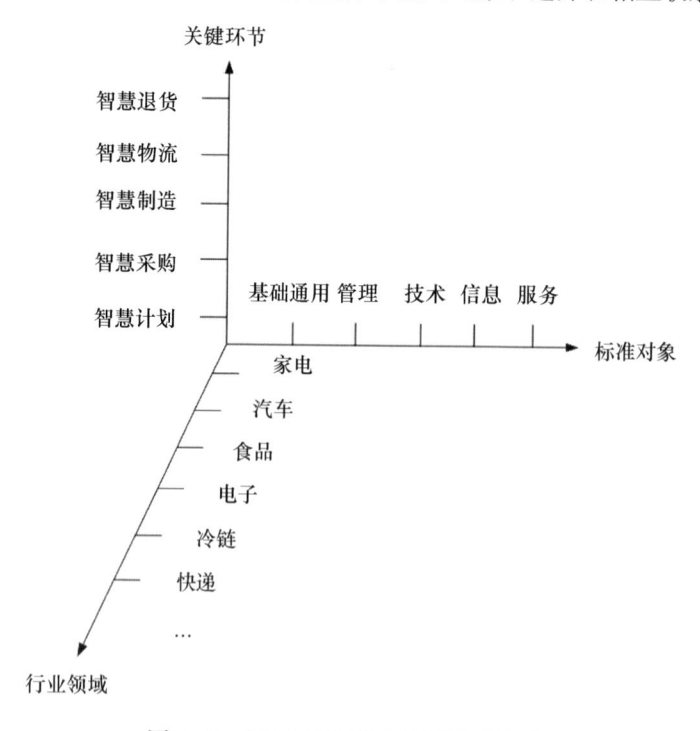

图 9-2　智慧供应链质量标准体系框架

第三节 智慧供应链质量标准体系的设计

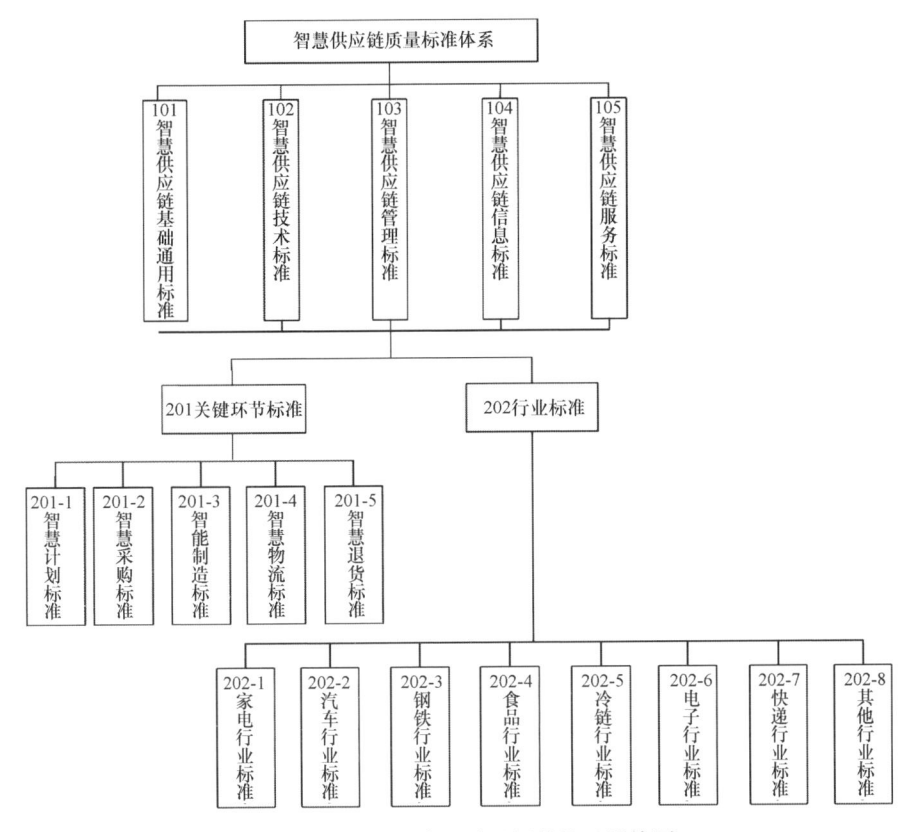

一 智慧供应链质量标准体系结构图

基于上述智慧供应链质量标准化模型，参考 GB/T 13016—2009《标准体系表编制原则和要求》和 GB/T 12366—2009《综合标准化工作指南》的要求，在标准体系的第一层次设计了包含智慧供应链基础通用标准、智慧供应链管理标准、智慧供应链技术标准、智慧供应链信息标准、智慧供应链服务标准五大标准对象。第二层次设计了包含智慧计划、智慧采购、智能制造、智慧物流、智慧退货的智慧供应链质量标准以及在第一层次的基础下设置了智慧供应链行业标准，第三层次则是继续对第二层次的关键环节标准进行展开。相关标准体系如下图 9-3 至图 9-8 所示：

图 9-3 智慧供应链质量标准体系结构图

```
                    ┌─────────────────┐
                    │  201-1 智慧计划  │
                    └─────────────────┘
```

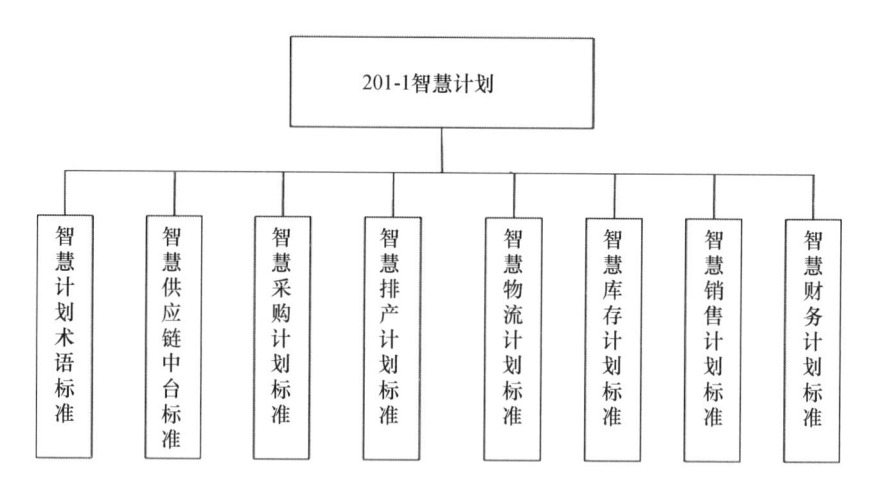

智慧计划术语标准 | 智慧供应链中台标准 | 智慧采购计划标准 | 智慧排产计划标准 | 智慧物流计划标准 | 智慧库存计划标准 | 智慧销售计划标准 | 智慧财务计划标准

图 9-4　智慧计划标准子体系

```
                    ┌─────────────────┐
                    │  201-2 智慧采购  │
                    └─────────────────┘
```

智慧采购术语标准 | 智慧采购数字加密安全平台标准 | 智慧采购信息平台标准 | 智慧采购通用信息协议标准 | 智慧采购作业流程标准 | 智慧采购标准数据接口标准 | 智慧采购设施设备标准

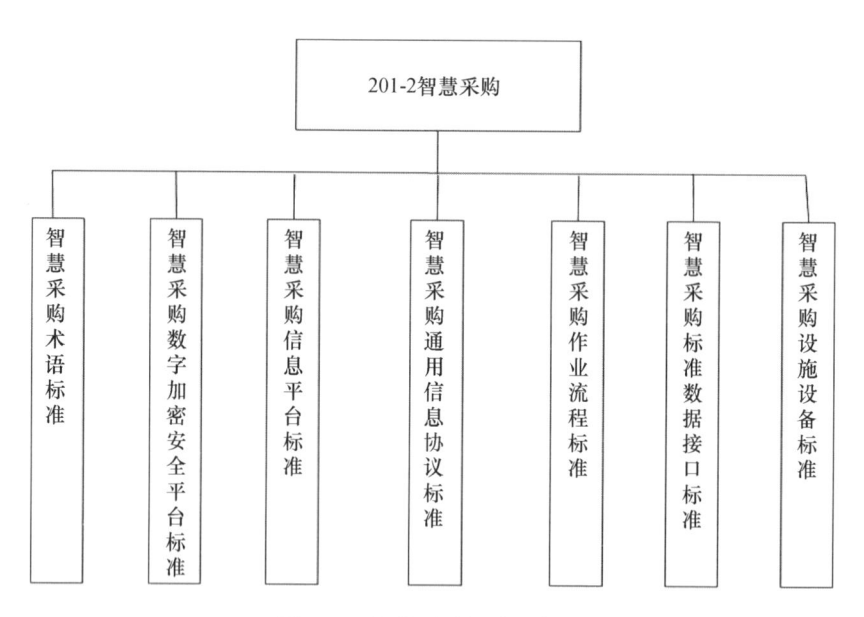

图 9-5　智慧采购标准子体系

第九章 智慧供应链标准化体系设计 / 135

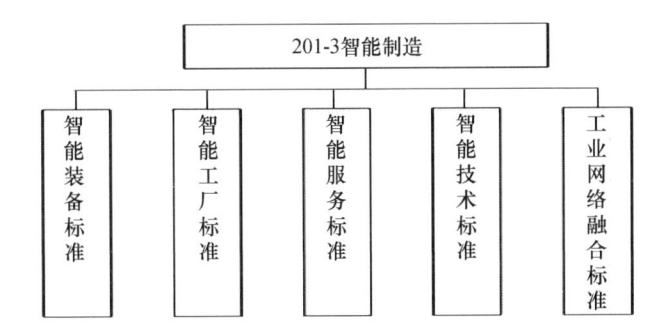

```
                    201-3智能制造
    ┌──────┬──────┬──────┬──────┐
 智能装备  智能工厂  智能服务  智能技术  工业网络
  标准    标准    标准    标准   融合标准
```

图9-6 智能制造标准子体系

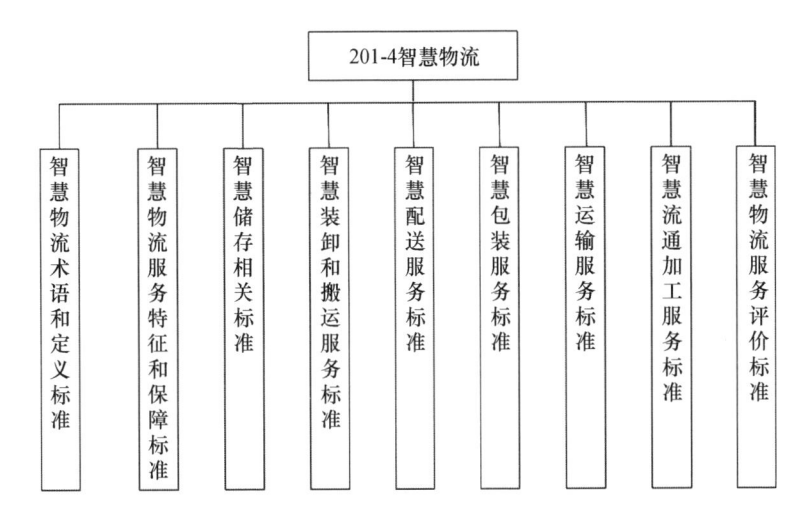

```
                         201-4智慧物流
  ┌──────┬──────┬──────┬──────┬──────┬──────┬──────┬──────┐
 智慧   智慧   智慧   智慧   智慧   智慧   智慧   智慧   智慧
 物流   物流   储存   装卸和  配送   包装   运输   流通   物流
 术语   服务   相关   搬运   服务   服务   服务   加工   服务
 和定义  特征和  标准   服务   标准   标准   标准   服务   评价
 标准   保障         标准                       标准   标准
        标准
```

图9-7 智慧物流标准子体系

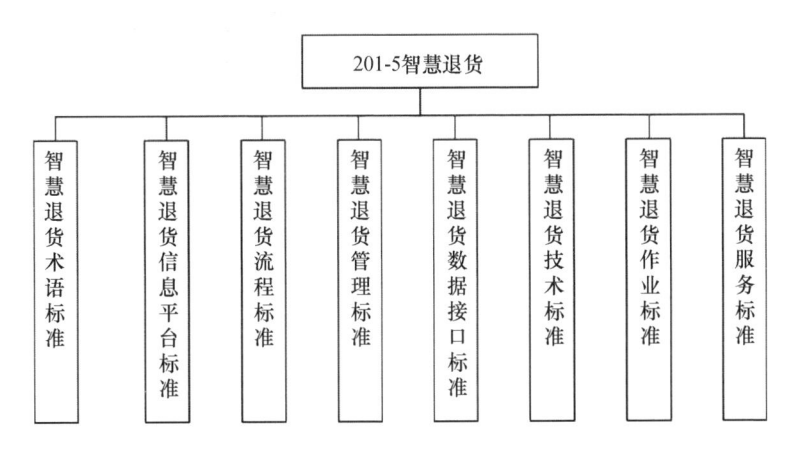

```
                         201-5智慧退货
  ┌──────┬──────┬──────┬──────┬──────┬──────┬──────┐
 智慧   智慧   智慧   智慧   智慧   智慧   智慧   智慧
 退货   退货   退货   退货   退货   退货   退货   退货
 术语   信息   流程   管理   数据   技术   作业   服务
 标准   平台   标准   标准   接口   标准   标准   标准
        标准         标准
```

图9-8 智慧退货标准子体系

二　智慧供应链五大标准对象内容

（1）智慧供应链基础通用标准：通用基础标准子体系包括智慧供应链术语标准、智慧供应链图形与标识标准、智慧供应链分类标准等。

（2）智慧供应链管理标准：智慧供应链标准子体系包括智慧供应链安全标准、智慧供应链统计标准、智慧供应链绩效标准等。

（3）智慧供应链技术标准：智慧供应链技术标准子体系包括智慧供应链设施标准、智慧供应链设备标准、智慧供应链作业标准。

（4）智慧供应链信息标准：智慧供应链信息标准子体系包括供应链信息编码标准、供应链信息标识与采集标准、供应链信息交换标准、供应链信息系统及平台标准、供应链信息应用标准等。

（5）智慧供应链服务标准：智慧供应链服务标准子体系包括智慧供应链服务质量标准、智慧供应链服务组织标准、智慧供应链服务人员标准、智慧供应链服务环境标准。

三　智慧供应链关键环节标准内容

（1）智慧计划标准：智慧计划标准子体系包括智慧计划术语标准、智慧产品设计标准、智能排产标准。

（2）智慧采购标准：智慧采购术语标准、智慧采购数字加密安全平台标准、智慧采购信息平台标准、智慧采购标准数据接口标准、智慧采购作业流程标准、智慧采购通用信息协议标准、智慧采购设施设备标准。

（3）智能制造标准：智能制造标准子体系主要有智能装备标准（包括人机协作系统、工艺装备、检验检测装备等）、智能工厂标准（包括智能工厂设计标准、集成优化标准等）、智能服务标准（包括网络协同制造标准等）、智能技术标准（包括数字孪生、人工智能）、工业网络融合标准等。

（4）智慧物流标准：智慧物流标准子体系包括智慧物流术语和定义标准、智慧物流服务的特征和要素相关标准、智慧物流服务保障相关标准（包括服务提供组织、从业人员、服务技术、服务设备与系统、服务制度、服务信息等相关标准）、智慧物流服务提供标准（包括智慧运输服务标准、智慧储存服务标准、智慧装卸与搬运服务标准、智慧配送服务标准、智慧运输服务标准、智慧包装服务标准、智慧流通加工服务标准以及智慧综合服务相关标准)、智慧物流服务评价标准(包括评价指标体系、评价方法、服务改进要求等相关标准)。

(5) 智慧退货标准：为了减少退货的发生，缩短退货的处理周期，提高退货后的再利用率和再出售率，就必须实现退货流程和作业的标准化、自动化和智慧化。所以智慧退货主要涉及以下几类标准：

智慧退货基础标准：包括退货以及退货形成的逆向物流的相关术语标准、智慧退货图形和标识标准、智慧退货分类标准。

智慧退货流程标准：为了缩短退货周期，需要制定来自消费者、零售商或分销商等不同领域的退货流程标准，比如零售业务退货流程标准、制造业产品退货流程标准等。

智慧退货管理标准：主要包括智慧退货的安全标准、智慧退货的环境标准等。

智慧退货信息标准：为了减少退货的发生，提高退货的处理效率和对退货原因进行分析，需要企业间借助 EDI 等进行信息共享和构建相应的退货信息集成平台，所以主要包括智慧退货平台的信息编码标准、退货信息标识与采集标准、退货数据交换标准、退货信息系统及平台标准、退货信息应用标准等。

智慧退货技术标准：退货而形成的退货物流需要进行一定的标准化，主要包括退货设施标准、退货设备标准、退货作业标准等。

智慧退货服务标准：主要包括智慧退货服务质量标准、智慧退货服务评价标准、智慧退货服务环境标准等。

四 智慧供应链行业标准

智慧供应链所引领的行业广泛，由于每个行业具有其特殊性，所以智慧供应链在每个行业的发展一定是不一样的，其所涉及标准也会根据行业的不同而存在差异性。所以智慧供应链行业标准根据当下不同行业对智慧供应链的需求程度和应用程度的不同划分了智慧供应链家电行业标准、汽车行业标准、钢铁行业标准、食品行业标准、冷链行业标准、电子行业标准、快递行业标准等，同时标准体系预留了空间方便后续行业标准的增加，体现出智慧供应链标准体系的开放性和动态性。

第十章

基于政府治理的智慧供应链绩效影响因素研究

结构方程模型可以通过测量变量来研究和检验潜在变量或隐性变量之间的关系,从而解释模型的内在机制,并建立多维预测值及标准变量之间的关系。因此本章采用结构方程模型(SEM)研究政府治理转型效果的各影响因素之间的作用机制路径。

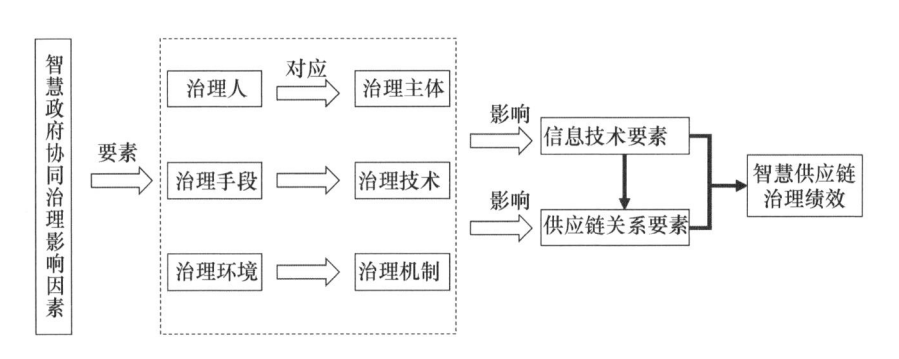

图 10 -1 政府治理改革影响框架

第一节 政府治理转型效果影响因素模型构建

一 政府治理转型与供应链绩效关系概念模型

根据政府治理相关理论,可以总结政府治理协同网络所包含的治理人、治理手段与治理环境通过治理主体、治理技术与治理机制来影响企业信息技术的提升以及供应链关键要素,从而对智慧供应链的治理绩效产生积极的影响。本研究基于以上模型描述,产生以下政府治理转型与供应链绩效之间作用机理的概念模型。

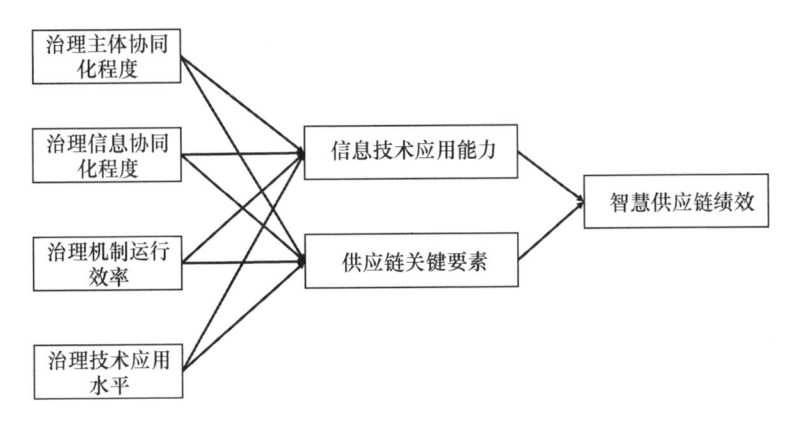

图 10-2 概念模型设计

二 变量结构与内涵分析

(1) 外因潜变量——政府治理因素

对应图 10-1,智慧政府治理体系的主体要素对应治理主体协同化程度 A,包含 2 个维度,分别为组织协同程度 A1、战略协同程度 A2;智慧政府治理体系的环境要素对应治理机制运行效率 C,主要包含 3 个维度,分别为治理标准方面 C1、优化流程方面 C2 与风险防范方面 C3;智慧政府治理体系的信息技术要素对应治理信息协同化程度 B 与治理技术应用水平 D,治理信息协同化程度 B 包含 2 个维度,分别为信息交流协同程度 B1、信息平台应用程度 B2,而治理技术应用水平 D 包含治理技术应用深度 D1、治理技术应用广度 D2 两项。上述 9 个维度构成了智慧政府协同治理因素体系。研究量表如表 10-1 所示:

表10-1　　　　　　　　　　　外因潜变量问项量表

研究变量	测量指标	问卷指标描述
治理主体协同化程度 A	组织协同程度 A1	在政府对于贵企业供应链相关业务的管制治理的过程中，您觉得政府是否可以实现很好的跨部门合作，更好地发挥多部门合作效应？
	战略协同程度 A2	您觉得政府是否很好地做到了协调多方力量，例如行业协会等第三部门共同推进供应链的监管？
治理信息协同化程度 B	信息交流协同程度 B1	您认为政府与贵企业之间是否会经常存在沟通不畅、信息难以共享等问题？
	信息平台应用程度 B2	您认为在线政府平台是否实现了政府与企业之间良好的信息沟通？
治理机制运行效率 C	治理标准方面 C1	目前政府对于贵公司供应链业务的管制过程中，是否制定了统一的监管规则与标准，并实现了公正有效的监管？
	优化流程方面 C2	目前政府对于贵公司供应链业务的管制过程中，是否很好地实现了优化流程、精简环节？
	风险防范方面 C3	您认为政府相关部门的供应链风险防范机制是否很好地提高了贵公司供应链的稳定性？
治理技术应用水平 D	治理技术应用深度 D1	您认为政府是否很好地实现了运用大数据等治理技术进行政府智能管制，以打造集约化的政府治理生态？
	治理技术应用广度 D2	您认为政府所采用的治理技术是否很好地覆盖了贵公司供应链各环节的治理？

（2）中介变量维度

政府治理对于智慧供应链绩效的影响往往通过影响某些中介变量实现，通过文献的词频提取，得出相关影响因素包括：数据分析能力、信息技术支撑能力、宏观把握、资源整合、信息共享。通过相关研究表述，数据分析能力、信息技术支撑能力两项可以归结为同一因素，即信息技术应用能力；宏观把握、资源整合、信息共享三项可以归结为同一因素，即供应链关键要素。

大数据时代的来临，数据资源对企业经营发展以及供应链的运行越来越重要，因而供应链企业应该充分地利用和分析所拥有的数据，把握大数据时代带来的机遇。魏凌（2012）认为数据处理仓库体系包含数据提供、数据采集、数据加工、数据使用四个方面。李玉章（2015）认为可以通过数据的规范化以及经营化来实现大数据的高效应用。因此，基于以上分析，本章选取数据采集、数据决策作为数据处理能力的影响指标，即 DA1、DA2。信息化技术的实施可以促进整个供应链的高效运作，基于文献的综述，本章选取信息系统覆盖范围、信息系统运行效率、信息技术应用水平三个维度作为技术支撑能力的影响指标，即 IT1、IT2、IT3、IT4。

供应链的关键要素选取供应链的宏观把控要素、资源整合要素以及信息共享要素三项主要要素。1）宏观把控要素是指企业从战略高度把控智慧供应链的运行，本章基于以往文献整理，选取战略支持、风险管控两个维度作为影响指标，即 MG1、MG2、MG3；2）资源整合要素选取内部资源整合和外部资源两个维度作为影响指标，即 RI1、RI2、RI3，供应链资源的整合可以使企业尽可能地实现内部与外部的协同运行，提高供应链整体的安全性以及竞争力；3）信息共享要素选取完整性、及时性、丰富性三个维度作为供应链信息共享的重要指标，对信息共享要素进行了较为全面的概括。信息共享要素作为供应链关键要素即可以实现信息的整理处理，还可以使得管理者较为精准地做出计划，提高供应链运行质量。

中介变量的研究量表如表 10-2 所示：

表 10-2　　　　　　　　　　中介变量问项量表

研究变量	测量指标	问卷指标描述
信息技术应用能力 E	数据分析能力（DA）	政府治理是否有助于提升贵公司采集业务全链条相关数据的准确性？（DA1）
		政府治理是否有助于贵公司将收集到的数据很好地应用于辅助决策过程中？（DA2）
	信息技术支撑能力（IT）	政府相关治理是否有助于扩大贵公司信息系统的业务覆盖范围？（IT1）
		政府相关治理是否有助于提高贵公司信息系统的运行效率？（IT2）

续表

研究变量	测量指标	问卷指标描述
信息技术应用能力 E	信息技术支撑能力（IT）	在贵公司的供应链业务中，请问使用的智慧技术（如大数据、云计算、区块链、物联网、5G 技术、人工智能等）多吗？（IT3）
		当前政府的政策环境是否为贵公司智慧化运行全链条业务提供了良好的条件？（IT4）
供应链关键要素 F	宏观把握要素（MG）资源整合要素（RI）信息共享要素（IS）	在治理政策影响下，贵公司是否已经把智慧供应链战略上升到企业战略？（MG1）
		在治理政策影响下，贵企业对智慧供应链战略的实施是否已经开展了人财物的积极支持？（MG2）
		贵公司应对供应链出现的突发事件是否可以做到很好地处理与应对？（MG3）
		政府的相关治理是否有助于贵企业更好地对供应链各个环节的数据进行整合与利用？（RI1）
		贵公司是否高度地重视与供应商、承运商、公共开放平台等外部企业的协作？（RI2）
		政府的相关治理是否有助于贵企业提高物资统一调配的能力，更好地实现资源协调？（RI3）
		在政府的支持下，贵公司是否可以完整地获取业务全链条上其他企业所共享的信息？（IS1）
		在政府的支持下，贵公司能否可以及时地实现与其他企业的信息共享？（IS2）
		在政府的支持下，贵公司与其他企业共享的信息种类（例如库存信息、营销信息、订单信息、生产信息、物流信息等）多吗？（IS3）

（3）智慧供应链绩效维度

智能供应链绩效是供应链运行状态和效果的综合表现，智慧供应链致力于整体价值的最大化，智慧供应链绩效的评估从不同层次、不同角度、不同阶段的经营状况和经营成果可以看出，因此绩效评价主要从战略层面、战术层面和经营层面展开。

首先，战略层面属于顶层战略，需要表现智慧供应链区别于传统供应链的信息化特征,智慧供应链基于新生信息技术具有更高的信息化程度以及信息获取能力,因此全链条的信息共享对智慧供应链的决策速度起到至关重要的作用。其次是战术层面,智慧供应链的战术层面主要体现在可感知、可视化以及柔性化维度,这些角度更有利于成本控制,使供应链企业能够更好地理解客户期望,准确及时了解需求变化并及时组织相关工作。最后,经营层面主要体现在智慧供应链的智能化特征上,表现为智慧技术在企业供应链各环节的应用。

智慧供应链绩效维度的研究量表如表10-3所示:

表10-3　　　　　　　　　因变量问项量表

研究变量	测量指标	问卷指标描述
智慧供应链绩效G	智能化	贵公司员工是否具有智慧供应链较高的创新意识?(G1)
		贵公司供应链的运行是否高效地利用了网络信息平台?(G2)
		在贵公司的供应链运行中,对于物流智慧技术是否有较高的利用率?(G3)
	可感知	基于网络平台与物流智慧技术,贵公司是否可以较好地实现对于全链条的信息识别与快速感知?(G4)
		基于网络平台与物流智慧技术,贵公司是否可以有效地监控供应链运作的动态?(G5)
	可视化	基于感知到的数据,贵公司对于业务全链条是否达到了很好的可视效果?(G6)
		基于感知到的数据,贵公司是否可以及时追溯到全链条的相关业务?(G7)
	信息化	贵公司所在的全链条是否已经实现了很好的信息共享程度?(G8)
	柔性化	贵公司对于市场需求变化的适应能力如何?(G9)
		贵公司目前是否可以实现较高的生产柔性水平?(G10)
		贵公司是否可以及时地响应市场需求?(G11)

第二节 政府治理效果影响因素研究假设

结构方程模型可以进行实证建模研究,本章探讨基于政府治理的智慧供应链绩效影响因素,但由于智慧供应链结合智慧政府属于比较前沿的研究领域,国内外相应的理论支撑与参考文献比较少,所以本模型的建立将根据已有的政府治理相关模型以及供应链绩效的相关经验来建立模型。

刘伟华等(2020)提出智慧技术与供应链关键要素会对智慧供应链的绩效产生直接的积极影响。张东翔(2017)提出云技术、大数据的应用能有效提升供应链的反应速度和用户满意度,而上下游企业的信息共享可以提高供应链企业需求预测的准确度以及市场响应速度,这两者均可以提升供应链绩效。李秀杰(2015)认为对供应链的有效风险管控可以降低企业风险,从而提高整个供应链的治理效果。邹航(2013)认为在资源整合过程中,信息化集成各种功能性资源可以促进业务流程再造,从而有效提高供应链的效益。王勇等(2014)提出供应链信息化的集成化管理以及数据库等数据处理技术的应用,可以保证供应链各节点交流的顺畅,从而提高供应链运作效率。将以上因素总结为数据分析能力、信息技术支撑能力、宏观把握要素、资源整合要素、信息共享要素五个方面,归结为信息技术应用能力以及供应链关键要素两大类。由于国内外对于智慧供应链绩效的研究还存在空缺,所以借鉴已有的模型基础提出假设 H9 与 H10。

H9:信息技术应用能力对智慧供应链绩效有正向影响。

H10:供应链关键要素对智慧供应链绩效有正向影响。

如图 10-1 所示的治理人、治理手段、治理环境三个要素应用于本模型,可将其阐述为治理主体的协同化程度、治理信息的协同化程度、治理机制的运行效率、治理技术的应用水平四个影响因素。韩冠军(2012)提出政府的一体化监管可以促进蔬菜供应链供应模式的紧密化,促进供应链各维度资源整合以及信息共享。马明月(2018)提出政府的监管机制以及监管信息可以对名牌产品供应链的信息共享等关键要素产生影响。由于以往文献没有政府治理直接调节智慧供应链绩效的模型基础支撑,所以本章将信息技术应用能力以及供应链关键要素作为政府治理影响智慧供应链绩效的中介变量,探究政府治理的四项因素对企业信息技术应用能力以

及企业供应链关键要素的影响,提出以下假设 H1—H8:

H1:治理主体协同化程度对信息技术应用能力有正向影响。

H2:治理信息协同化程度对信息技术应用能力有正向影响。

H3:治理机制运行效率对信息技术应用能力有正向影响。

H4:治理技术应用水平对信息技术应用能力有正向影响。

H5:治理主体协同化程度对供应链关键要素有正向影响。

H6:治理信息协同化程度对供应链关键要素有正向影响。

H7:治理机制运行效率对供应链关键要素有正向影响。

H8:治理技术应用水平对供应链关键要素有正向影响。

模型的假设如图 10 - 3 所示:

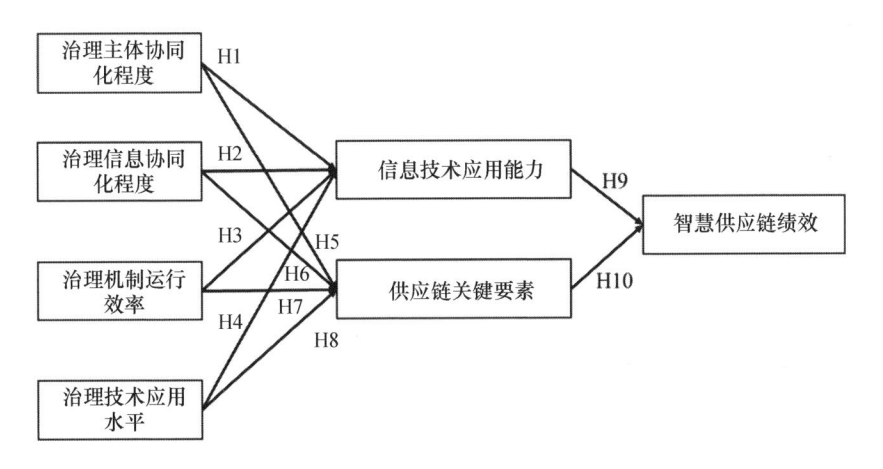

图 10 - 3 模型研究假设

第三节 问卷设计与实证分析

一 样本选取与数据收集

本次调研以采用线上问卷的方式进行,根据上文所列出的各项指标体系并咨询专家意见,设计了面向供应链企业的关于政府治理效果的调研问卷。问卷的主要研究对象为开展供应链金融业务的企业,采用填写者主观作答的方式。问卷包含治理主体协同化程度 A、治理信息协同化程度 B、治理机制运行效率 C、治理技术应用水平 D、信息技术应用能力 E、供应链关键要素 F、智慧供应链绩效 G 共 7 个变量，计 40 个问项，对问卷中涉及政府治理效果因素采用五级李克特量表的设计原则，按照填写人对于问项的同意程度进行打分，从非常同意到非常不同意分别赋值 5 分到 1 分，其中 B1 问项需要做反向数据处理。

在问卷编制的过程中，为保证问卷的合理性、全面性以及通俗性，多次咨询导师，并进行问卷的多次修订，确保问卷更加准确完善。问卷发放对象主要以供应链金融企业为主，同样包含未开展供应链金融业务的相关企业，通过线上问卷的方式进行发放，共计回收 79 份问卷，有效样本的分布情况将会在下面进行描述性的统计分析，以说明样本筛选的随机性与有效性。

一是样本的性别分布，从表 10-4 可以看出调研对象的性别分布比较均匀，男女各占 50% 左右，可以说明问卷的样本选取具有随机性与全局性。

表 10-4　　　　　　　　　　　样本性别分布

特征	具体分类	频数	百分比（%）
性别	男	43	54.4
	女	36	45.6

二是样本的年龄分布，从表 10-5 可以看出调研对象的年龄分布主要集中在 31—40 岁这个年龄段，占样本的 49.4%。这个年龄段的企业成员相对来说具有较多的工作经验，对公司比较了解，同样保持新鲜的思想与创新的活力，所以，对于智慧供应链有着更好的理解，这也说明了本次调研的有效性以及样本的代表性。

表 10-5　　　　　　　　　　　样本年龄分布

特征	具体分类	频数	百分比（%）
年龄	30 岁及以下	17	21.5
	31—40 岁	39	49.4
	41—50 岁	14	17.7
	50 岁以上	9	11.4

三是样本的职位等级分布,从表10-6可以看出,本次调研对象主要以部门员工和部门中层领导为主,这与我们的接触群体范围也有关系,其对公司业务运营的把握更为准确。样本中同样存在30%以上的群体担任较高的职位,这部分群体可以比较宏观地把握公司整体运营方向,比较符合本章调研的期望和目的。

表10-6　　　　　　　　　样本职位等级分布

特征	具体分类	频数	百分比(%)
职位	部门员工	28	35.4
	部门中层领导	25	31.6
	部门主要领导	8	10.1
	企业(集团)总监	10	12.7
	企业负责人	8	10.1

四是样本的从业经验分布,从表10-7可以看出样本中从业2年以内的群体占比最大,其次为从业经验3—5年和10年以上的群体,样本分布总体来说比较均匀,具有全局性的特点。

表10-7　　　　　　　　　样本从业经验分布

特征	具体分类	频数	百分比(%)
从业经验	2年及以内	32	40.5
	3—5年	22	27.8
	6—10年	7	8.9
	10年以上	18	22.8

五是样本的企业规模,从表10-8可以看出样本中企业人数500人以下的中小企业偏多,10000人以上的大企业同样占有一定的比重,可以看出本次样本的选取具有代表性,而非以偏概全。

表10-8　　　　　　　　　　样本企业规模分布

特征	具体分类	频数	百分比（%）
企业规模	100人及以内	28	35.4
	101—500人	20	25.3
	501—1000人	8	10.1
	1001—5000人	7	8.9
	5001—10000人	4	5.1
	10000人以上	12	15.2

二　信度与效度分析

（1）信度分析

信度即可靠性，常常用来衡量测量结果内容的一致性程度，通常包括等值性、稳定性与内部一致性，在实证研究中一般采用内部一致性指标。本章通过SPSS统计软件对在匹配后筛选出的79份样本中无缺失数据，均为有效问卷，如表10-9所示。

表10-9　　　　　　　　　　个案处理摘要

个案		个案数	百分数（%）
个案	有效	79	100.0
	排除	0	0
	总计	79	100.0

本章采用Cronbach's α Alpha系数进行信度分析，系数取值越高表明获取数据的内部一致性越强。一般认为，系数在0.7以上时，量表具有可靠性；如果Cronbach's α Alpha系数低于0.7的话，则表示量表不具有可靠性。本研究总量表的总体信度分析结果如表10-10所示，量表中间项的总体系数为0.980，基于标准化项的系数为0.980，这一结果表明该量表的问项信度情况良好。而且由表中可以看出删除任何一项的克隆巴赫Alpha系数都要小于总量表的Alpha系数，所以每个测量题项都存在时问卷的信度是最高的。

表 10-10　　　　　　　　量表信度分析

测量题项	校正项的总的相关性	删除项后的克隆巴赫 Alpha 系数	Alpha 系数
A1	0.694	0.979	
A2	0.700	0.979	
B1	0.644	0.979	
B2	0.807	0.979	
C1	0.791	0.979	
C2	0.757	0.979	
C3	0.788	0.979	
D1	0.717	0.979	
D2	0.691	0.979	
DA1	0.816	0.979	
DA2	0.799	0.979	
IT1	0.772	0.979	
IT2	0.773	0.979	
IT3	0.731	0.979	
IT4	0.753	0.979	
MG1	0.662	0.979	0.980
MG2	0.787	0.979	
MG3	0.716	0.979	
RI1	0.670	0.979	
RI2	0.660	0.979	
RI3	0.708	0.979	
IS1	0.739	0.979	
IS2	0.784	0.979	
IS3	0.801	0.979	
G1	0.731	0.979	
G2	0.759	0.979	
G3	0.839	0.979	
G4	0.824	0.979	
G5	0.753	0.979	
G6	0.748	0.979	
G7	0.831	0.979	

续表

测量题项	校正项的总的相关性	删除项后的克隆巴赫 Alpha 系数	Alpha 系数
G8	0.782	0.979	0.980
G9	0.795	0.979	
G10	0.778	0.979	
G11	0.787	0.979	

（2）效度分析

本章采用 SPSS24.0 软件进行问卷的验证性因子分析，即对各个维度的量表进行 KMO 和 Bartlett 检验，结果如表 10-11 所示。

表 10-11　　　　　　　　量表效度分析

变量	测量题项	KMO 取样适切性量数	成分	累计解释的总方差（%）
治理主体协同化程度 A	A1	0.500	0.887	78.653
	A2		0.887	
治理信息协同化程度 B	B1	0.500	0.919	84.512
	B2		0.919	
治理机制运行效率 C	C1	0.763	0.940	88.695
	C2		0.952	
	C3		0.934	
治理技术应用水平 D	D1	0.500	0.952	90.537
	D2		0.952	
信息技术应用能力 E	DA1	0.895	0.921	73.994
	DA2		0.926	
	IT1		0.912	
	IT2		0.921	
	IT3		0.626	
	IT4		0.814	

续表

变量	测量题项	KMO 取样适切性量数	成分	累计解释的总方差（%）
供应链关键要素 F	MG1	0.848	0.787	61.217
	MG2		0.869	
	MG3		0.756	
	RI1		0.742	
	RI2		0.775	
	RI3		0.771	
	IS1		0.759	
	IS2		0.819	
	IS3		0.756	
智慧供应链绩效 G	G1	0.926	0.814	74.714
	G2		0.855	
	G3		0.933	
	G4		0.919	
	G5		0.866	
	G6		0.856	
	G7		0.865	
	G8		0.852	
	G9		0.835	
	G10		0.837	
	G11		0.869	

对各个变量维度进行 KMO 和 Bartlett 检验，结果各项的 KMO 值均大于 0.5，除了只有两项题项的治理主体协同化程度 A、治理信息协同化程度 B 与治理技术应用水平 D 的 KMO 值为 0.5 外，其余变量维度的 KMO 值均大于 0.7，表明问卷 Bartlett 检验结果显著（sig. = 0.000），可对其做因子分析。通过主成分分析法对各个维度的测量题项进行公因子的抽取，选取特征值 >1 的因子，利用方差最大旋转法，旋转后的因子载荷矩阵如表 10 - 11 所示。结果表示各个维度的累计解释的方差均超过 50%，分别为 78.653%、84.512%、88.695%、90.537%、73.994%、61.217%、

74.714%，可以说明该问卷的效度良好。

之后利用 SPSS 进行模型的因子分析，根据旋转之后的成分矩阵对模型进行调整，旋转后的成分矩阵如表 10 - 12 所示。

表 10 - 12　　　　　　　　旋转后的成分矩阵

	1	2	3	4
G5	0.845	0.215	0.248	
G3	0.810	0.254	0.318	0.186
G6	0.809	0.336		
G4	0.790	0.233	0.315	0.226
G8	0.752	0.339		0.395
G7	0.747	0.399	0.208	0.153
G2	0.727	0.112	0.391	0.298
G1	0.710	0.122	0.473	0.109
G10	0.708	0.415	0.183	
MG3	0.698	0.121	0.418	0.165
G11	0.698	0.321	0.281	0.180
IT3	0.691	0.154	0.275	0.359
B2	0.618	0.358	0.246	0.397
IS3	0.618	0.522		0.305
G9	0.610	0.374	0.438	
IT4	0.602	0.590	0.131	
B1	0.423	0.379	0.138	0.393
D1	0.183	0.835	0.162	0.219
DA2	0.345	0.831	0.205	
D2	0.158	0.818	0.156	0.229
DA1	0.303	0.810	0.262	0.187
C3	0.235	0.799	0.323	0.188
IT1	0.375	0.785	0.185	
C2	0.185	0.780	0.216	0.383
IT2	0.336	0.773	0.287	
C1	0.309	0.711	0.140	0.461
RI1	0.174	0.506	0.671	

续表

	1	2	3	4
RI2	0.483	0.165	0.669	
MG1	0.337	0.226	0.667	0.238
MG2	0.506	0.273	0.651	0.197
A1	0.269	0.485	0.567	0.108
RI3	0.179	0.516	0.561	0.296
A2	0.224	0.456	0.351	0.585
IS2	0.528	0.347	0.225	0.571
IS1	0.425	0.461	0.173	0.495

根据以上因子分析得出治理机制运行效率 C 下的各项指标 C1、C2、C3 与治理技术应用水平 D 下的各项指标 D1、D2 属于同一成分，可将 C 与 D 两个变量合并。另外 MG3、IS3、IT3 与同变量指标的相关程度较低，可在结构模型分析时将其删除。

三 结构方程模型建立与拟合分析

模型设立的标量主要包括治理主体协同化程度、治理信息协同化程度、治理机制运行效率、治理技术应用水平、信息技术应用能力、供应链关键要素以及智慧供应链绩效。结合以上分析，我们认为治理主体协同化程度、治理信息协同化程度、治理机制运行效率、治理技术应用水平会对信息技术应用能力、供应链关键要素两者产生影响，而信息技术应用能力、供应链关键要素对智慧供应链绩效会产生正向的影响，因此我们使用 AMOS 初步建立的模型如图 10-4 所示。

我们的数据对于缺失值进行剔除，序列号相同的数据，只要存在一项缺失或者数据无效的情况，则删除该序号的数据，最终得到 71 条数据，基于这部分数据做分析。从前面的分析来看我们的数据信度、效度均效果良好，所以我们基于良好的信度、效度基础进行模型拟合。

（1）输出选择

我们选择最常见的最大似然法进行模型估计运算。非标准化系数中有些单位依存于部分变量，所以非标准的系数不能直接用于比较路径系数，

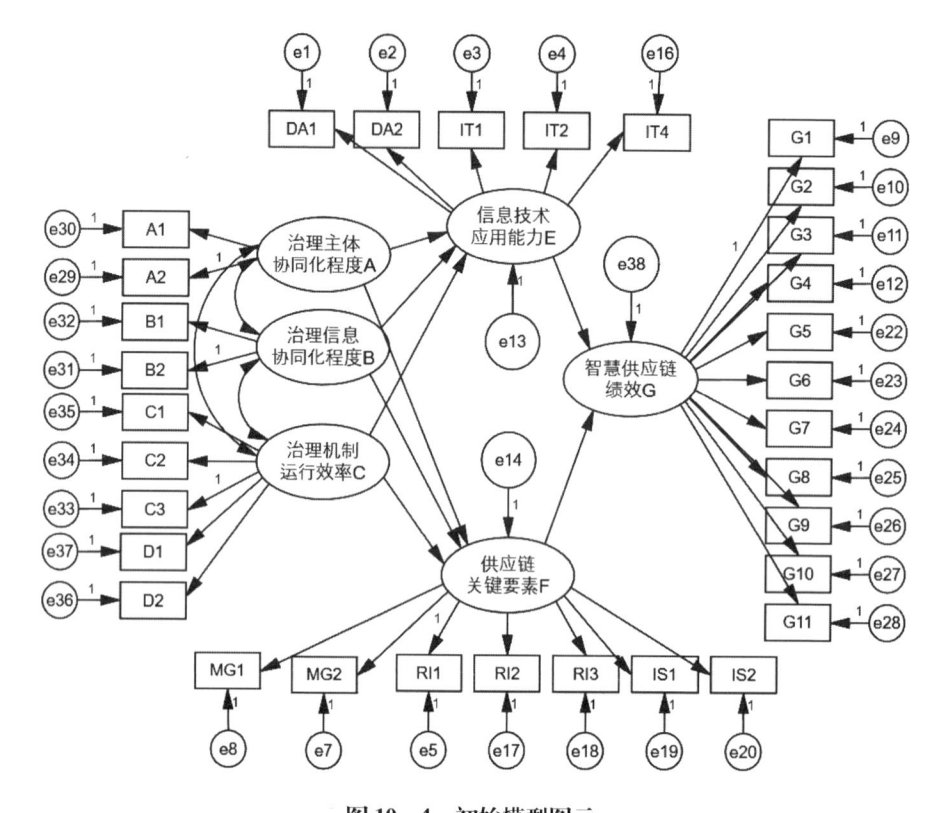

图 10-4 初始模型图示

所以首先要进行标准化处理，利用最大似然法处理之后的标准化系数是可以直接进行比较的，所以我们选择输出模型的标准化系数。

（2）模型评价

为检验各输出参数是否具有意义，需要对路径系数进行显著性检验分析，这里是通过 CR 值（参数估计值与标准差之比得出）进行统计分析。AMOS 在得出 CR 值的同时，也给出了其相伴检验概率 P（如表 10-13 中第五列），我们可以根据 P 值进行统计分析的显著性检验。

假设模型各路径之间的路径系数在 95% 的置信度下，即 P 值小于 0.05 时与 0 无显著差异，即各个路径没有关系。

本章用 AMOS 进行模型的拟合验证，在导入数据之后运行，得出相应的标准化路径数图如图 10-5 所示，以及拟合指标如表 10-13、表 10-14 所示。

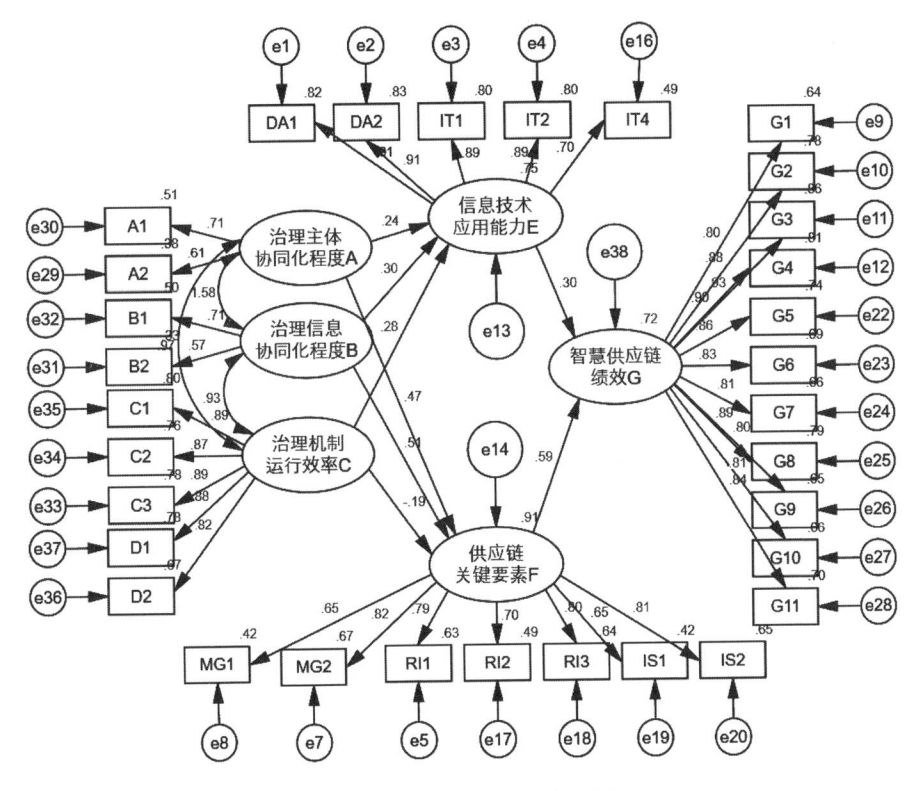

第十章　基于政府治理的智慧供应链绩效影响因素研究 / 155

图10-5　模型初次拟合结果

表10-13　　　　　　　　　　　系数估计结果

	Estimate（非标准化）	S.E.	C.R.	P	Estimate（标准化）
信息技术应用能力 E←治理主体协同化程度 A	0.310	0.119	2.593	0.010	0.238
信息技术应用能力 E←治理信息协同化程度 B	0.437	0.136	3.219	0.001	0.303
信息技术应用能力 E←治理机制运行效率 C	0.291	0.179	1.621	0.105	0.284
供应链关键要素 F←治理主体协同化程度 A	0.575	0.180	3.189	0.001	0.466
供应链关键要素 F←治理信息协同化程度 B	0.690	0.199	3.466	***	0.507
供应链关键要素 F←治理机制运行效率 C	-0.181	0.232	-0.779	0.436	-0.187
智慧供应链绩效 G←信息技术应用能力 E	0.290	0.137	2.114	0.035	0.300

续表

	Estimate（非标准化）	S. E.	C. R.	P	Estimate（标准化）
智慧供应链绩效 G←供应链关键要素 F	0.602	0.166	3.628	***	0.589
DA1←信息技术应用能力 E	1.000				0.905
DA2←信息技术应用能力 E	1.002	0.081	12.411	***	0.913
IT1←信息技术应用能力 E	1.023	0.088	11.656	***	0.893
IT2←信息技术应用能力 E	1.040	0.089	11.73	***	0.894
RI1←供应链关键要素 F	1.000				0.793
MG2←供应链关键要素 F	1.093	0.143	7.666	***	0.820
MG1←供应链关键要素 F	0.829	0.147	5.644	***	0.649
G1←智慧供应链绩效 G	1.000				0.803
G2←智慧供应链绩效 G	1.136	0.126	8.994	***	0.884
G3←智慧供应链绩效 G	1.246	0.128	9.738	***	0.928
G4←智慧供应链绩效 G	1.163	0.125	9.301	***	0.900
IT4←信息技术应用能力 E	0.810	0.114	7.114	***	0.697
RI2←供应链关键要素 F	0.879	0.141	6.220	***	0.698
RI3←供应链关键要素 F	0.948	0.125	7.612	***	0.802
IS1←供应链关键要素 F	0.823	0.146	5.627	***	0.650
IS2←供应链关键要素 F	1.107	0.151	7.357	***	0.809
G5←智慧供应链绩效 G	1.059	0.122	8.661	***	0.858
G6←智慧供应链绩效 G	1.230	0.150	8.215	***	0.831
G7←智慧供应链绩效 G	1.054	0.132	8.011	***	0.814
G8←智慧供应链绩效 G	1.290	0.142	9.086	***	0.888
G9←智慧供应链绩效 G	1.002	0.128	7.845	***	0.803
G10←智慧供应链绩效 G	1.054	0.132	7.972	***	0.812
G11←智慧供应链绩效 G	1.082	0.130	8.341	***	0.839
A2←治理主体协同化程度 A	1.000				0.615
A1←治理主体协同化程度 A	1.144	0.197	5.818	***	0.711
B2←治理信息协同化程度 B	1.000				0.571
B1←治理信息协同化程度 B	1.274	0.240	5.308	***	0.707
C3←治理机制运行效率 C	1.000				0.885
C2←治理机制运行效率 C	0.999	0.096	10.373	***	0.871

续表

	Estimate（非标准化）	S.E.	C.R.	P	Estimate（标准化）
C1←治理机制运行效率C	1.010	0.094	10.768	***	0.894
D1←治理机制运行效率C	1.067	0.101	10.578	***	0.880
D2←治理机制运行效率C	0.872	0.095	9.171	***	0.820

表10-14　　方差估计

	Estimate	S.E.	C.R.	P	Label
治理主体协同化程度A	0.265	0.098	2.694	0.007	par_38
治理信息协同化程度B	0.217	0.088	2.454	0.014	par_39
治理机制运行效率C	0.430	0.092	4.673	***	par_40
e13	0.113	0.029	3.868	***	par_41
e14	0.036	0.032	1.107	0.268	par_42
e38	0.120	0.033	3.682	***	par_43
e1	0.099	0.022	4.569	***	par_44
e2	0.090	0.020	4.471	***	par_45
e3	0.119	0.025	4.732	***	par_46
e4	0.123	0.026	4.755	***	par_47
e5	0.238	0.047	5.066	***	par_48
e7	0.235	0.047	4.975	***	par_49
e8	0.380	0.068	5.569	***	par_50
e9	0.232	0.041	5.590	***	par_51
e10	0.153	0.029	5.261	***	par_52
e11	0.105	0.022	4.761	***	par_53
e12	0.133	0.026	5.142	***	par_54
e16	0.313	0.056	5.628	***	par_55
e17	0.328	0.060	5.468	***	par_56
e18	0.201	0.040	4.989	***	par_57
e19	0.374	0.067	5.541	***	par_58
e20	0.260	0.052	4.974	***	par_59
e22	0.169	0.031	5.422	***	par_60
e23	0.285	0.052	5.493	***	par_61

续表

	Estimate	S. E.	C. R.	P	Label
e24	0.239	0.043	5.537	***	par_62
e25	0.187	0.036	5.251	***	par_63
e26	0.233	0.042	5.574	***	par_64
e27	0.241	0.043	5.541	***	par_65
e28	0.208	0.038	5.472	***	par_66
e29	0.436	0.081	5.411	***	par_67
e30	0.338	0.070	4.811	***	par_68
e31	0.449	0.082	5.501	***	par_69
e32	0.352	0.076	4.647	***	par_70
e33	0.119	0.026	4.569	***	par_71
e34	0.137	0.029	4.764	***	par_72
e35	0.110	0.025	4.418	***	par_73
e36	0.159	0.030	5.224	***	par_74
e37	0.142	0.031	4.624	***	par_75

（3）模型拟合评价

模型拟合指数用于评价理论结构模型对所收集数据的拟合程度如何。我们选择如表 10 – 15 所示的各项标准作为评价标准。但拟合指数只能评价理论模型与数据的适配程度，并不是判断模型是否成立的唯一依据。我们将根据研究模型的背景知识进行模型合理化评价与修正。

表 10 – 15　　　　　　　　　　拟合指数

指数名称		评价标准
绝对拟合指数	χ^2（卡方）	越小越好
	χ^2/df	小于 3
	GFI	大于 0.9
	RMR	小于 0.05，越小越好
	SRMR	小于 0.05，越小越好
	RMSEA	小于 0.05 模型拟合良好 0.05—0.08 模型拟合合理

续表

指数名称		评价标准
相对拟合指数	NFI	大于0.9，越接近1越好
信息指数	TLI	大于0.9，越接近1越好
	CFI	大于0.9，越接近1越好
	AIC	越小越好
	CAIC	越小越好

根据表10-16我们得到初始模型拟合指数，可以看出初始模型的卡方值较大，且NC、RMSEA、NFI、TLI、CFI与评价标准相差较小，可通过模型修正进一步改善。

表10-16　　　　　　　　　初始模型拟合指数

指标	χ^2	自由度 df	GFI	RMR	SRMR	RMSEA	NFI	TLI	CFI	AIC	CAIC
初始模型	938.6	453	0.575	0.046	0.0698	0.129	0.785	0.779	0.798	1133.640	1378.341
模型适配程度	—		不满足	满足	不满足	不满足	不满足	不满足	不满足	—	—

由表10-16可以得知，初始模型 GFI = 0.575 < 0.9，NFI = 0.785 < 0.9，TLI = 0.779 < 0.9，CFI = 0.798 < 0.9，低于适配指标要求；RMSEA = 0.129 > 0.08，高于适配指标要求。所以可以判定初始模型的拟合适配效果不理想，需要对初始模型进行修正。

（4）模型初次修正

由表10-13的系数估计结果可以得知，供应链关键要素F与治理机制运行效率C之间的C.R.统计量绝对值小于1，且显著性水平明显大于0.05，说明该路径的回归系数没有达到显著性水平，因此考虑将此条路径删除。删除此路径之后的各项拟合指数如表10-17所示，系数估计结果如表10-18所示。

表 10-17　　　　　　　　　初次修正模型拟合指数

指标	χ^2	自由度 df	χ^2/df	GFI	RMR	SRMR	RMSEA	NFI	TLI	CFI	AIC	CAIC
初始模型	984.4	454	2.17	0.607	0.046	0.0596	0.096	0.885	0.880	0.898	1132.379	1373.817
模型适配程度	—			满足	不满足	满足	不满足	不满足	不满足	不满足	—	—

表 10-18　　　　　　　　　初次修正的系数估计结果

	Estimate（非标准化）	S.E.	C.R.	P	Estimae（标准化）
信息技术应用能力 E←治理主体协同化程度 A	0.277	0.106	2.617	0.009	0.215
信息技术应用能力 E←治理信息协同化程度 B	0.407	0.123	3.320	***	0.289
信息技术应用能力 E←治理机制运行效率 C	0.349	0.155	2.249	0.025	0.341
供应链关键要素 F←治理主体协同化程度 A	0.474	0.108	4.404	***	0.389
供应链关键要素 F←治理信息协同化程度 B	0.587	0.126	4.657	***	0.441
智慧供应链绩效 G←信息技术应用能力 E	0.282	0.135	2.083	0.037	0.291
智慧供应链绩效 G←供应链关键要素 F	0.614	0.165	3.718	***	0.600

由表 10-17 可以看出，模型的 TLI 指数、AIC 指数、CAIC 指数均有所改善，另外表 10-18 的结果显示潜变量之间的 P 值均小于 0.05，说明可以认为其余潜变量间的这些路径在 95% 的置信度下与 0 存在显著性差异，说明供应链关键要素 F 与治理机制运行效率 C 之间路径的删减是有效果的。

（5）模型的二次修正

模型的二次修正利用修正指数（MI）来修正优化渠道。修正指数（MI）用于模型扩展，通过减去不理想路径或增加新路径，来提高模型拟合程度，使模型结构更加合理。

具体步骤如下：

①寻找 MI 的最大值。通过模型每项修正指数的对比，可以发现 e5 和 e18 的 MI 值最大，为 13.804（两个残差项如果不属于同一个潜变量因子，则不能考虑增加两者之间的路径，以下的分析也遵从这一规律），表明如果增加 e5 与 e18 之间的残差相关的路径，卡方值会大大降低。从实际考虑，若政府的相关治理有助于贵企业更好地对供应链各个环节的数据进行整合与利用，那便可以提高企业的资源统一调配与协调能力，因而考虑增加 e5 与 e18 的相关性路径。

②重新估计模型，再次寻找 MI 值的最大值。模型在增加 e5 与 e18 之间的残差相关的路径之后，重新计算。得出此时 e26 和 e28 的 MI 值最大，为 11.750，表明如果增加 e26 与 e28 之间的残差相关的路径，模型的卡方值会大大降低。从实际考虑，若公司对于市场需求变化的适应能力提升，那便可以及时地响应市场需求，因而考虑增加 e26 与 e28 的相关性路径。

③重新估计模型，再次寻找 MI 值的最大值。模型在增加 e26 与 e28 之间的残差相关的路径之后，重新计算。得出此时 e7 和 e8 的 MI 值最大，为 10.519，表明如果增加 e7 与 e8 之间的残差相关的路径，模型的卡方值会大大降低。从实际考虑，若在政府的政策影响下公司已经把智慧供应链战略上升到企业战略，则对智慧供应链战略的实施也会开展相应的人财物支持，因而考虑增加 e7 与 e8 的相关性路径。

④重复进行以上步骤，依次增加了 e5 和 e7、e11 与 e28、e10 与 e28、e11 与 e27、e34 与 e37、e11 与 e24、e17 与 e18、e26 与 e27、e19 与 e20、e10 与 e12、e1 与 e16 之间的残差相关路径，使得各项拟合指标达到标准，从而提高模型的拟合程度。修正之后的模型如图 10-6 所示。

经过多次修正后，模型如图 10-6 所示，拟合结果如表 10-19 所示，从表中数据我们可以看出修正后的模型虽然 GFI 未大于 0.9，但 RMSEA 为 0.063，符合适配合理，同时 NFI、TLI、CFI 均大于 0.9，卡方值、AIC、CAIC 明显降低，CMIN/DF = 1.94 适配效果理想，大部分指标数值都符合适配合理的范围。

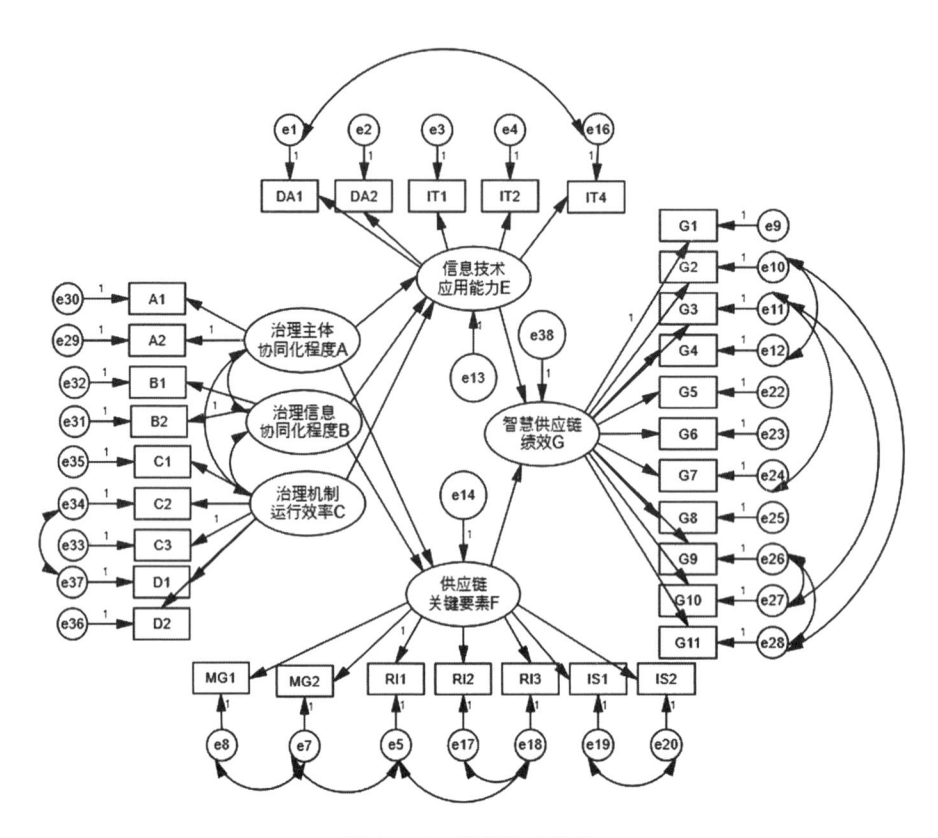

图 10-6 模型修正结果

表 10-19　　　　修正模型拟合指数

指标	χ^2	自由度 df	χ^2/df	GFI	RMR	SRMR	RMSEA	NFI	TLI	CFI	AIC	CAIC
初始模型	854.1	441	1.94	0.758	0.045	0.0504	0.063	0.901	0.937	0.944	1028.079	1311.932
模型适配程度	—			满足	不满足	满足	不满足	满足	满足	满足	—	—

(6) 模型的三次修正

利用 MI 指数修正后,一般是通过删减路径的方式来修正优化渠道。通过删减路径,提高统计显著性,使模型结构更加合理。具体方式为:对于 CR 值的绝对值小于 1.96 且 P 值大于 0.05 的变量间关系来说,不具有显著性关系,需要逐一删除,从而留下具有显著性的路径。

通过初次修正,我们发现不存在需要删除的路径,具体的路径分析和检验值如表10-19所示,可以看出,所有路径的 CR 值的绝对值均大于2且 P 值均小于0.02,说明这些路径都具有统计显著性。图10-7为修正后的结构方程模型图,展示了四个潜变量之间的路径关系及相应的系数。

表 10-20　　　　　　　　修正后模型的路径分析和检验值

	Estimate（非标准化）	S. E.	C. R.	P	Estimate（标准化）
信息技术应用能力 E←治理主体协同化程度 A	0.297	0.112	2.662	0.008	0.231
信息技术应用能力 E←治理信息协同化程度 B	0.441	0.128	3.455	***	0.315
供应链关键要素 F←治理主体协同化程度 A	0.421	0.104	4.040	***	0.378
供应链关键要素 F←治理信息协同化程度 B	0.556	0.123	4.520	***	0.459
信息技术应用能力 E←治理机制运行效率 C	0.296	0.131	3.223	0.001	0.280
智慧供应链绩效 G←供应链关键要素 F	0.726	0.189	3.833	***	0.666
智慧供应链绩效 G←信息技术应用能力 E	0.215	0.055	4.306	***	0.228

注:"***"表示0.01水平上显著。

四　假设检验结果讨论分析

如图10-7所示,可以看出治理主体协同化程度、治理信息协同化程度与治理机制运行效率三项会对供应链企业的信息技术应用能力产生正向的影响,以及治理主体协同化程度以及治理信息协同化程度会对供应链关键要素产生正向的影响,同时信息技术应用能力以及供应链关键要素作为中介变量对智慧供应链的绩效也会产生正向的影响。也可以看出企业信息技术的应用能力对其智慧供应链的绩效的影响远大于供应链关键要素的影响。之后根据构建的结构方程对标准化路径系数进行汇总,更直观地分析各个观测变量通过影响外生潜变量对内生潜变量的影响关系,如表10-20所示。

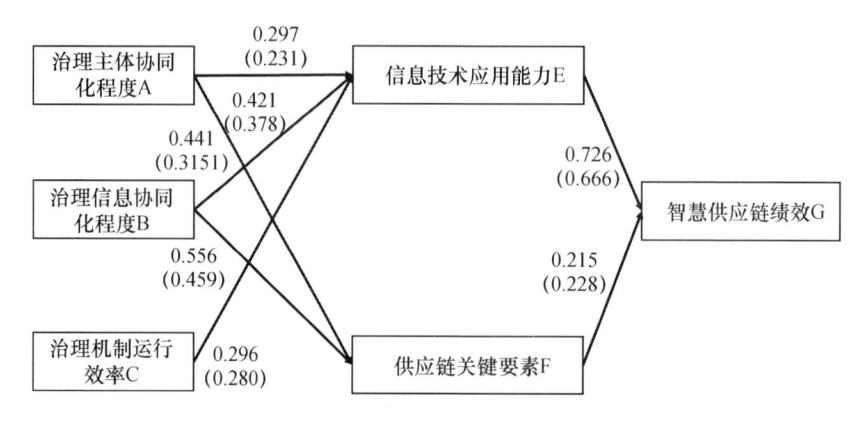

图 10-7 结构方程模型（括号内为标准化系数）

表 10-21　标准化路径系数汇总

	中介变量	路径系数（权重）	一级指标	路径系数（权重）	二级指标	路径系数（权重）	综合权重
智慧供应链绩效（G）	信息技术应用能力治理效果（E）	0.666（0.745）	治理主体协同化程度 A	0.297（0.287）	A1	0.720（0.533）	0.114
					A2	0.631（0.467）	0.100
			治理信息协同化程度 B	0.441（0.427）	B1	0.723（0.549）	0.175
					B2	0.594（0.451）	0.143
			治理机制运行效率 C	0.296（0.286）	C1	0.901（0.205）	0.044
					C2	0.902（0.205）	0.044
					C3	0.868（0.198）	0.042
					D1	0.913（0.208）	0.044
					D2	0.810（0.184）	0.039

续表

中介变量	路径系数（权重）	一级指标	路径系数（权重）	二级指标	路径系数（权重）	综合权重
智慧供应链绩效（G）	供应链关键要素治理效果（F） 0.228 (0.255)	治理主体协同化程度 A	0.521 (0.484)	A1	0.720 (0.533)	0.066
				A2	0.631 (0.467)	0.058
		治理信息协同化程度 B	0.556 (0.516)	B1	0.723 (0.549)	0.072
				B2	0.594 (0.451)	0.059

通过表 10-21 可以看出，在政府对智慧供应链治理影响因素体系中，政府治理供应链企业信息技术应用能力效果对供应链绩效的影响程度最大，这在实际中也是可以理解的，企业的信息技术应用能力主要包括数据分析的能力，以及采用智能技术的先进程度以及应用的水平，这些在供应链智慧化过程中是十分重要的。信息技术应用能力较好的治理效果可以有效地推动整个供应链上的信息共享，从而使得供应链信息整合更高效，减少供应链上的节点企业信息沟通不畅、"信息孤岛"的现象。另外，随着供应链环节的逐渐增加，信息技术才可以实现各环节的整合，从而连通供应链环节，全链条的资源充分流通，则可以使得整体绩效得到改善。在当今智慧经济时代，技术才是推动智慧供应链持续发展的主要动力，不只能实现单个节点企业的绩效提升，更能促进全链条的优化。

关于影响企业信息技术应用能力治理效果的外生潜变量，主要包括政府治理主体的协同程度、治理信息的协同程度以及治理机制的运行效率，政府治理的各项因素均对企业信息技术的应用能力的治理效果产生正向的影响，其中政府治理信息协同所产生的影响相对来说是最大的，相比于其他影响因素来说所占的权重达到了 0.427。政府与企业之间信息平台的建设以及信息的交流共享，可以使得政府更精准地了解到供应链企业的发展模式，这种常态化的交流机制可以使得政府发挥治理主体的功能，准确瞄准区块链、大数据等新兴方向，为供应链的技术创新、模式创新提供支持。当然，政府治理的主体协同以及治理机制的运行效率对供应链企业信息技术应用能力的提升也起到了一定的促进作用。政府做到有效的跨部门合作，并可以积极调动第三部门协同监管供应链，这无疑可以推进供应链企业创新的进度。关于政府监管机制方面，传统的职能机制条块分割的现象很容易出现"九龙治水"的现象，从而使得整个过程滞后，甚至相关问题得不到解决。因此政府治理过程中的相关机制创新、流程优化扁平化、技术创新提高效率都能提高供应链的治理效率，从而促进供应链要素优化配置。

通过表 10-21 也可以看出，供应链关键要素也可以对智慧供应链的绩效产生正向的影响。从实践中来说，企业将智慧供应链的战略上升为企业战略并对此战略实施各种资源支持对智慧供应链的创新与发展来说都是有益的，另外，供应链上下游打通达到的多种资源信息相互共享的效果本身就为智慧供应链的可视化、智能化、可感知、信息化等提供了基础。但是从表 10-21 中可以看出，供应链关键要素对智慧供应链绩效的影响权重是较小的，这里考虑因为问卷设计是基于政府影响背景下的，如果当前政府在此方面治理效果不理想的话会对数据产生一定的影响，这也恰好反映了政府在供应链关键要素方面的治理还需要加强。

关于影响供应链关键要素的外生潜变量，经过模型的修正得出，政府治理主体的协同化程度以及治理信息协同化程度可以影响供应链关键要素的治理效果。如上所述，政府各部门之间的跨部门合作、跨职能合作，政府与企业交互方式与协同效率的提升会对供应链关键要素的治理产生很好的效果。另外，"智慧化政府""信息化政府"的变革将推动供应链各要素高效治理的浪潮。

第四节 主要结论

本书通过问卷调查的方法，了解当前各政府相关部门治理智慧供应链的效果，通过数据分析和理论推导，利用 SPSS24.0 和 AMOS25.0 软件构建整体结构方程模型，得出了以下重要结论：

（1）在政府对智慧供应链治理影响因素体系中，政府治理供应链企业信息技术应用能力效果对供应链绩效的影响程度很大。而政府治理主体的协同程度、治理信息的协同程度以及治理机制的运行效率三项因素均对信息技术的应用能力的治理效果产生正向的影响，其中政府治理信息协同所产生的影响相对来说是比较大的。政企之间的信息协同与高效交互可以使得政府瞄准供应链运行过程中的问题，从而使问题得到及时解决，同时为供应链创新所需的技术创新、模式创新提供支持。

（2）供应链关键要素的治理效果也可以对智慧供应链的绩效产生正向的影响。但分析发现影响权重是较小的，考虑因为问卷设计是基于政府的治理影响，而这一定理也恰好反映了政府在供应链关键要素方面的治理还需要加强。另外，政府治理主体的协同化程度以及治理信息协同化程度两项因素会对供应链关键要素的治理效果产生正向的影响。

（3）对于政府来说，在供应链绩效的相关影响因素中，政府治理信息协同化程度在影响因素中重要性最大，所以政府需首先将重心放在智慧政务信息平台的建设上，发展新型的政企交互方式，利用物联网、区块链、大数据、互联网等信息技术实现政企信息资源的协同，以尽快实现政府各部门、各层级的去中心化治理。

第十一章

推进政府治理创新与治理模式构建的相关建议

第一节 智慧供应链创新与应用存在的主要问题

当前，我国数字化信息技术快速发展，智慧经济快速崛起，伴随着国家各项政策的大力支持以及新一代智能技术的不断创新应用，智慧供应链发展渐成潮流。2017年10月5日，国务院出台的《国务院办公厅关于积极推进供应链创新与应用的指导意见》明确提出，"打造大数据支撑、网络化共享、智能化协作的智慧供应链体系"，推动了我国智慧供应链创新与应用的工作开展，各省市也相继发布了供应链体系建设试点工作方案，积极推进智慧供应链的创新发展。

近年来，智慧供应链虽然在我国取得长足的发展，华为、京东、中国石化、国家电网等企业纷纷推进智慧供应链创新与应用，但从行业整体来看，步伐较为缓慢，其发展主要存在以下几个问题。

一 智慧供应链发展的协同程度不高

受制于传统供应链运营的复杂性以及企业信息化水平低、新一代智能技术应用薄弱等因素制约，许多供应链企业的智慧供应链运营实践也仅局限在部分场景范围，尚未开展全链条、全场景、全目标的智慧供应链实践，与上下游供应商协同开展运营也仍然处在起步阶段。

二 供应链企业智慧化水平有待提升

为了实现供应链智慧化的发展,部分企业开始借助大数据、互联网等现代化信息技术来助力供应链的变革,但受制于多方因素局限,我国供应链的智慧技术应用水平尚待提升。相比于发达国家,我国智慧供应链的创新产品覆盖程度较低。根据 2020 年产业发展研究网的数据,中国万名产业工人拥有的工业机器人数量仅有 30 台,而全世界均值为 60 台,说明智慧技术以及创新产品在供应链各个环节中的应用尚待提升。

三 系统建设成本高,信息管理程度低

当前供应链存在着各节点企业资源与业务的协调不足、数据管理单一、信息接口不一致引发沟通困难等诸多难题,因此需要对传统的供应链设施和体系进行改造,对信息基础设施进行平台化改造和全面运维,而系统智能化改造需要付出较高的成本。以区块链技术的应用为例,区块链如今依然是一个比较"奢侈和浪费"的技术,动辄百万起步(BSN,2021),需要投入大量资金,由此产生了较大的发展阻力。

四 智慧供应链发展人才配套支持不足

智慧供应链的快速发展离不开供应链领域人才的支持。虽然国家已经出台了《供应链管理师》职业标准,但这一领域的人才缺口仍然高达 400 万,且现有的供应链管理人才技能要求与智慧供应链管理需求还有较大距离。

第二节 智慧政府与治理转型相关研究

伴随着新技术的出现、智慧供应链的广泛应用,智慧政府应运而生。目前,欧美等发达国家引领智慧政府建设的趋势,我国建设智慧政府也是大势所趋,传统的层级化、碎片化的治理已经落后于大数据时代。目前一些学者围绕智慧政府和治理转型开展了相关研究。

(1)关于智慧政府的内涵,于施洋等(2013)认为智慧政府就应该利用现代信息技术重组管理资源,并精简政府内部的各种工作机制以实现

有效合理的治理。费军等（2015）认为智慧政府是一种基于大数据、云计算、区块链等信息技术的新型治理模式，受到现代政府机制的保障，实现高效透明、协同负责的治理效果。

（2）关于政府治理模式的智慧化转型方面，国内外许多学者也做了相应的研究。胡永保等（2015）认为政府作为国家治理升级的主要力量，其"政府本位"的思想会导致治理失灵的问题，"政府主导"的观念应该被管制，政府职能转变应被推进，形成多主体共同治理的系统模式。郭仲勇等（2020）基于区块链技术提出了一种新的政务信息资源共享平台，表明政府应充分利用现代技术加强各环节的整合，并不断创新，实现全面高效的治理升级。宋林丛等（2016）认为智慧政府的治理模式明显不同于传统政府，传统政府治理依靠国家强制力的支持，而目前的智慧政府治理更注重大数据治理与整体治理的思想，模式趋向于便利协同等特点。齐丽斯（2015）认为治理理念的转变包括：从规制思维方式向服务思维方式的转变，从政府主导方式向多元主体方式的转变，从零碎思维向综合思维的转变。王露霏（2020）提出大数据思维下地方政府治理转型强调由一元论到多元主义、由单一到协同、由集中到分散的转变，并认为地方政府治理现代化的主要特征是从全能型向高效服务型治理理念的转变，从单一纵向向多层次治理结构的转变，治理机制从封闭型政府治理向透明法治治理的转变，治理工具也从强制力转向智能数据。胡建华等（2018）认为，当前我国政府治理中仍然存在"管理型政府"的弊端，要实现现代化治理，必须准确把握"法治政府""服务共治"和"权力有限"的定位。

Sarker等（2018）审查了管理者和决策者缺乏数据、不确定性和效率低下的问题，并建议每个政府机构采用信息技术，以实现治理的高效透明。Teng-Calleja等（2016）对菲律宾9个成功的地方政府进行了研究，指出政府模式的成功转变是由三个相关因素造成的：愿景、政府管理和公民参与。郭建锦等（2015）认为现阶段的政府治理只是低级的大规模数据管理，治理改革应该基于多个主题，从多方面获取数据的价值来加快政府智慧治理改革。另外，张理霖（2015）提出当今政府分散治理的困境，认为实施部门整合、利用私人部门的长处，实现综合治理。

（3）运行机制的变革在促进政府转型中起着重要的作用。韩冠军

(2012)认为与现有的多部门监管体制相比,运行机制的改革对促进政府转型具有重要作用,政府相关部门的监管机制对食品类供应链的密切合作有着十分重要的作用。张海柱等(2015)提出为了实现智慧政府,我们需要改革传统政府行为机制,通过扁平化组织机构整合,完善政府的信息共享。沈费伟(2019)认为智慧型政府更应注重多主体的作用体制,完善智慧治理的组织机制、管理机制、评价机制与监督机制等。

第三节 大数据时代政府治理转型的现状与挑战

一 关于智慧供应链的政府治理基本现状

政府的有效治理是我国智慧供应链健康高效发展的重要保障。智慧供应链创新所形成的产业平台化、经济数字化、业务信息化、链条协同化等模式需要与政府的跨部门合作、跨职能合作、多层级协同治理构成双向互动,而这也对政府治理的模式与流程提出了新的要求,必须建立新型的治理体系以及治理模式,通过政府引导,行业协会协助,企业作为主体,共建智慧供应链科学合理的治理环境。

当前我国政府的治理能力需要朝向精准化、专业化与信息化的方向发展,面对供应链创新的多样化需求,政府也应当在创新治理思维、创新治理模式、创新治理手段等方面做出变革。传统的政府运行普遍存在思想落后的问题,部门之间的职责重叠或交叉,在运行的过程中就很容易出现权责不匹配、相互推诿的现象,这种供应链治理过程中出现的"九龙治水"现象将使得智慧供应链的运行不畅、效率降低,落后的治理模式对于智慧供应链最大价值的发挥也会产生一定的负面影响。但是科技的进步必然会催生出更加合理的新型智慧治理模式,大数据时代的到来倒逼政府相关治理部门对相关部门的整合、新型信息技术的应用以及各部门权责的相互协调等方面更加重视,要求也会更加严格,使得不同层级、不同部门形成一个信息共享、资源整合的治理网络。供应链的创新对政府治理提出了新的挑战,所以政府相关部门必须建立新型的治理模式来满足发展的需求。

二 政府治理转型面临的问题与挑战

我国正处于工业社会向信息化社会转变的过程中,同时政府相关治理以及服务创新也正处于不断上升的趋势,经历着由传统治理到智慧治理的不断变化,"智慧型政府""平台化政府""生态化政府"等名词应运而生,但是政府转型期间面临着很多动态复杂的问题需要解决。

(1) 智慧政府制度体系建设不够完善

建设智慧政府首先需要厘清政府治理与社会治理之间的界限,但现在仍存在政府干预过多,与社会界限不清的问题,这使得行业协会等第三部门以及供应链企业力量丧失活力与积极性。另外,关于治理转型还未形成具体的统一标准,相关的法规也比较滞后。2017年国务院办公厅发布了《关于积极推进供应链创新与应用的指导意见》(以下简称《意见》),《意见》指导了有关部门的工作,但没有制定相关的评价标准。各级政府对智能供应链的治理没有明确的规则,这将阻碍未来工作的进展。

(2) 政府数据信息发布与共享滞后

近年来在大数据、云计算等技术的冲击下,政府数据公开与共享成为全球治理改革的新趋势,开放式的数据共享运动正在引领世界各国政府的第二次重建,政府数据的内容与发展模式也有了明显的改善,使得政府与企业之间原有的各种差距逐步消除。但是根据相关统计数据显示,我国政府的数据开放程度远不如发达国家,美国早在2009年就实行了政府数据开放计划,而我国2013年才开始提出推进公共信息资源的开放。同时,我国政府数据共享也存在着许多不足:一是公共数据共享的顶层设计不完善;二是相关的法律法规较为落后;三是参与政府公共数据共享的部门之间存在沟通壁垒;四是政府数据公开交换过程中的供求不匹配。

(3) 政府治理转型的技术要素支撑不足

智慧政府治理必须以现代科技为基础,构建现代政府模式,充分结合大数据等技术进行治理,科学细致地分析和学习政府的主要制度,进一步提高政府的科学化水平和现代政府能力。但目前我国在智慧政府的技术运用方面做得还不够好,主要表现在区块链等关键技术的落地应用止步不前,信息基础设施需要修复。

(4) 政府治理平台建设方面仍有不足

总的来说，政府治理平台的建设开始较晚，而且落后于时代的发展步伐。具体来说，首先政府的智慧政府平台的建设进度较为缓慢，这对政府与企业信息的共享，政府各部门之间的信息共享产生阻碍；另外，当前已经建成的智慧政务平台还缺少高层的设计，而且各政府部门都形成了自己的体系，无法形成统一的体系。

(5) 政府治理理念相对落后、职能转变不到位

大数据时代政府扮演的角色不再局限于管理者，更是服务提供者，要求政府运用新技术开放政务。政府行政理念的滞后严重影响了政府模式的优化和完善，阻碍了经济的发展，目前一些传统的旧习惯仍然存在，由此引发了许多问题，所以传统行政理念亟待转变。

当前各级政府的"放管服"改革仍不到位，政府审批环节过多，监管程序过于复杂。审批事项统计和审批行为不够规范，导致了各地各部门很难以统一标准有效地清理放权问题。在物流与供应链行业中，"九龙治水"的现象仍然存在，存在政府缺位的发展阻力，一些应该由政府加强管理、承担职责的事项，政府发挥作用不充分或不到位。

(6) 政府治理转型中的矛盾有待解决

面向智慧供应链发展，政府要想实现较好的治理创新效果，需要着力破解四重矛盾：一是建设供需不平衡的矛盾，地方政府关注数字平台等大型数字项目建设，但对治理的赋能效果及平台的使用情况关注不够，特别是如何紧密结合地方产业链供应链发展特色的平台管控，尚有较大的提升空间。二是统一规划和探索创新的矛盾。已有的建设过程中，过分强调顶层规划和统一建设运营，数据向上归集向下的回流机制不健全，抑制了基层创新活力，难以更好地服务地方智慧供应链发展。三是创新治理与体制机制的矛盾，原有的组织规则、运行规则、信息传递规则与数字时代的信息扁平化流动及开放型组织建设不相适应，政府治理理念、治理文化、技术人才等不能满足现代化治理需要。四是数据安全与数据利用的矛盾，数据利用的范围和标准不够明确，政务数据的经济社会赋能作用未充分显现。

第四节　智慧供应链对政府治理创新的改革要求

政府治理的智慧化改革目前来说是我国的一项新的探索实践，面对智慧供应链的兴起，对政府的治理改革也提出了一些要求，主要表现在：信息化水平由小数据向大数据转变、信息资源由孤岛向高度融合转化、参与主体由一元向多元转化、运行方式由分散向协同转化、治理模式由事后治理向事前预测转变等。转变的具体要求主要体现在以下几个方面。

一　搞好智慧政府建设的顶层设计

智慧政府治理的建设，首先要做好顶层设计。第一，智慧供应链要求政府在治理的过程中需要寻求其他社会群体或者其他部门的相关意见，例如供应链平台的建设除需要征求主管和参与部门意见之外，还需要征求交通委、金融办、海关等单位的意见，进行有效的协同审查。第二，政府要形成更适合大数据时代的治理理念，传统的思维方式会使智慧供应链的治理滞后，在治理改革过程中，要整合协同治理理论等。第三，注重相关制度建设和相关治理法律法规建设，使智慧治理有章可循。第四，重视顶层的机制与体系建设，智慧供应链基于感知可控，这就要求政府建立信息共享平台，采用现代信息技术实现协同、各政府部门的扁平化以及去中心化。

二　创新政府治理方式，实现动态网络协同

传统的供应链治理反映出治理效率低、权责不清、标准不一致等问题，而智慧供应链对政府的治理协同性提出了更高的要求。一是要达到治理主体的协同，动员行业协会等第三部门协助、公众参与、企业支持的多元协同的治理模式。二是要实现线上与线下的协同治理，线上利用互联网技术建设供应链治理平台，建立政府与企业之间的信息互联，实时捕捉供应链上的问题并及时解决，与线下的多主体治理协调。三是丰富政府治理手段，充分调用行政、信息技术等多种方式感知供应链动态，实现高频高效监管。

三 推进政府数据开放共享，创新政企交互模式

2016年，李克强总理在中国大数据峰会上指出，中国政府拥有80%以上的数据资源，政府必须共享信息促进大数据挖掘。同时政府数据的开放共享可以有效推进政府的智慧治理模式，建设现代化的智慧政府。智慧供应链的发展要求政府重视政府数据的开放共享并采用大数据挖掘技术，以实现政策的科学实施，并在此基础上使政府从原来的"主观治理"转变为"科学治理"。政府应该尽快开展相关立法工作，并完善相关的数据收集、共享与使用的相关制度，制定相关规定为实施这一举措提供基础。通过政府数据的开放与共享，可以深化政府与企业之间的创新合作，使得企业更多地了解政府政策的相关信息，提高供应链的运行效率。

四 重视治理技术的创新与应用，加强基础设施建设

现代信息技术为政府的创新提供了先进动力，因此对于治理技术的应用应提起重视。首先，信息技术革命使我国的政府面临改革的压力，进而推动各国政府治理模式的转变；其次，信息能力的飞速发展和迅速扩张，导致了供应链运作的复杂性；最后，信息技术革命为政府治理模式的转变提供了许多新的技术手段和技术平台，所以政府各部门需要紧抓机遇，利用现代技术探索现代化治理模式，需要高度重视相关技术的开发和应用。

此外，基础设施建设对智慧政府发展同样具有重要意义。发展现代化政府治理需要先进的、功能丰富的网络信息设施，我国应继续加强和完善设施的规范化、开放化建设，特别是要加强网络信息基础设施建设；另外需要加强应用支撑平台建设，支持电子政务发展，紧抓数据平台以及数据库的完善与更新建设，为政府现代化治理模式的创新打造坚实基础。

第五节 推进政府治理创新与治理模式构建的几点建议

针对以上的问题，本章从以下四个方面给出了具体政策建议。

一 明晰政府智慧治理的顶层设计，创新使用新一代信息技术实现政府治理现代化

一是要围绕地方产业链供应链特色，以创新应用新一代智能技术为基础，出台面向智慧供应链的政府治理顶层设计。二是引导新一代信息技术在智慧供应链中创新应用，产生更多助力政府治理"智慧化"转型的新模式。三是政府在供应链业务的治理过程中，需要重视相关制度的建设，完善相关治理法律法规，使得智慧供应链的政府治理有标准可依，同时建议政府完善供应链风险防范机制，以提升治理过程中供应链的稳定性。

二 树立"互联网+治理"的思维，用清晰思维引领实施智慧供应链的治理

一是要建立起融合思维，各级政府部门和工作人员需深入了解新一代信息技术，融合、善用以大数据为核心的新一代信息技术相关管理创新工具，填补政府与企业之间的鸿沟。二是树立起创新开放思维。"互联网+治理"改革了传统的治理方式和组织方式，开启政府治理模式的创新，围绕智慧供应链创新的政府治理模式，也更依赖于多部门、多层级、多区域的协同共享。三是应用科学思维，政府需要加快数据开放共享的进度，并学会采用大数据挖掘技术，以实现政策实施的科学化，使得政府由原来的"主观治理"向"科学治理"转变。

三 建成开放共享的各级政务大数据中心，强化智慧治理的实施能力

在智慧供应链时代下，政府在数据应用过程中需要结合地方产业链供应链发展实际，制定统一的数据开发和共享体系规范，搭建多级数据平台，实现供应链数据大集中。一是需要着眼于物联网、区块链、大数据、互联网等技术完善政务信息平台的建设，实现政企信息资源的协同，达到各政府部门层级的扁平化以及去中心化的效果。二是进一步完善各级政府数据共享交换平台，打造重点行业供应链大数据中心和公共治理大数据中心。三是政府需要改变传统的职责不明确的情况，实现跨部门合作、跨层级协同，更好地发挥多部门合作效应，并同步建立起安全保障机制。

四　重视治理技术的创新与应用，加强基础设施建设

智慧供应链时代下，治理技术并不是一成不变的，政府要积极推动治理技术创新，提升基础设施构建与更新能力。一方面，随着政府治理与数字化技术的日益结合，在供应链业务不断与智能设备互联的同时也产生了新的信息安全漏洞，因此政府需要在智慧治理中加强信息安全保护，确保供应链数据安全；另一方面，要积极推动治理技术不断更新，围绕现代化治理体系构建，推动供应链治理平台等基础设施不断完善，为智慧供应链韧性治理和安全运行打下坚实基础。

第十二章

面向智慧供应链创新与应用的政策体系研究

第一节 引言

近年来,供应链对于我国产业行业发展的重要作用日益凸显,国家也相继推出一系列供应链创新与应用的相关政策,引导和支持我国供应链发展。与此同时,由于 AI、大数据、人工智能等智慧技术在供应链中的应用与赋能,传统供应链正不断朝着智慧供应链方向演变,智慧供应链的创新与应用日益受到关注。智慧供应链是供应链和现代智能技术的深度融合,它使供应链成员在信息流、物流、资金流等方面实现无缝对接,从而达到供应链运作的智能化、网络化、信息化与集成化。

随着智慧供应链的应用前景逐步引起产业界的重视,诸多行业和企业已经陆续开展智慧供应链建设的初期探索。而在具体的实践过程中涌现的一些共性的痛点与瓶颈问题,迫切需要政府牵头做出政策引领和规范。这些问题主要聚焦在供应链金融创新建设、智慧供应链质量与标准规范、政府产业治理等范畴。在智慧供应链金融方面,供应链各主体权责关系不清、数据整合无序、信息监督薄弱等问题突出。在质量与标准体系方面,质量控制缺乏指导、相关软硬件设施建设缺乏权威标准指引、企业间建设标准不一,阻碍了效率提升。在公共治理方面,行业内协同建设发力不足,由于短期内无法回笼资金,部分企业面临着投资困境。此外,产业界还存在着复合型人才缺乏、智慧供应链模式不成熟、技术建设缺乏实际应用场景等问题。如何从政策的角度规范智慧供应链体系、促进智慧供应链的创新与应用，成为亟待响应的现实诉求。

相较于传统供应链，智慧供应链的创新与应用呈现出更加丰富的特征。研究发现，智慧供应链的技术呈现更强的复杂性、系统性和变迁性，同时新技术在企业中的应用使得供应链主体间的关联性更强，管理决策也变得更加柔性和分散化。这些变化可以总结为在技术、组织和管理三方面的新特征，它们对智慧供应链行业的政策设计也提出了一些新要求。然而，前人对于供应链的研究大多集中于具体技术的创新或模式的应用，真正考虑智慧供应链区别于传统供应链关键特征的学术研究十分有限。并且，目前我国在智慧供应链创新与应用方面的政策体系仍待完善，既有的文献中仅涉及对智慧供应链应用于具体领域的对策建议，缺乏对智慧供应链创新与应用整体政策体系的搭建。考虑到政策对于激发创新动力、规范我国的供应链行业发展有重要作用，本书将在充分思考智慧供应链创新与应用的关键特征及其对国家政策设计的要求的基础上，展开面向智慧供应链创新与应用的政策体系研究。

本书旨在详细分析智慧供应链创新与应用的关键特征，明确技术特征、管理特征和组织特征对政策体系建设的要求，从系统的角度出发，以智慧供应链创新与应用的重点问题为抓手，提出对应的政策设计建议，在此基础上，搭建以智慧供应链金融、智慧供应链质量与标准体系建设、政府公共治理三大主要政策体系和基于人才培养、行业组织建设、试点示范三方面的配套政策，从而为我国的智慧供应链政策制定提供借鉴。

第二节 文献综述

一 关于智慧供应链创新与应用的相关研究

（一）关于智慧供应链创新的相关研究

智慧供应链是供应链领域一个新兴的研究分支，有关智慧供应链创新的研究主要可以分为技术创新、组织创新和管理创新三个角度。

在技术创新上，例如刘伟华等人（2019）将智慧供应链的创新活动与技术架构有机结合，总结出支撑智慧供应链创新的关键技术架构及其应用方法；刘伟华等人（2020）通过分析智慧供应链创新的技术、组织、环境三类驱动因素和智慧供应链的技术应用战略匹配关系，创新地提出领先、追踪和支持三种技术战略并给出相应的战略选择框架。在组织创新上，段迎君（2019）提出以区块链技术为支撑，建设泛智慧供应链全息生态圈的设想，并将监管流统一到供应链生态中，为新时代供应链创新发展提供了可能。在管理创新上，宋华（2015）认为智慧供应链管理创新体现在三个核心方面，要素上形成六大能力体系，结构上建构信息治理，流程上实现决策智能化、运营可视化、组织生态化以及要素集成化等；刘海珍（2021）等人基于现代智慧供应链特点，提出创新智能物资计划管理模式，建设智能物资计划管理场景。此外，还有学者综合智慧供应链多个角度的创新进行研究，例如刘伟华等人（2020）在总结智慧供应链创新特性的基础上从技术创新、商业模式创新、制度创新以及组合创新四个方面进行了智慧供应链创新路径设计。

（二）关于智慧供应链应用的相关研究

在与智慧供应链应用相关的研究中，一部分是直接面向物流行业的研究，如钱颖萍（2020）以京东物流为例分析了现如今智慧供应链典型应用的技术，包括各类智慧物流技术的使用现状，如无人仓、无人车、无人机等技术的使用情况。范江东等人（2021）从实体属性和数字属性两个层面对数字物流体系构建的五大要素进行了分析，在此基础上设计出了电网现代智慧供应链数字物流体系构建模式，为智慧供应链在电力物流上的应用提供了创新的指导。而周沁彦等人（2021）在后新零售时代的背景下研究了智慧物流应用的核心问题与挑战，并给出对于智慧物流发展的改进策略。另一部分是关于智慧供应链在其他各行各业的应用研究。在医疗行业，医院需要采购大量药品和耗材，而上游供应链小微企业居多，着眼于它们的融资问题，陶璐璐等人（2018）以青岛大学附属医院为核心企业进行了智慧供应链金融平台构建研究。他们的研究实质上是以核心企业为重心的互联网供应链金融。同样是医疗行业，李卫东等人（2019）的研究则着眼于对于医院物流耗材的一体化、精细化管理，提出基于SPD技术建设智慧化供应链，实现科室耗材"零"库存和耗材流转记录全流程追溯。在电力行业，吴小力（2019）从平台、运营、作业三个层面阐述了智慧供应链在电力行业的应用，指出要依托智慧化平台进行高效运营，进而实现精细的流程管理。而石瑞杰等人（2020）则是着眼于电力装备的制造问题，探讨智能制造与智慧供应链的深度融合，并具体以国网电商公司为背景提出建设工业互联网，建立电工装备制造云平台。在农产品行业，朱雪丽和阴丽娜（2020）认为智慧物流应用于生鲜农产品供应链，主要是指利用智慧物流信息平台将生鲜农产品在从农户到消费者的全流程纳入管理，从而实现全方位智慧供应链服务。而窦丽琛等人（2016）则从供应链的特点入手对京津冀茶产业供应链的现存问题进行剖析，指出要从利益分配、运行模式、成本控制、政府协调四方面来推进茶产业的智慧供应链一体化构建。

通过文献回顾与梳理可以看出，学者们在智慧供应链的技术、管理、组织层面都提出了创新性的构想并进行了相应的探讨，同时对他们在行业领域中的实际应用做了深入研究。我们发现，智慧供应链创新体现出与传统供应链相比的巨大差异性，并且智慧供应链的应用不仅仅局限于物流行业，更体现为在各行各业巨大的应用空间。

二 关于智慧供应链创新与应用相关政策的梳理

智慧供应链在我国的发展远未成熟，就现有的文献来看，学者们尚未充分关注到智慧供应链政策制定方面的问题。而供应链对国家的战略作用日益凸显，为了推动供应链的智慧化发展，国家相继出台了许多政策。智慧供应链的创新应用突出表现在供应链金融行业，同时，质量与标准体系建设是智慧供应链规范化创新与应用的重要命题，因此本节我们重点梳理近年来我国出台的供应链金融智慧发展的相关政策，以及我国供应链质量与标准体系建设的代表性政策，在此基础上，总结现有智慧供应链创新与应用的政策存在的问题。

（一）关于供应链金融创新相关政策的梳理

智慧技术助力供应链金融的智慧化转型。为加速产融结合与产业链重构，近年来国家及地方政府逐渐重视供应链金融创新发展，一系列政策意见实施落地。本节梳理了 2017 年以来国家各部委发布的有关供应链金融智慧化创新的代表性政策。

表12-1 近年来国家出台的关于智慧供应链金融的代表性政策

时间	发布机构	政策/文件名称	主要相关内容
2017年10月	国务院	《关于积极推进供应链创新与应用的指导意见》	明确积极稳妥发展供应链金融的重点任务,要求以我国国情为基础发展供应链融资的新技术和新模式,到2020年基本形成覆盖我国重点产业的智慧供应链体系
2018年4月	商务部、工业和信息化部等8部门联合发布	《关于开展供应链创新与应用试点的通知》	加强供应链技术和模式创新,规范发展供应链金融服务实体经济,创新供应链金融服务模式
2019年2月	银保监会	《关于进一步加强金融服务民营企业有关工作的通知》	商业银行要积极运用金融科技手段加强对风险评估与信贷决策的支持;加强内外部数据的积累、集成和对接,搭建大数据综合信息平台
2019年7月	银保监会	《关于推动供应链金融服务实体经济的指导意见》	鼓励银行业金融机构运用互联网、物联网、区块链、生物识别、人工智能等技术,与核心企业合作搭建服务上下游链条企业的供应链金融服务平台;鼓励银行保险机构将物联网、区块链等新技术嵌入交易环节
2020年4月	商务部联合7大部门	《关于进一步做好供应链创新与应用试点工作的通知》	加快推进供应链数字化和智能化发展;充分利用供应链金融服务实体企业,银行业金融机构要加强与供应链核心企业合作等

续表

时间	发布机构	政策/文件名称	主要相关内容
2020年5月	人民银行等8部门	《关于进一步强化中小微企业金融服务的指导意见》	鼓励商业银行运用金融科技手段赋能小微企业金融服务，加强中小微企业信用体系建设等
2020年8月	国家发展改革委、工业和信息化部等14部门	《推动物流业制造业深度融合创新发展实施方案》	创新金融支持方式：鼓励银行保险机构开发服务物流业制造业深度融合的金融产品和服务；鼓励供应链核心制造企业或平台企业与金融机构深度合作，为上下游企业提供增信支持
2020年9月	人民银行联合7大部门	《关于规范发展供应链金融支持供应链产业链稳定循环和优化升级的意见》	从供应链金融的内涵和发展方向、规范发展和创新、配套基础设施建设、政策支持体系、风险防范和监管约束六方面提出要求和措施
2020年10月	国家发展改革委、科技部、工信部、财政部、人社部、人民银行等6部委	《关于支持民营企业加快改革发展与转型升级的实施意见》	强化科技创新支撑，促进民营企业数字化转型；利用大数据等技术手段开发针对民营企业的免抵押免担保信用贷款产品等
2021年3月	国家发改委等13部门	《关于加快推动制造服务业高质量发展的意见》	稳步推进制造业智慧供应链体系，创新网络和服务平台建设；拓宽融资渠道，创新发展供应链金融
2021年4月	银保监会	《关于2021年进一步推动小微企业金融服务高质量发展的通知》	加强产业链供应链金融创新，助力与资金链有效对接。充分运用大数据、区块链、人工智能等金融科技，在农业、制造业、批发零售业、物流业等重点领域搭建供应链产业链金融平台，提供方便快捷的线上融资服务

由表12-1可知，虽然国家已经开始重视智慧供应链的创新应用，但政策层面仍多停留在智慧技术的布局和制造业赋能上，涉及供应链金融智慧化创新的政策较少，且智慧供应链政策与金融及监管政策相对分离，未形成系统的政策体系。具体来说，一是政策覆盖面不广，智慧供应链金融的参与主体趋向多元化、网络化，金融服务的辐射范围更广，而目前的政策内容多强调核心企业与商业银行的发展，对于非核心企业、新兴的金融科技企业和民间借贷组织的相关政策不明朗。二是政策设计考虑因素不周全，尚未深度剖析智慧供应链模式下金融服务的新变化，比如风险传导速度更快、隐蔽性增强，及其带来的如传统监管体系老化的新问题等，从而制定有针对性的政策。三是政策系统性较差，政策客体大多只涉及独立供应链金融主体，缺乏对主体之间的协调管理和站在供应链整体角度的统筹规划。四是政策内容不精细，包括对金融主体的权责规范不明确、政策执行负责部门的具体责任划分不清晰等。五是政策动态性较差，智慧技术不断催生创新的金融产品与应用场景，而金融及监管政策存在较大的滞后性。

（二）关于质量与标准体系建设的相关政策梳理

质量与标准体系建设是供应链规范化建设的重要命题，也是实现效益最大化的重要保障。在其建立和推广过程中，政府牵头的政策制定起着至关重要的作用，本节主要就国家出台的有关供应链质量与标准体系建设的代表性政策进行梳理。

表12-2 国家出台的有关供应链质量与标准体系建设的政策

时间	发布机构	政策/文件名称	主要相关内容
2010年3月	工业和信息化部等6部门	《关于加强工业产品质量信誉建设的指导意见》	解决影响供应链质量水平的瓶颈问题；实现上下游产品标准对接，保证标准要求的协调性和一致性；指导企业提高对采购产品质量检测能力

续表

时间	发布机构	政策/文件名称	主要相关内容
2016年9月	工业和信息化部	《工业和信息化部办公厅关于开展绿色制造体系建设的通知》	制定完善由综合基础、绿色产品、绿色工厂、绿色企业、绿色园区、绿色供应链及绿色评价与服务等七个部分构建的绿色制造标准体系
2017年9月	中共中央国务院	《中共中央国务院关于开展质量提升行动的指导意见》	鼓励各类市场主体整合生产组织全过程要素资源,纳入共同的质量管理、标准管理、供应链管理、合作研发管理等
2017年10月	国务院	《关于积极推进供应链创新与应用的指导意见》	推进供应链服务标准化,提高供应链系统集成和资源整合能力。积极参与全球供应链标准制定,推进供应链标准国际化进程
2018年4月	商务部	《商务部等八部门关于开展供应链创新与应用试点的通知》	加强供应链质量标准体系建设,推广《服务质量信息公开规范》和《服务质量评价工作通用指南》,建立供应链服务质量信息清单制度。加强全链条质量监管,开发适应供应链管理需求的质量管理工具,引入第三方质量治理机制,探索建立供应链服务质量监测体系并实施有针对性的质量改进

续表

时间	发布机构	政策/文件名称	主要相关内容
2020年8月	国家发展改革委、工业和信息化部等14部门	《推动物流业制造业深度融合创新发展实施方案》	促进标准规范融合衔接。建立跨部门工作沟通机制，对涉及物流业、制造业融合发展的国家标准、行业标准和地方标准在立项、审核、发布等环节广泛听取相关部门意见，加强标准规范协调衔接；支持行业协会等社会团体结合实际研究制定物流业制造业融合发展的团体标准
2020年12月	国务院办公厅	《关于推进对外贸易创新发展的实施意见》	加强全面质量管理，严把供应链质量关。加强质量安全风险预警和快速反应监管体系建设。建设一批重点出口产品质量检测公共服务平台
2021年4月	商务部等8单位	《商务部等八单位关于开展全国供应链创新与应用示范创建工作的通知》	推动标准实施应用，提高关键产品和过程的质量保障能力。加强企业间供应链标准对接

从表12-2中看，国家对供应链质量与标准体系建设已有一系列相关的政策，但是存在系统性不强、政策力度不够的突出特征，而对于智慧背景下的质量与标准体系建设，则未形成成文政策。我们对现有政策体系存在的问题总结如下：第一，系统性不强。现有政策缺乏对智慧供应链质量与标准体系建设的整体规划，尚未形成一套完整的政策支持。相关规定多出自其他政策需要，分布在不同年限的不同政策文件中，难以达到整体效果。第二，精准性不足。现有政策虽有对于实施主体的规定，但对于政策工具、监督路径相关的条款还有待完善，缺乏配套的支持体系，跟踪落实的难度较大。第三，精细性不足。现有政策要求中涉及部分对于执行客体的规定，但对于具体的实施方法规定不详，未能明确实施目标。第四，政

策更新滞后于行业发展。随着智慧供应链的不断发展，供应链质量与标准体系建设的目标、手段等都产生一系列连带变化，但从现有政策来看，尚未形成与之相匹配的新规定。

三　关于智慧供应链发展存在的问题及政策建议的研究

目前学者对于智慧供应链发展问题的研究大多聚焦于对某个行业或企业的供应链智慧化转型的难点进行分析，并提出具体的政策见解。站在企业视角，比如丁倩兰等人（2020）总结企业当前的智慧供应链实践存在的主要问题包括企业智慧化程度低和企业信息技术落后，缺乏完善的信息化平台，他们在此基础上构建了数字驱动的智慧供应链生态体系总体框架，为我国智慧供应链发展提供指导。站在行业视角，比如张博（2020）聚焦物流业智慧化发展，认为目前制约我国物流业智慧化转型的主要因素之一是治理体系不够完善，具体体现在政府服务略显滞后、政府管理的机制体制不够顺畅、在企业诚信合规经营方面存在一定的监管挑战，并提出要鼓励物流企业加快应用区块链、大数据、人工智能等新技术，推动物流供应链、电子支付、运维服务等诸多领域加速发展。李纪桦（2021）从供应链金融在商贸企业中的应用情况看，认为目前供应链金融创新发展面临的障碍主要有缺少统一的行业标准和政策规范、供应链体系中上游和下游企业之间的整合力不强、供应链金融的信用风险控制机制薄弱等，因此他提出要重视新型技术的应用、推进供应链金融平台建设、推动核心企业与金融机构合作、创新供应链金融的模式和提高金融过程的监管力度。此外，还有学者从新冠疫情的影响出发，提出推动我国智慧供应链发展的政策建议。如张辛欣和王黎（2021）认为短期内应建立供应链信息数据分析平台并研发高效精准的数据分析模型，结合政府建立的产业链协同管理沟通机制，推动形成产业供应链安全预警体系；中短期内推动产业互联网平台发展并形成资源配套；中长期内政府需要完善我国技术创新体系，调整产业布局应对全球供应链调整。

梳理发现，当前我国智慧供应链的应用与发展仍面临许多瓶颈问题，这些问题聚焦在供应链金融创新建设、智慧供应链质量与标准规范、政府产业治理等范畴。不论是行业应用或企业实践，都急需一套系统、完整的政策体系来引导、规范和支持智慧供应链的持续稳健发展。而现有文献中较少涉及面向整个智慧供应链领域的政策制定，大多集中在为具体行业或企业实践提供对策建议和指导，智慧供应链的创新与应用尚缺乏系统的政策体系指导。

四　文献小结

通过分析已有的相关文献，我们发现智慧供应链在技术、组织、管理等方面与传统供应链存在鲜明的差异性，这种差异性集中反映出智慧供应链创新与应用内在的关键特征。然而前人对于智慧供应链领域的研究大多集中在具体技术的创新和创新模式的实践方面，目前还没有学者系统地总结智慧供应链呈现出的区别于传统供应链的新特征。并且，通过梳理我国现有的与智慧供应链相关的政策，可以看出当前我国在智慧供应链创新与应用领域缺乏一套完整、系统的政策体系，而既有文献仅涉及对智慧供应链应用于具体领域的对策建议，缺乏对智慧供应链创新与应用整体政策体系的搭建。笔者在前人研究的基础上，将智慧供应链创新与应用的关键特征提炼为技术特征、组织特征和管理特征三个方面，并在后文中对其进行系统的剖析，深入探究其对智慧供应链政策制定的内在影响与要求，进而构建智慧供应链创新与应用的政策体系建设框架，为我国智慧供应链的政策设计提供参考。

第三节　智慧供应链创新与应用的关键特征

区别于传统供应链，智慧供应链的创新与应用表现出在技术、管理和组织三个方面的关键特征。多元的智慧技术支撑及持续、快速的技术变化反映智慧供应链核心的技术特征；供应链上决策范围的扩大以及更加灵活的管理机制体现智慧供应链的管理特征；新技术赋能带来供应链多主体更紧密的合作关系与合作共同利益的分配共享反映智慧供应链的组织特征。智慧供应链总体上呈现技术多元化、场景丰富化、供应链效率提高的持续优化状态。本节将深入剖析智慧供应链创新发展所表现出的这三大关键特征。

一 技术特征

(一) 智慧供应链相关技术的深度应用

智慧供应链的技术应用主要有两方面特点。第一，技术在智慧供应链中应用广泛。在"互联网+"的大背景下，物联网、大数据、云计算构成了当前智慧供应链数据处理和管理的核心技术要素；区块链、智能制造技术，包括机器人、无人机和3D打印机等不同维度的延伸技术，则呈现出巨大的发展和应用空间。这些技术以现代信息通信技术（ICT）为典型代表，覆盖了信息的感知与采集、传输与分析、发布与共享、决策支持与应用等多个方面，具有显著的先进性、数字化特性。第二，技术推进智慧供应链多环节有机集成。对数据的获取和处理是智慧供应链的关键，链上的信息由自动化或传感设备提取，充分实现了对不同主体和业务的高度连接与有机集成，其本质上是新一代技术变革在管理领域的革新。

(二) 智慧技术的快速迭代与变化

全球化和供应链互联互通的趋势，更加剧了供应链的复杂性、不确定性和脆弱性，智慧供应链的内涵围绕数据共享、信用管理而催生。因此，智慧供应链的创新与应用离不开信息技术的发展变革。当今世界，信息技术发展呈现出大规模、发展迅速、新产品新业态层出不穷的特点，信息通信技术正处于重大变革期。随着新技术反向应用于科学研究，基础理论的研究进度进一步刺激加快，一些相关科学原理已逐步逼近理论极限，各类数字技术不断挑战自身顶峰。在中国，数字经济发展方兴未艾，近年来国家对大型高科技公司的反垄断加强，创造了信息技术发展的广阔土壤。在此背景下，技术的快速变化主要体现在两方面，一方面是基础技术的研发速度加快，相关领域的新技术将持续涌现；另一方面是技术应用于供应链的速度加快，数字技术与实体经济深度融合的条件逐渐成熟，更多新兴技术将能够进入企业，促进企业信息化的实施。

二 管理特征

(一) 供应链决策协同化发展

信息技术应用于供应链，使得供应链决策与以往有着显著差异。现代供应链是传统线性供应链聚合而成的网状供应链，而智慧供应链是使用先进信息技术赋能的网状供应链。在这样一个网络化的供应链中,信息技术拉近了不同节点的空间距离,遍布在不同地理区域的企业能够实现智慧协同,决策变得更加柔性化、快速化。具体来说,一方面信息技术的使用进一步打破了企业合作协调的壁垒、降低其沟通成本,使供应链能够对上层决策的核心诉求实现快速响应;另一方面信息技术提升了供应链的弹性,提供了更强大的应变能力,面对外界环境的快速变化,供应链能够随时进行自我调整,从而适时地提供合适的质量和数量的产品。最后,由于信息技术的应用,供应链决策本身也倾向于更加全局的视角和更加科学的机制,各种新型决策方法也逐渐被人们研究和需要,例如 Croxton 等人(2001)开发了一个系统网络,用于在公司职能领域和供应链流程的每个交叉点上确定可行的决策。在类似的决策框架下,供应链的过程集成被进一步推进,而这种集成又反过来驱动和改进决策使之更加智能。

(二)供应链柔性管理机制

供应链柔性管理体现在能够快速响应外界变化的能力以及面对供应链内部不确定因素的处理能力。如今,柔性生产在企业中越来越常见,与单一品种大批量的生产不同,随着消费者需求的增多和消费观念的变化,供应链对多品种小批量生产能力的要求也随之增大,供应链柔性战略显现出更大的优越性,需要与之相匹配的柔性管理方式来进行统筹,而智慧供应链使之成为可能。由于决策周期的缩短、响应能力的提升,供应链柔性管理将允许及时地调整和弹性运作,会更加关注下层需求的变化与反馈,大大提升决策执行效果,使之更符合客户需求的实际情况。信息技术及其在企业管理中的应用使得企业集成度越来越高,但信息技术本身并不是智慧供应链中的竞争优势所在,更关键的是它带来技术能力、人员资源和组织能力三个方面的强化。大数据等信息技术在决策中的应用就使得智慧供应链在上述几个方面得到了显著提升,管理方式也更加倾向于柔性管理。

三 组织特征

(一)供应链上的多主体合作

处于供应链不同位置的节点企业及企业间的交互行为关系共同构成了供应链的复杂网链结构,直观体现出供应链上多主体间多重交互的组织特征。传统的以生产为中心的企业关系和以物流为纽带的企业合作多停留在操作层，供应链主体间存在一定的业务关联，但多为较浅层的合作。而近年来，新兴技术引领的智慧供应链的发展对企业间的互动和交流产生强烈的催化作用，企业愈发认识到集成协作的重要性及其带来的强大竞争力，并逐渐在战略层建立更紧密的联盟与伙伴关系，主体间具有更强的关联性和互动性，相互依存、相互影响、相互制约的程度更深。同时，智慧技术赋予的全程可视化、可感知、可调节的运作使供应链结构更具整体性、全局性和系统性，具体表现为：在运作目标上，以追求整个供应链盈余最大化为前提，实现多主体共赢；在协同机制上，强调主体间高效的资源整合、知识传递与数据共享，实现多主体合作的相容与互补；在风险分担上，透明化的流程管理和充分的信息传递打破企业边界，多主体共同承担供应链风险与责任。

(二) 供应链主体的利益关系

多主体合作的组织特征导致供应链上极其复杂的利益关系。供应链各主体一方面作为产权独立的法人，具有强烈的自利动机，另一方面作为供应链上的嵌入型节点，从成本分担的角度而言，都要以整体利益最大化为运作方针。个体与整体的利益权衡，个体之间的利益分配，往往都难以找到绝对共赢的最优解。因此，供应链多主体在保持高度协作关系的同时，也存在复杂的利益竞争与博弈。这种利益博弈很大程度上源于主体间信息的不对称传输，导致企业很多时候缺乏对利益分配的公平性判断，进而产生信任危机。进入智慧供应链时代，智慧技术的创新应用扩大和加深了信息的共享范围与共享程度，对供应链上的利益共享起着积极的作用。但同时，一些在传统供应链中不存在的利益问题也日趋突显，比如多企业合作的智能技术研发与应用导致供应链利益分配要素划分上的问题产生，包括对技术创新的贡献度难以公平衡量，主体的风险承担大小不够明晰等。

第四节　关键特征对政策体系设计的要求

一　技术特征要求政策具有精准性

智慧供应链创新与应用的技术特征使其具有更强的复杂性、系统性、变迁性，这是智慧供应链应实施精准性政策的重要原因。"政策精准性"作为刻画政策的特定属性，要求相关政策体系在制定过程与最终呈现上具备"精准"的特性，在实际施行中外在地体现"精准"的效果，具体要做到政策前期制定和后期落实的精准性。

技术的赋能是智慧供应链实施精准性政策的先决条件。智慧供应链的构成要素丰富，信息化技术的应用使之信息量增大，运行模式不断演进，与传统供应链相比呈现更大的"复杂性"；同时智慧技术的应用加强了各类要素之间的相互作用，各主体之间利益关系的动态变化与随时存在的矛盾冲突，使之呈现鲜明的"系统性"；智慧技术快速向尖端迈进、向企业行业渗透的大趋势，又使得智慧供应链的构成存在着广阔的发展空间和典型的"变迁性"。这使得智慧供应链相比于传统供应链而言风险激增，管控与调节难度加大，因此，在智慧供应链的创新与应用中，传统的粗放式管理已不再适用。

政策的精准制定主要关注政策实施主体与政策工具两方面的精准性。从政策主体来看，部门政策应明确落实主体，清晰规定政策不同层级的主体，并严格规范政策主体行为，从而避免不同程度的以文件落实文件、责任不清晰的问题；从政策工具来看，要讲究实现政策目标的手段，包括强制性工具，例如对智慧供应链的某些环节实施管制，也包括自愿性工具，如利用市场规律加以调节；以及混合性工具，如税收、补贴等，要根据不同的政策问题性质和政策目标来决定政府干预的强弱程度。

政策的精准落实要采用合适的科技手段进行辅助。智慧供应链突出的技术属性使得政府仅仅采用传统方法难以实现佐证性资料采集和有效的监督，这使得政府在制定相应政策时也要充分摸底行业规律，在政策要求发布后，要应用相关的科学技术手段，应用配套的智慧技术来辅助跟踪智慧供应链的相关政策实施，配合文件审查、资料审查、抽样审查、现场审查的具体方法进行跟踪审计。

二 管理特征要求政策具有精细性

政策精细性指的是政策在制定时，要充分考虑供应链中各个决策主体所处的角色环境和交互特征，进行针对性的政策设计，包括对于执行客体、政策目标的精细化考量。智慧供应链中多主体合作的柔性管理机制要求政策体系强调政策的个性化与前瞻性特点。

政策精细性主要关注政策执行客体、政策目标的精细性。从政策客体来看，"做什么"的描述性工作应与"谁来做"的操作性界定相结合，涉及供应链不同主体的政策举措，决定了后续政策资源的投入方向，应密切结合其在供应链中的角色属性和利益特点，从目标的角度出发找准政策客体边界，明确相应的执行路径；同时应关注政策客体对于配套支持体系的客观需求，设计相应的实施方案，保证政策执行的良好土壤。从政策目标来看，应牢牢把握政策体系整体目标，落实相关会议精神，促进智慧供应链创新与应用向好发展，同时要从科学性、可行性等方面的考量入手，具体制定细化政策条款的相应目标，从而在政策主导的价值选择问题——包括社会资源分配的对象、数量、时机等基本问题中提供指导。

三 组织特征要求政策具有全局性

政策全局性是指政策主体进行政策设计时，站在政策客体的整体及其全过程角度，综合考虑所有相关要素，做出着眼全局、兼顾各方的谋划。供应链组织的两个特性导致全局性政策的必要性，一是包含主体的多样化，既指主体角色的丰富性，也指不同角色的企业发展阶段的相异性。处于不同层级的企业各司其职，共同构成完整的供应链网络并在其中发挥着重要作用，并且，任何成员之间关系行为的变化都将影响整个供应链网络结构，因此供应链任一主体的行为关系、需求动态情况都将影响政策的适配性。二是主体间的关联性。技术赋能下的智慧供应链，其组织结构具有更加鲜明的系统化特征，多主体合作带来的高互动性、高关联性以及长期的制约、影响和依赖关系，与各利益相关方处于"自在"阶段，缺乏"自为"意识的状态对冲下，需要政策主体把握全局，做出权衡。

基于上述分析，全局的智慧供应链政策应着眼于三个层次的内容：一要注重政策客体的全面性。基于西蒙的有限理性理论，掌握的信息越充分，政策的制定就越趋于理性。政策主体要全方位多角度地考察智慧供应链不同层级各类主体的情况，延伸主客体间沟通的桥梁，扩大信息收集与反馈的范围；不能只关注核心企业龙头企业的发展，出现以偏概全的现象，无法实现对供应链的结构优化，甚至导致政策失灵。同时，政策内容要涵盖所有类型的主体，让政策的规范、协调、指导与推动作用辐射至供应链的各个节点，满足全面性的要求。二要注重政策客体的关联性与整体性。政策主体要具备政策设计的整体性思维，具体说来，面对涉及相当数量的政策客体的复杂关系,要充分考虑多主体的合作共同利益,明确主体合作的责任划分与风险承担,尽力减少供应链系统内部的矛盾和利益冲突,使之步调一致,从而实现扩大供应链盈余和扩大社会整体效益的政策目标。三要关注时间上的全局性,即把握政策系统内外因素的动态性,当前的最优决策未必是未来的最优决策,这要求制定的政策体系需要具备一定的前瞻性。

第五节 面向智慧供应链创新与应用的政策体系研究

产业政策实施工具主要包括行政手段、经济手段和法律手段三大类,其中又可细分为财政措施、税收措施、金融手段、组织措施、法律和信息服务措施。考虑到当前智慧供应链发展的难点与痛点,智慧供应链政策体系的构建将从以下三方面的关键问题入手。第一,金融作为把握资源配置与经济调节命脉的核心领域,对于处理和协调智慧供应链上复杂的资源分配与利益关系具有重要作用,而金融必然离不开监管,因此,金融与监管政策是构建智慧供应链政策体系要考虑的一大重点;第二,智慧供应链创新与应用的实现强调依靠上下游主体间紧密的合作与协同,这种一体化的组织方式及其丰富的产业应用领域和场景意味着智慧供应链标准的建设尤其关键,而质量管理是实现智慧供应链高质量发展的重要保障,因此,质量与标准体系建设是智慧供应链政策体系中不可忽视的一部分;第三,作为行业外部环境的搭建者,政府有效的宏观把控、正确引导、规范制约与合理扶持将大力推动我国智慧供应链发展,带动其助力我国实体经济的转型升级,因此,政府公共治理是智慧供应链政策体系中必不可少的方面。基于此,我们以金融与监管政策作为经济手段代表,质量与标准体系建设作为法律手段代表,政府公共治理政策作为行政手段代表,辅以配套支持体系,搭建我国的智慧供应链创新与应用政策体系框架。

体系构建过程中,融入智慧供应链关键特征对智慧供应链创新与应用政策的要求,即政策设计满足精准性、精细性和全局性。具体说来,在金融及监管政策上,强调利用新技术手段实现对供应链主体的精准监管和对金融创新的精准驱动;从多类金融主体视角出发实现精细施策;以全局性

第十二章　面向智慧供应链创新与应用的政策体系研究　/　195

的信用管理政策支持打造智慧金融生态圈。在质量与标准体系建设上，政策精准性体现在把握体系建设的重点和标准制定的次序性问题；精细性体现在强调细化质量与标准体系建设工作主客体；全局性体现在从全局视角建立全面的质量与标准体系和保持新旧标准体系迭代过程的协调。在政府公共治理上，重点把握新技术对行业治理工作的赋能和优化资金扶持结构，实现精准治理和精准扶持；以多元协同治理实现精细治理和全局治理。

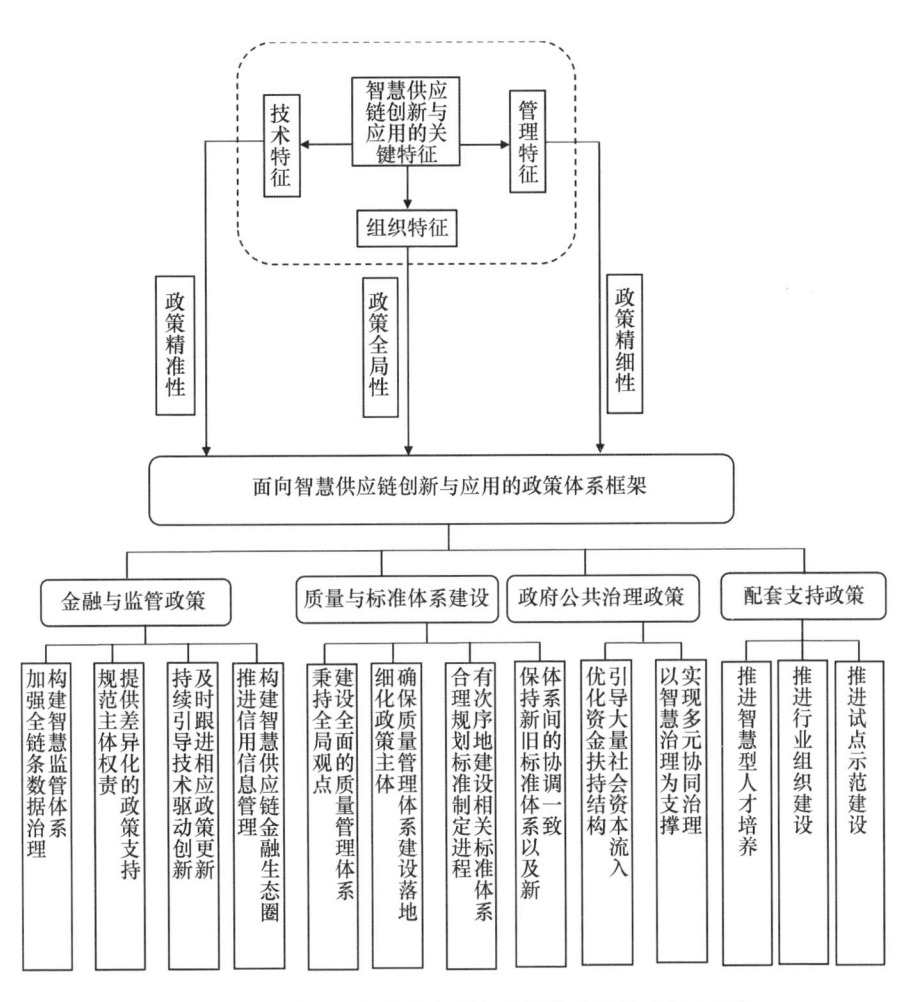

图 12-1　面向智慧供应链创新与应用的政策体系研究框架

一　金融与监管政策

智慧供应链模式下的供应链金融表现出不同于传统供应链金融的新特征，例如，供应链金融风险种类趋于多样化；供应链金融主体进一步多元化与网络化；供应链金融创新产品更丰富，应用场景更广泛；监管难度进一步升级等。本节针对智慧技术带来的这些新变化，结合智慧供应链创新与应用的政策要求，提出当下我国供应链金融与监管政策体系建设要把握的四大关键要点。

（一）加强全链条数据治理，构建智慧监管体系

建立高效、实时、动态化的智慧监管体系有利于实现对供应链金融新模式下各主体活动的精准监管。为此，政府应坚定不移地传达"融智慧化思想至金融监管理念，用智慧技术赋能监管手段"的政策思想，一要协助"一行三会"金融监管机构，调动供应链主体整合企业前后台数据信息的积极性，加快贯通供应链金融全过程的数据关联，这是智慧监管的必要前提和基础工作；二要引导监管机构重视对供应链数据的收集和分析，统筹规划形成合力，加强全链条的数据监管和治理，防止"数据孤岛"与"数据垄断"现象的发生；三要督促监管机构加快投入智慧监管体系的建设。一方面，积极利用区块链等智慧技术丰富监管工具箱，逐步改善监管科技发展滞后导致的监管制度的滞后状态；另一方面，大力建设基于区块链的智慧监管基础设施（姜奇平，2021），推动监管科技与金融科技的同步创新与应用，逐步达到精准甄别和防控智慧供应链金融多维风险的监管水平；最后，政策内容要补充完善创新监管依据及相应的配套保障措施，让智慧监管有标准可循，有法律可依。

（二）规范主体权责，提供差异化的政策支持

智慧供应链支持下的供应链金融主体数量多，质量参差且关系复杂，导致服务主客体的决策边界模糊，权责关系较为混乱。国家及地方政府首先要对拓展的供应链金融服务范围予以充分肯定，在此基础上提供有针对性的规范与支持政策，引导金融主体共同营造稳健公平的智慧供应链金融环境。一方面，进一步明晰异质主体的权力责任。一要增强核心企业的金融运营能力和智慧科技的赋能水平，强化核心企业的产业链救助枢纽作用；二要敦促供应链不同规模的核心企业积极配合各级金融机构提供融资

服务，杜绝恶意盘剥上下游企业的现象发生；三要倡导商业银行及各级金融机构根据供应链企业实际需求情况，提供能全面覆盖不同规模不同层级企业融资愿望的金融产品和服务；四要明确泛金融化下新兴的金融科技企业和 P2P 民间借贷组织在智慧供应链金融中的定位，金融科技公司要发挥产业数字化的驱动力作用，民间借贷要坚持信息中介目标不动摇，避免折损供应链整体利益的不良投机行为。另一方面，政策设计要针对智慧供应链金融不同类型主体的实施堵点的不同，以及多种供应链金融模式之间的差异，提供相应差异化、个性化的政策支持，满足政策全局性和精细性要求。比如，对于核心企业在提供授信服务过程中付出的信息收集努力成本、管理成本以及承担的风险成本，金融政策应给予适当的补助。只有彻底疏通不同环节的堵点，才能最大限度地调动主体参与供应链金融活动的积极性，金融政策本身也能更好地落实。

（三）持续引导技术驱动创新，及时跟进相应政策更新

创新是供应链金融持续改善和发展的生产力，然而仅仅依靠市场机制下的利润作用驱使往往无法高效推动供应链金融的智慧化创新变革。把握新一轮技术创新浪潮，国家要发挥稳定的政策导向作用，利用政策激励与扶持，持续推动现代信息技术驱动的供应链金融多角度的不断创新。具体来说，在技术上，一方面要推动智慧技术在赋能供应链金融的同时，完成自身的创新升级；另一方面要逐渐打通技术边界，让一系列独立技术朝一体化的方向集成式发展，实现技术融合，从而更好地服务于供应链金融；在产品上，运用适当的政策手段，激励金融机构、核心企业与中小企业形成合力，积极利用大数据、区块链，共同打造出供应链整体受益的多元化金融场景与服务；在监管上，激励监管机构创新金融监管机制设计，深度融入监管科技，对供应链上包括核心企业与非核心企业的异质主体实行差异化监管。同时，政策主体要紧跟全面创新的发展趋势，及时洞察智慧供应链金融市场的变化以及创新带来的新问题，依此完成政策的调整和更新，在渐进的政策体系中解决新矛盾，避免政策滞后导致的问题累积，从而更好地助力实体经济提质增效。

（四）推进信用信息管理，构建智慧供应链金融生态圈

金融服务本质上是基于主体间的信用信息，这是供应链金融运营的基础动力。面对供应链主体间相互关联程度深化的趋势，以及伴随而来的愈

发明显的供应链金融道德性风险障碍，智慧供应链金融新阶段的政策体系务必要牢牢抓住"信用信息管理"这一建设要点。一要进行政策引导。引导金融及监管机构改变传统单一主体静态视角下的信用评估模式，利用区块链大数据功能提高掌握供应链全过程信息流的能力，在此基础上带头建设基于供应链整体的联合动态信用信息管理平台，宏观把握供应链网络上的整体信用信息。二要进行政策鼓励，激励智慧供应链金融信用评价机制的创新设计，着力解决中小企业的资信评估问题。三要进行政策疏通。提高供应链节点企业间以及企业与金融机构间的协作共赢意识，加大信息共享程度及信息的真实性保证，这是实现核心企业信用向长尾端传递的基础；同时要求企业全力配合金融机构的信用信息采集工作。四要进行政策管理，包括建立一套合理、完整的信用评级标准、征信失信制度等规范市场行为的政策并予以监督落实。

在完成供应链金融主体信用信息整合管理的前提下，只有构建一个有机高效的智慧供应链金融生态圈，才能充分发挥供应链金融助力实体经济的功能，实现供应链金融服务的可持续发展。作为外部环境的管理者，各级政府一方面要联合行业协会、金融科技运营方共同维护健康的供应链金融运作秩序；另一方面要融合金融、产业、信息技术等行业规划，积极组织制定供应链金融发展规划与指导意见（赵成国等，2021），同时牵头供应链金融标杆企业、行业协会等优秀组织建立细化的智慧供应链金融规范标准及交易规则。对于内部结构优化，金融政策要发挥导向、扶持和激励作用，组织核心企业、中小微企业、金融机构以及相关服务提供方搭建多主体共荣共生的智慧协作平台，实现供应链金融市场的价值共创。

二 质量与标准体系建设

标准的制定是推动供应链质量管理的重要环节，在智慧供应链的质量管控过程中，要重视各项有关标准的制定，从而达成质量控制的最终目标。

（一）秉持全局观点，建设全面的质量管理体系

在质量体系建立的过程中要秉持全局观点。充分利用新技术手段，对整个供应链内的产品质量实行多层次、多维度的管理。在具体建设中，要基于供应链质量管理的过程视角和主体视角，分别推进各实体终端以及虚

拟平台的质量监管体系建设。一是从智慧供应链的各个实体及其实际业务出发，如产品（或服务）供给方、接收方、零售终端、服务保障等多方，明晰行业要求与社会需求，建设有效的实体终端质量监管体系。二是从智慧供应链的各类虚拟平台出发，包括以信息共享平台、金融服务平台、物流服务平台为主的开放式网络平台，开展数字化监控与质量监督，建立合适的虚拟平台质量监管体系。三是关注各个实体终端与虚拟平台的角色联系与业务联系，从二者的交互过程出发，建立全面协同的质量监管体系。

（二）细化政策主体，确保质量管理体系建设的有效落地

在质量体系建立过程中要明确政策主体和落实客体。在政策主体上，要明确政府内部推动质量体系建立的责任部门，由工业和信息化部、质量技术监督（市场监管）等部门统筹规划，详细规定下属的执行机关，搭建质量监督与控制的组织基础。各单位从政策的高度上细化供应链质量相关的前期控制措施，协同后期管控与处罚措施，明确质量体系制定的责任对象，才能实现政策的精细性规定，确保供应链质量监督政策有效落地。在政策客体上，选定质量体系建立的执行机构，一要继续发挥政府的引领作用，由相关部门直接牵头推动质量体系建设工作；二要发挥行业协会的凝聚作用，依托协会组织各方力量着手相关质量体系的建立；三要发挥重点企业的带动作用，推动试点企业质量管理方法的优化和革新，鼓励供应链上下游质量协同管控；四是支持有关机构同各方力量共同研发相关质量要求，促进质量体系的互通互联。另外，还应支持相关质量体系的普及工作，对效果显著的质量管理方法采取鼓励政策，促进其推广和应用。

（三）合理规划标准制定进程，有次序地建设相关标准体系

在标准体系建设上，要有重点、有策略地推进相关标准的制定。要把握好重心和先后顺序，具体要从应用范围广、应用程度高的核心技术入手，协同相关的技术和管理人才，兼顾供应链的技术和模式问题，制定细化的、科学的、效率最大化的产业标准。要重点研制一批核心技术相关标准，率先推进其在产业和行业内的应用，为智慧供应链发展提供良好的基础环境；然后再陆续跟进其他新兴技术的标准制定，长期来看，还应逐步形成可供借鉴的组织模式，便于着手相关标准的修订和补充。最终我们要形成充分涵盖智慧供应链不同客体的标准化体系，推进基础通用类标准、服务类标准、设备设施标准以及平台标准化制定。其中，基础通用类标准

包括信息编码、智慧供应链管理通用要求等（奚道云等，2019）。服务类标准中，要推动企业运营规范、流程与质量控制、产品/服务实现过程等标准的制定和修订（吴杰和刘珏，2019）。在设备设施标准中，着力推进供应链中涉及传统领域相关基础设施装备标准及其在智慧供应链中的数字化发展，推进相关标准的可视化、数字化映射（宋明顺，2021）。在平台标准化中，主要对智慧供应链中各类平台的基础技术、具体业务和服务管理进行标准化规定。

（四）保持新旧标准体系以及新体系之间的协调一致

新标准的制定应特别注意与传统供应链相关既有标准的关系问题，还要考虑与相关科技体系标准建设的协同。具体来说，首先要考虑智慧供应链与传统供应链的共通之处，在此基础上，与现有的信息管理系统、制造系统等进行协调，避免产生割裂。其次要结合外部科技行业标准建设的情况，在建设过程中要维持步调的一致性，适用相关技术标准成果，遵循国家质量基础的基本思路。

此外，应关注新建立标准体系的互通与统一。如果智慧供应链内部研制标准的机构不一，容易造成标准的多样化，削弱标准的效果。要对承担标准制定的各主体情况进行确认，在其相互之间建立沟通和信息共享的有效渠道，从而促进新建立的各个体系之间的协调沟通，避免重复研制造成的浪费以及不同标准在小范围内形成既有规模后更加难以统一的局面。对于重点行业企业要进行适当的政策支持，国家各相关部门与相关行业协会起到引领效果，发挥权威作用，凝聚力量形成一套统一的标准体系。

三 政府公共治理政策

智慧供应链以产业实体经济为依托，涉及主体庞杂，应用范围广泛，政府的治理工作要基于其呈现的关键特征精准施政，保障稳健发展环境的同时，充分发挥智慧供应链对多产业融合发展，做大做强实体经济的积极作用。

（一）以智慧治理为支撑，实现对智慧供应链的多元协同治理

面对智慧供应链典型的技术特征，治理工作也要用智慧技术赋能，注重收集和分析智慧供应链创新应用于各行各业的数据，以数据定决策，宏

观把握供应链智慧化转型进程与瓶颈；同时加快完善智慧技术使用的法律法规，明确界定各种新技术的使用边界。另外，面对智慧供应链多元的治理主体，治理结构上要建立政府主导下的以企业为主体、以行业组织为辅助的多元共治体系。以国家发展和改革委员会为代表的政府部门作为物流和供应链行业制度环境的牵头部门，一要把握好智慧供应链管理的大方向，平衡监管与创新的尺度，全面推进智慧供应链质量标准体系和智慧供应链行业规范准则建设工作的同时，给予智慧供应链合理的创新发展空间；二要区分智慧供应链在不同产业中的优势作用，针对不同应用领域实施差异化的结构政策和优势发挥策略；三要细化管理工作，建立由全国供应链智能创新与应用综合管理办公室统筹管理的各省市智慧供应链管理办公室，集中负责区域智慧供应链企业监督和试点示范等工作。对于智慧供应链的应用主体，政策要鼓励各企业以关键共性技术为纽带，建立基于智慧供应链的创新联盟契约关系，推行智慧技术的联合研发和成果共享。同时，适当扩大行业组织对企业的监管治理功能。

（二）优化资金扶持结构，创造公平公正的营商环境

营造健康良性的智慧供应链行业发展环境，在政策层面上，第一个重要条件是要优化资金扶持结构，发挥专项资金的激励、支持作用，并从投入端和全流程把控上提升资金的使用效益。具体来说，一要优化资金投向，主要支持智慧供应链行业中的尖端力量及小微企业薄弱环节，促进智慧供应链的整体搭建；二要优化资金下达各流程、各环节，保证财政资金的快速到位；三要优化资金使用的规范性监督体系，保证资金使用的效率和成果。通过鼓励供应链企业发行股债结合的创新金融工具，拓宽创新创业企业融资渠道、保障区域性股权市场融资环境；合理放松行政审批与市场管制，为智慧供应链的发展注入资金活力。第二个重要条件是应创造公平公正的营商环境，保证行业中的各企业能够通过自身艰苦奋斗、发挥创新力量得到同等水平的营收增长、市场占有率提升等现实回报，从而形成良好的市场格局、激发企业家的积极性。具体做到：一是尊重市场基本规律，保证不同所有制企业依法平等享有生产要素，不轻易以人为因素干扰市场公平竞争；二是在扶持目标的选择上，要确保有事实依据和公信力，关注评定过程的科学性，保证程序的合法性，从而实现结果的合理性；三是要重视知识产权保护，依法打击侵权行为，支持智慧供应链企业积极为

创新成果申请专利、商标等，从而激励行业创新，发挥先进科学技术在产业链中的集成作用。

第六节 总结与展望

健全的智慧供应链政策体系对规范和促进智慧供应链的创新发展至关重要。本书通过详细分析智慧供应链创新与应用的三大关键特征及其对政策设计的要求，提出智慧供应链创新与应用的政策体系相应地要具备精准性、精细性和全局性。基于此，我们从三大主要政策体系和一个配套支撑政策入手，搭建面向智慧供应链创新与应用的政策体系框架。在金融与监管政策上，提出要进一步规范智慧供应链金融主体权责，提供差异化政策支持；利用新技术构建智慧监管体系；持续引导技术驱动的供应链金融创新，并及时更新相应政策；同时，推进信用信息管理，建设生态化的智慧供应链金融。在质量与标准体系建设上，提出要针对不同主体的质量管理需要，建设全面质量管理体系并确保其有效落地；有次序有重点地建立相关标准体系，同时保持已有体系与新体系的协调一致。在政府公共治理政策上，提出要以智慧治理为支撑，实现对智慧供应链的多元共治，同时要优化资金扶持结构，创造公平公正的营商环境。最后，对于配套支撑政策，提出要推进智慧型人才的培养、推进智慧供应链的行业组织建设和智慧供应链创新应用的试点示范建设。

本书还存在一定的局限性。具体政策的设计应建立在充分了解智慧供应链行业及企业实际发展现状的基础上，因此政策制定需要与实地的考察与调研密切结合。同时，面对智慧供应链应用的不同行业，政策体系应具有相应的适应行业个性的变化。未来，还需要进一步对比研究农业供应链、制造业供应链、医疗供应链等各行业下智慧供应链应用的异同，分别提出相应的政策内容及政策的落地实施方案。

第十三章

推进智慧供应链创新与应用的配套政策研究

第一节 引言

大数据、云计算、人工智能、区块链等现代智能技术的推广应用，促进了我国智慧供应链的快速发展。智慧供应链是供应链和现代智能技术的深度融合，它使供应链成员在信息流、物流、资金流等方面实现无缝对接，从而达到供应链运作的智能化、网络化、信息化与集成化。国务院在2017年10月印发的《关于积极推进供应链创新与应用的指导意见》中明确提出，到2020年，形成一批适合我国国情的供应链发展新技术和新模式，基本形成覆盖我国重点产业的智慧供应链体系。因此，我国的智慧供应链政策正在加快发展。

智慧供应链的信息化、网络化和智能化的特点推动了供应链的深化变革。我国政府大力扶持智慧供应链的发展，出台一系列政策，强化措施引导。其中包括金融与监管政策、质量与标准体系建设、政府公共治理政策等主体政策体系，以及人才培育、行业组织、试点示范等配套政策。主体政策的推进和落实促进了智慧供应链的发展，但在配套政策的实施过程中仍存在一定问题，比如在人才培育方面存在人才定位滞后等问题，在行业组织建设上面临智慧化转型困难等难题，在试点示范建设上存在试点城市智能技术覆盖不全，试点企业智慧服务型业务有待扩展等问题。但在既有的学术研究中，有关智慧供应链创新应用的配套政策研究并没有得到系统的总结。因此，结合当前经济形势和产业格局优化转型趋势，着眼于研究推进智慧供应链创新与应用的配套政策,对配套政策的现状与问题进行分析,并提出相关政策建议。

本书旨在填补智慧供应链政策研究领域的空白,从人才培育、行业组织建设、试点示范建设三方面入手,明确智慧供应链配套政策的不足,从系统的视角出发,针对当下存在的痛点提出符合国情的政策建议,以便为我国智慧供应链政策未来的研究提供借鉴和参考。

本书的架构如下:第二部分分别介绍了2017年后我国出台的推进供应链发展的政策,以及美国、德国、英国、日本四个发达国家供应链方面的政策意见。第三部分着重分析人才培育、行业组织建设、试点示范建设三方面的现状,并阐述其未来发展趋势。第四部分从系统的视角针对第三部分分析得出的问题提出有针对性的政策建议。第五部分是总结与展望。

第二节 国内外相关政策研究

由于技术水平发展的不一致,发达国家相对于发展中国家更早将新兴技术运用于供应链中,并形成了成熟的体系。对发达国家推进智慧供应链创新与应用的政策进行归纳总结,并与我国的相关政策进行对比,方便后续借鉴发达国家的实践经验和发展模式进行相关政策的制定。

一 国内推进智慧供应链创新与应用的政策

中国的供应链发展起步较晚,直到2017年国家才首次出台供应链创新与应用的相关政策。为了加速推动实体经济与智慧技术的深度融合,政府从国家层面提出多项政策意见,布局智慧供应链发展,如表13-1所示。

表13-1 2017年以来国家出台与智慧供应链相关的政策

时间	部门	文件/会议名称	主要内容
2017年10月	国务院	《关于积极推进供应链创新与应用的指导意见》	要求加快人机智能交互、工业机器人、智能工厂、智慧物流等技术和装备的应用

续表

时间	部门	文件/会议名称	主要内容
2017年12月	工信部	《促进新一代人工智能产业发展三年行动计划（2018—2020年）》	要求提升物流装备的智能化水平，实现精准、柔性、高效的物料配送和无人化智能仓储
2018年4月	商务部等8部门	《国务院办公厅关于积极推进供应链创新与应用的指导意见》	通过试点，创新一批适合我国国情的供应链技术和模式，构建一批整合能力强的供应链平台，总结一批可复制推广的供应链创新发展的实践经验
2018年12月	国家发改委	《国家物流枢纽布局和建设规划》	加强现代信息技术和智能化、绿色化装备应用，打造绿色智慧型国家物流枢纽
2019年3月	国家发改委	《关于推动物流高质量发展促进形成强大国内市场的意见》	鼓励物流和供应链企业开发面向加工制造企业的物流大数据、云计算产品，提高数据服务能力
2020年4月	国家邮政局、工业和信息化部	《关于促进快递业与制造业深度融合发展的意见》	打造智慧物流，推动先进技术与制造业供应链的深度融合，提升基础设施、装备和作业系统的信息化、自动化和智能化水平
2020年8月	国家发改委等14个部门	《物流业制造业深度融合创新发展的实施意见》	进一步推动物流业制造业深度融合、创新发展，促进制造业转型升级
2021年3月	国家发展改革委等13个部门	《制造服务业高质量发展的意见》	利用5G、大数据、云计算等新一代信息技术，大力发展智能制造，促进制造业发展模式和企业形态根本性变革
2021年4月	商务部等8单位	《商务部等八单位关于开展全国供应链创新与应用示范创建工作的通知》	力争用5年时间培育一批全国供应链创新与应用示范城市和示范企业

二 国外推进智慧供应链创新与应用的政策

供应链创新与应用已成为国民经济高质量提升的重要动力。在国际上，美国、英国等发达国家早于我国认识到供应链能促进经济发展，将供应链提升到宏观层面，比如国家战略层和全球治理层。因此，借鉴发达国家供应链相关政策及其实施（如表13-2所示），可以明确我国智慧供应链发展的阶段,对我国后续供应链政策的制定具有参考意义。

表13-2 部分发达国家出台与智慧供应链相关的政策

国家	时间	文件/会议名称或来源	主要内容
美国	2012年2月	《全球供应链安全国家战略》	提出促进产品运输高效安全和培养具有弹性的供应链两大战略目标
	2021年2月	白宫发布开展供应链审查的行政命令	提出加强供应链弹性的政策以实现弹性、多样化且安全的供应链,确保国家安全和经济繁荣
德国	2013年9月	德国工业4.0战略	推动工业供应链的智能化和信息化,构建智能化供应链
	2021年3月	《供应链法》	要求企业确保在其供应链中不会发生污染环境或侵犯人权的行为。规定了更多的尽职调查义务:包括企业风险分析的责任,企业后续措施来降低风险和不利影响等
英国	2015年	《加强英国制造业供应链政府和产业行动计划》	提升制造业供应链竞争力上升为国家战略,从创新等6个领域加强对制造业供应链的扶持
	2017年	《现代产业战略:构建适应未来的英国》白皮书	在"创新"等五大基础上,做好面临"人工智能与数据""大数据"等四大挑战,以保证英国在全球供应链中的优势
日本	2013年	《日本振兴战略》	提出推动具有全球竞争优势的制造业与服务业的供应链发展
	2017年	《综合物流施政推进计划(2017年度—2020年度)》	内容涉及:供应链协同;构建智能物流供应链;与相关各方紧密合作,构建高效一体的可持续供应链等

三 智慧供应链相关政策的研究进展

通过对文献进行系统梳理,可以发现国内专家学者对我国智慧供应链相关政策开展了广泛深入的研究,主要体现在金融与监管政策、质量与标准体系建设、政府公共治理政策三个方面。

在金融与监管政策研究中,王芬和苏丹(2014)对中小企业供应链金融的主要模式进行了研究，研究得到该组织模式的关键创新点，并提出政策引导方面的建议。李文瑞（2019）通过总结国内发展供应链金融的政策、做法和经验，提出要提高供应链核心企业的主导作用、聚焦产业区位优势发展特色供应链金融等政策建议。徐鹏杰、吴盛汉（2018）认为与传统融资相比，供应链金融融资具有巨大优势，但在运行模式、授信、法律等操作层面缺乏监管政策。张婉荣、朱盛萍（2019）以红岭创投违约案件为例，针对各个风险点进行了深入分析，从供应链金融的系统性风险、金融风险出发，构建了供应链金融风险监管和控制框架。

在质量与标准体系建设政策中，奚道云等（2019）构建了市场机制下绿色供应链标准体系框架。张博（2020）通过研究，提出顺应产业变革趋势，要打造细分化、专业化和标准化供应链产业领域，通过推动智慧供应链、电子支付等领域高速发展，加强标准体系建设。王宝维等（2021）搭建健康禽肉赋码销售的供应链标准体系，为推动我国禽肉类供应链闭环管理、提升产品质量安全提供技术支撑。

在政府公共治理政策中，魏际刚（2019）通过研究指出，政府公共政策实行过程中，公共基础设施、社会化基础设施、企业自营基础设施之间的比例不尽合理。谢趁意（2020）提出政府部门要研究制定切合实际的支持现代供应链业发展的公共政策，推动现代供应链业实现高质量发展。

国内近年关于智慧供应链的政策研究主要集中在金融与监管政策、质量与标准体系建设、政府公共治理政策等主体政策体系上，而缺乏配套政策的研究，因此本书围绕人才培育、行业组织、试点示范等配套政策展开研究。

第三节　国内推进智慧供应链创新与应用配套政策的现状分析

伴随着智慧技术的发展和市场需求的驱动，供应链逐渐延展至全球范围，智慧供应链的变革趋势越发明显。自2017年来，国家陆续出台多项推进智慧供应链创新与应用的配套政策，相关政策大大促进了智慧供应链的发展，但仍存在一定问题，以下将从人才培育、行业组织建设、试点示范建设三方面入手，分析其配套政策的实施现状。

一 人才培育政策

人才是推动企业组织变革和智慧供应链高质量发展的根本保障。目前我国供应链专业的建设尚处于发展初期，供应链人才存在供需矛盾，人才培育政策存在以下问题。

（一）智慧供应链人才培养与供应链升级发展脱节

新技术的成功研发和投入使用往往会驱动产业转型升级和企业内部优化调整，生产流程智能化和组织机构集约化，最终导致一些传统岗位消失、新型职业涌现。由于新岗位对知识与技术水平的要求更高，致使传统体系下培养的人才不再符合要求。因此，智慧供应链的发展会产生出新型的工种、岗位，而目前的人才培养跟不上智慧供应链的发展升级。虽然高校在培养供应链人才方面已经有了突破性进展，但第一批国内本科供应链管理专业学生尚未毕业，市场对高校毕业生仍然存在较大的需求。

（二）现有课程体系缺乏智慧供应链类课程

目前，大部分高等院校供应链类专业的课程设置还停留在传统物流、传统的供应链上，教学内容没有体现智慧供应链管理的特点，严重制约了我国智慧供应链的进一步发展。因为缺乏智慧供应链系统的人才培养体系和专业课程体系，导致教学场景与真实世界脱离，最终导致学生进入企业后难以快速学以致用，高校培养的人才难以对接智慧供应链时代发展的需求。

（三）信息化教学和模块化实践尚有较大提升空间

供应链管理相关专业大都设在高校的管理学院，理论课程类的教学偏多，实践课程安排的课时较少。并且，由于智慧供应链类的教学资源开发不足，缺乏符合智慧供应链要求的信息化、标准化教学资源，特别是在实践实训资源和环境缺乏的情况下，高校设计的实践教学过于简单，缺乏与企业发展实际结合、具备体验感和系统性的实践教学体系。

二 行业组织建设

随着各项智慧供应链政策的出台，各省市的协会和组织也纷纷成立。

这些协会的主要工作内容包括研究并完善智慧供应链理论、广泛推广并应用智慧供应链技术、深度探索并创新供应链实践管理，发挥企业与政府之间沟通枢纽作用，为企业、政府、社会三方服务。但目前行业组织的发展建设仍存在以下问题。

（一）信息化、数字化转型困难

当前，供应链企业顺应产业变革浪潮转型升级，朝着智慧化方向快速发展，但我国一些行业协会发展却相对滞后，本应跟随企业共同转型升级的行业组织遇到困难，无法跟上企业的供应链智慧化转型的节奏。主要原因是行业组织在服务智慧供应链企业时存在的能力不足、内部管理松散、组织体系不完善等典型问题，在面临新的时代需求时无法快速转型，无法更好地为企业、行业、社会、政府提供智慧化服务。

（二）现有能力无法解决企业的智慧化方面的需求

行业组织提供的服务往往不是免费的，主要是以会员参会的方式来运营，并对会员收取相应的会费和咨询费。许多行业组织的服务水平有限，只能提供给企业基础的信息查询、政策查询等方面的内容，没有对企业进行深入的调研，也就无法对企业提供实质上的发展建议。特别是现在各企业都需要智慧化转型的成功经验、智能设备的购买途径和使用方法等，而部分行业组织信息搜集能力低下，无法解决企业的需求。

（三）智慧供应链信息服务平台建设不完善

目前各省市地区相继成立了物流与供应链管理协会，但由于各地区政策和配合水平不一致，导致行业组织之间的服务水平参差不齐。在物流与供应链行业较发达的东南沿海地区，其物流行业组织为跟上企业发展的步伐，尝试搭建信息平台，与企业共享资源、数据，联系专家为企业提供咨询服务等。而对于物流行业较不发达的中西部地区，它们依旧停留在提供基础的信息查询，并且信息还可能缺乏实效性和准确性。行业组织对信息平台的建设不够重视，许多协会的网站、公众号等对外平台都存在着行业报告、通知公告更新不及时的情况。

三　试点示范建设

为了提高重点城市和重点企业的竞争力，摸索出适合我国国情和市场环境的典型做法，商务部等8部门在2018年4月发布《关于开展供应链创新与应用试点的通知》，开始开展第一次试点工作，并于2021年4月开始组织第二次试点示范创建工作。根据商务部统一组织的调查表明，当下试点示范建设仍存在以下问题。

（一）试点城市存在的问题

一是智慧供应链标准不完善。相关标准和规定的缺失可能会导致行业野蛮发展，市场呈现混乱、难以管控和协调的局面。二是产业生态尚未形成。试点城市供应链企业市场集中度低，供应链重点领域龙头企业少，缺乏竞争力无法形成合理分工、高效协同、优势互补的区域产业供应链格局。[①] 三是智能技术覆盖范围不够广。智慧供应链是智能城市中的一部分，智能技术没有全面覆盖就会导致试点城市最终示范得不到最佳效果。四是供应链的抗风险能力低。供应链出现中断的风险大，容易对城市整体的生产制造产生影响，生产节奏遭到破坏，不利于试点工作的开展以及后续城市的发展（中国物流与采购联合会，2021）。

（二）试点企业存在的问题

一是管理水平有待提高。企业管理能力跟不上智慧供应链发展的节奏，无法对企业的所有运作过程实现实时管控。二是智慧型专业服务有待拓展。智慧服务可以应用于多种多样的场景，目前大多数企业的服务范围有限，可以通过扩大专业服务的范围来寻找企业发展的突破口。三是一体化云平台建设仍需推进。供应链平台围绕整合闲置资源、对接供需要求和信息服务的功能仍需完善，云平台对技术水平要求高，不是一朝一夕就能能搭建成功，试点企业要不断推进、逐步完善云平台的功能。智慧供应链的可视化、可管控范围仍需优化。实现全程可视化可管控能够加强信息融合与共享，帮助企业、顾客等更好地监督流程的操作实施，有助于企业对操作进行实时控制。

---

① 中华人民共和国商务部：《商务部等八部门关于开展供应链创新与应用试点的通知》，http://www.mofcom.gov.cn/article/h/redht/201804/20180402733336.shtml，2018 – 04 – 17/2021 – 05 – 12。

第四节　推动智慧供应链创新与应用的配套政策落实的建议

一　人才培育政策建议

(一) 充分把握新时代智慧人才培养的新需求

受智慧供应链政策风口的推动，2021—2023 年我国供应链人才需求大概有 430 万的缺口，目前我们的供应链人才培养还处于启动阶段，需要发挥社会方方面面的力量来尽快解决我国供应链人才短缺的问题。

随着政策环境的改善和新兴技术广泛应用，供应链已经发展到与互联网密切融合的智慧供应链阶段。智慧供应链呈现出可视化、可感知和可调节的典型特征。这些新需求、新变化衍生出新的人才需求，要求供应链专业人才不仅要熟悉供应链各个领域的相关知识和运作流程，还要具有供应链战略思维，掌握物联网、大数据、人工智能等新技术，并能熟练应用新技术进行需求预测、数据挖掘和建模仿真，因此，新时代的人才培养要密切关注上述新的需求。

(二) 加强学历型人才培养，更新智慧课程体系

(1) 精准化定位智慧型人才培养，对接企业的人才需求

智慧型供应链人才培养定位要与企业的智慧人才需求一致。人才培养体系的建立需要高校、实体企业共同努力，明确两个主体在产教融合模式中的角色定位，创新智慧型人才培养体系，高校和企业之间相互赋能、相互服务，形成"人才需求→人才培养→人才供给"的人才供应链流程，构建共生融合的教育生态。只有致力于培养以能力为核心的智慧型、复合型应用人才，才能满足企业未来对供应链人才综合职业能力的要求。

(2) 以智慧供应链为重点，结构化重构课程体系

智慧供应链类课程体系的重构应与基于工业 4.0 的智慧供应链发展模式相匹配。课程体系的重构与创新应搭建"T 型结构"，即一方面通过课堂教授专业核心课程来达到智能供应链类目标岗位的胜任要求，另一方面又通过案例分析等方式锻炼学生优化流程、解决问题的一体化思维和关键能力。同时，课程结构上要遵循"7—2—1"的法则，即规划设计方面的课程占七成，运营执行方面的课程占两成，运作支持方面的课程占一成。

要注重课程的高阶性、创新性和挑战度，围绕核心知识课程，突出实践驱动。

（3）智慧教学，引企入教

高校可以与智慧供应链企业全面合作，共同开设以培养专业化、高水平的智慧供应链人才为目标的创新实验班；鼓励智慧供应链企业的高层次人才进课堂，在课堂中纳入实际工作中需要掌握的技能（王晓艳，2018），校企双方合作开发智慧供应链的实训项目，实现精细化实习。实践课程的建设要以学生为中心，让学生有机会在智能的情境中工作，感受工作环境，整合工作任务，让学生不仅能运用课堂上学习到的理论知识和实践操作，还能在工作过程中获得职业认知和自我认可。

（三）高起点开展企业型人才培训课程体系

高层次人才对智慧供应链企业的发展是关键。对于已经在物流领域工作过一段时间的人才，他们有丰富的实践经验，但在与智慧供应链相关的理论知识上稍有欠缺，对行业中大数据、区块链等先进智能技术的应用也缺乏了解。因此除了加强学历型人才的培养，也要开展企业型人才的教育。

在企业型人才的培训课程体系设置中，要考虑到他们已经具有一定的知识积累。因此，培训课程体系要立足于高起点、中高难度来进行设置。培训可以采用企业经验分享、院校专家授课、小组研讨等多种教学方式，帮助学员深刻理解智慧供应链的发展趋势和智能技术在企业中的实践与创新。例如，由全国物流职业教育教学指导委员会主办的"数智化背景下供应链大数据应用"能力提升研修班中，通过"解读怡亚通供应链大数据内涵建设与发展""区块链驱动供应链管理体系的发展之路和经验分享""AI+智慧供应链人工智能创新场景应用"等一系列课程，帮助企业型人才拓展在智慧供应链的创新创造能力，提高其对智能技术的实践应用能力。

二 行业组织建设政策建议

（一）未来行业组织的功能趋势

在智慧供应链的大背景下，行业组织转型之后要以推动智慧供应链领域的交流与合作，促进智慧供应链快速发展为宗旨。运用信息化技术围绕核心企业开展资源高效配置和市场深度融合，打造合作共赢的"整体网链"结构。帮助协会的会员企业开展技术创新、管理创新、运营创新。促进企业沟通交流、多方共赢。

（二）加速数字化转型，创新服务模式

行业组织要从传统思维转向互联网思维，因此要尽快解决阻碍转型的因素，加速数字化转型。从智慧供应链发展的外部环境来看，"互联网+"将持续助推传统行业协会转型升级，促进行业组织不断优化，并推进服务模式迭代演进。从内部环境看，行业组织要创新服务模式，比如夯实基础功能模块，将协会的基础工作，如培训和调研，朝着智慧功能模块的方向打造，促进日常工作提质增效，激发行业组织活力。

（三）强化资源整合能力以匹配企业的智慧化需求

通过提高自己的业务能力、服务质量，提高企业对行业组织的信任度，吸引优质的智慧供应链企业入会，从而提高行业认同度、保证收入并发展壮大。

加快智慧供应链发展的行业信息资源的收集和整理，拓展信息获取渠道，提高自身信息获取能力。对所获信息进行梳理、加工与专业分析，将有价值和可利用的信息整合结果及时反馈给企业。行业协会要发挥其政府与企业的中间桥梁作用，联合龙头企业和本地高校，提高信息利用能力，并达成一定范围内的信息共享，从而帮助政府更好地传达智慧供应链实施政策，帮助企业更好地掌握市场资源。

（四）完善行业协会的智慧供应链信息服务平台建设

信息服务平台建设非常重要。行业协会要搭建智慧供应链信息服务平台。平台建设中，要结合互联网、大数据等先进技术，为协会成员提供各个领域的全方位服务。平台的功能应该包括供需信息交流、投融资交流、人才资源服务、企业诚信管理、政府扶持资金申报、供应链技术咨询、供应链培训服务等。

三 试点示范建设政策建议

（一）"十四五"期间试点示范的发展趋势

疫情危机之下，全球供应链受到巨大冲击。"十四五"期间，试点城市和企业将面临新的、更高的要求。从试点城市的发展趋势来看，试点城市要向打造创新链、供应链与实体产业深度融合，集畅通物流、联通信息流、融通资金流、流通人才流、联动政务于一身，能有机衔接产供销一体化、畅通内外贸业务流，全面建立供应链创新生态的智慧城市发展（王松等，2019）。从试点企业的发展趋势来看，试点企业要着重打造智慧供应链平台，实现供应链透明可控，建设高度弹性的供应链体系，延伸布局全球供应链，推动企业供应链安全、自主、可控。

（二）城市试点重点任务

（1）建设智慧供应链标准化工程

试点城市要积极探索适应本土供应链发展特点的管理体制，推动形成跨部门、跨区域的供应链法治体系、行政管理体系，加速实现供应链治理能力现代化，加快建设治理流程的标准化。同时，还要加强在信息化和标准化上的建设，推进"物""流""链""网"的标准协同规范和标准统一，实现供应链的可感、可视、可控以及网络化，最终达到协同共享的目标。

（2）发展区域智慧供应链行业，优化产业链

各城市可以围绕"三中心一体系"建设，打造供应链资源配置中心、供应链科创中心、供应链金融服务中心、供应链服务支持体系，促进产业链做大做强，推动供应链做深做长，加速实现供应链向高端价值链的提升。针对重点产业集群推动"延链""强链""固链"建设，提高产业集群竞争力。加大供应链核心企业和专业领域龙头企业培育力度，增强关键环节、重要标准和核心技术控制力，形成供应链竞争新优势（翁世洲和朱俊，2020）。

（3）全面推进供应链智能化转型

试点城市要在应用现代供应链管理技术和模式的基础上，对新型基础设施加大投入，对数字化公共服务平台加快建设，推动智慧基础设施的合理规划与布局。以"数据驱动，赋能效应，减少无效，人物相接"为目标，创新工作推进机制，培育新理念、新模式，建立供应链生态。

（4）完善智慧供应链的预警和协调机制

加强产业供应链的评估与分析工作，定时排查风险点，从而优化调整产业供应链布局。完善供应链风险预测监控机制，运用现代信息技术手段

提高风险识别能力，做好风险处置。并且探索建立跨部门、跨地区、跨产业的协同机制，统筹各方力量，做好供应链预警体系建设和应急方案的准备。

（三）企业试点重点任务

（1）提高智慧供应链的管理水平

企业应用先进的自动化设备和高新技术后，管理水平也应该提高，以匹配智慧供应链发展水平。企业应运用现代供应链管理方法、理论、思维，推动采购、运输、物流、制造、销售等信息互通和流程再造，加快企业供应链数字化升级，同时提升企业内部物料、产品、资金、信息等的配置效率，降低运营成本。在企业间建立战略合作伙伴关系，与同行组织共享服务模型，加强企业间供应链标准对接，协同上下游加强并行工程、群体决策等供应链协作体系。

（2）拓展供应链智慧型专业服务

相关企业要利用自身的市场优势、平台优势、技术优势，积极地为中小企业赋能，提供智能化的质量管理和购销管理等服务。要探索开拓供应链的专业服务，提供原材料供应、采购执行、仓储管理、运输配送、订单开发、产品代理等专项服务或集成服务。同时，相关企业可以联合金融机构共同发展集智能型、流程型于一体的供应链金融业务，为上下游企业提供基于供应链的商业保理、信誉评估、保险经纪等金融服务。

（3）加快推进供应链数字化平台建设

把供应商、制造商、服务商、客户整合到全链路供应链协同的一体化平台，通过系统合作，统筹各个环节的物流资源，让双方或多方获得更有价值的信息和数据，从而高效配置资源要素、精确匹配供给需求。同时结合数据中台建设，加强数据应用，以提高分析决策能力。建立企业间供应链战略合作伙伴关系，加强信息共享、并行工程等方面协同管理。

（3）实现供应链端到端全流程可视与智能管控

从产品生产到销售的整个生命周期中，对产品进行标签化处理以便进行管控以及数据的采集和读写，实现全流程透明、可追溯。例如在仓储方面，实现货物线上进出库操作，统一窗口对接客户，仓库间信息共享，库存信息实时更新，货权无障碍转移。在运输方面，实现运力智能调度和客户订单整合，全过程监控车辆和订单，实现全链路可视化。

第五节　总结与展望

推进智慧供应链创新与应用的各项政策对供应链未来的发展至关重要，政策的制定和实施要符合当下智慧供应链的发展步伐及特点。本书在已有学者对供应链人才的培养措施、行业组织建设、试点示范的典型经验的基础上，从人才培育、行业组织建设、试点示范建设三个方面入手进行了深入研究。我们的研究得到了如下结论：

（1）本书在供应链人才培养措施的理论基础上，以智慧供应链的视角对学历型人才和企业型人才的培育政策提出了新的要求。学历型人才的培养首先要调整课程设置，着重于先进技术的教学与实践；企业型人才的培养需要政府、各高校以及供应链行业组织举办培训课程，学习理论知识。

（2）本书在协会组织建设的理论基础上，以智慧供应链的视角提出了行业组织建设未来的趋势，在智能化的大背景下，要强化资源整合能力，搭建中小企业平台，更好地服务于企业，营造良好的行业环境。并在政府和企业之间发挥信息传递和相互沟通的作用，协同政府促进行业发展。

（3）本书在试点示范的典型经验和做法的基础上，以智慧供应链的视角对试点城市和试点示范的重点任务进一步规范，试点城市要向智能城市转型，发展区域智能供应链，提高供应链的抗风险能力，同时建立智慧供应链标准；试点企业要提高自身管理水平，搭建信息一体化平台，拓展供应链业务，实现端到端全流程可视与智能管控。

本书的政策研究仍存在一定的局限性，书中提出的相关建议基于已有学者的研究，未来要对企业中政策的实施情况进行统计整理和更细致的归纳，完善研究的相关内容。同时，后续研究也可以通过对相关的企业和行业组织进行调查访谈，获得真实的一手数据信息，从而为政策的制定者和执行者提供更可靠的经验和建议。

参考文献

蔡恒进、郭震：《供应链金融服务新型框架探讨：区块链＋大数据》，《理论探讨》2019年第2期。

蔡昭君、高炳易、任为等：《智慧物流背景下高职物流人才培养模式研究与实践》，《河北企业》2020年第5期。

曹俊：《供应链金融信用风险管理》，硕士学位论文，大连海事大学，2011年。

曹艳、刘璟、赵美焕等：《绿色供应链标准体系研究》，《标准科学》2016年第S1期。

曹允春、林浩楠、李彤：《供应链金融创新发展下的风险变化及防控措施》，《南方金融》2020年第4期。

柴正猛、黄轩：《供应链金融风险管理研究综述》，《管理现代化》2020年第2期。

陈广、宋述贵、杨凯：《电力行业物资供应链管理标准化体系研究》，《中国标准化》2021年第17期。

陈嘉楠：《美国政府发布〈2021财年政府研发预算重点〉》，http：//aoc.ouc.edu.cn/2019/0912/c9829a265604/page.htm。

陈小蕴：《大数据背景下B2C供应链金融信用风险控制研究》，《科技经济导刊》2019年第32期。

戴昕琦：《商业银行信用风险评估模型研究——基于线上供应链金融的实证》，《软科学》2018年第5期。

单忠德：《固优势、补短板，持续推进制造业优化升级——解读〈2019中国制造强国发展指数报告〉》，《中国工业和信息化》2020年第Z1期。

德勤：《2020 全球零售力量》，https：//www. deloitte. com/content/dam/Deloitte/cn/Documents/consumer-business/deloitte-cn-cb-global-powers-of-retailing-2020-en-200212. pdf。

第一财经：《推进供应链立法　德国出于何种考量》，http：//finance. sina. com. cn/roll/2021 － 04 － 19/doc-ikmxzfmk7575922. shtml。

丁俊发：《深度！美国把"全球供应链"列为"安全国家战略"说明了什么?》，http：//www. sohu. com/a/106412051_187325. 2016 － 07 － 18。

丁倩兰、张水旺、梅瑜等：《数据驱动的智慧供应链生态体系构建》，《商业经济研究》2020 年第 18 期。

东纯海、史嫣、王凤璿等：《卓越供应链标准体系建设与效果》，《物流技术与应用》2016 年第 2 期。

董红永：《改革开放以来供应链形态演进研究》，《商业经济研究》2021 年第 5 期。

窦丽琛、刘红、刘雪颖：《基于互联网 + 的京津冀茶产业智慧供应链一体化构建研究》，《福建茶叶》2016 年第 12 期。

段迎君：《新时期供应链创新：以区块链为核心技术支撑的泛智慧供应链全息生态圈建设构想》，《经济师》2019 年第 8 期。

《发展改革委关于印发〈增强制造业核心竞争力三年行动计划（2018—2020 年）〉的通知》，http：//www. gov. cn/xinwen/2017 － 11/29/content_5243125. htm。

樊莲花：《"互联网 +"背景下智慧供应链应用型物流人才培养模式研究》，《经济研究导刊》2018 年第 21 期。

范方志、苏国强、王晓彦：《供应链金融模式下中小企业信用风险评价及其风险管理研究》，《中央财经大学学报》2017 年第 12 期。

范江东、高瞻、郑逸林等：《电网现代智慧供应链数字物流体系构建要素、演化及其实践》，《物流技术》2021 年第 2 期。

费军、贾慧真：《智慧政府视角下政务 APP 提供公共服务平台路径选择》，《电子政务》2015 年第 9 期。

付玮琼：《核心企业主导的供应链金融模式风险机理研究》，《企业经济》2020 年第 1 期。

郭建锦、郭建平：《大数据背景下的国家治理能力建设研究》，《中国行政管理》2015 年第 6 期。

郭鹏：《国际物流供应链安全标准体系及应用分析》，《对外经贸实务》2012 年第 3 期。

郭仲勇、岳勇、梁勇利：《政府数据供应链数字化及其价值研究与实践探索》，《网络空间安全》2020 年第 10 期。

《美国白宫发布行政命令开展供应链审查评估》，搜狐网，https://www.sohu.com/a/453737410_635792。

《〈国家创新驱动发展战略纲要〉政策解读》，国新网，http://www.scio.gov.cn/34473/Document/1478594/1478594.htm。

韩冠军：《食品供应链的政府监管体制研究》，硕士学位论文，山东师范大学，2012 年。

何昇轩：《基于 B2B 平台的线上供应链金融风险评价研究》，博士学位论文，吉林大学，2016 年。

贺三龙：《打造智慧供应链平台服务体系 保障制造业供应链安全》，《中国经贸导刊》2020 年第 15 期。

胡建华、赖越：《国家治理现代化视域下我国政府治理转型研究》，《江西理工大学学报》2018 年第 4 期。

胡永保、杨弘：《国家治理现代化进程中的政府治理转型析论》，《理论月刊》2015 年第 12 期。

黄成成、叶春森、王雪轩等：《智慧供应链体系构建研究》，《价值工程》2018 年第 23 期。

黄锐、陈涛、黄剑：《中国互联网供应链金融模式比较研究》，《广东外语外贸大学学报》2016 年第 2 期。

江莺：《商业银行供应链金融信用风险评价研究》，硕士学位论文，上海财经大学，2020 年。

姜浩、郭頔：《新型供应链金融模式在小微企业融资中的应用研究》，《西南金融》2019 年第 4 期。

姜奇平：《新金融秩序下"信息—金融"数量价格传导机制与数字金融风险监管》，《价格理论与实践》2021 年第 1 期。

姜燕宁、郝书池、林媚珍等：《物流行业协会发展现状与功能提升对策研究》，《物流科技》2011 年第 1 期。

鞠彦辉、许燕、何毅：《信息混沌下银行线上供应链金融信用风险盲数评价模型构建》，《企业经济》2018 年第 6 期。

科情智库：《白宫报告：特朗普政府 2018 年重大科技举措综述》，https：//www.secrss.com/articles/9208。

郎志正：《质量与标准漫谈》，《中国标准化》2000 年第 5 期。

李昌明：《供应链环境下加工制造企业质量链管理研究》，硕士学位论文，天津大学，2006 年。

李刚、樊思呈：《面向智能制造的智慧供应链研究述评与展望》，《供应链管理》2020 年第 4 期。

李浩茹：《基于数据挖掘的商业银行企业客户信用风险评估研究》，硕士学位论文，中南大学，2010 年。

李纪桦：《商贸企业发展中供应链金融的应用分析》，《当代经济》2021 年第 1 期。

李鸣、李佳秋、孙琳：《区块链标准化现状及思路》，《中国信息安全》2018 年第 5 期。

李倩、苏越良：《基于供应链金融的商业银行信用风险评估》，《价值工程》2014 年第 8 期。

李卫东、王婕、王保健：《医院 SPD 智慧供应链项目的应用实践》，《中国数字医学》2019 年第 10 期。

李文瑞：《发展供应链金融：国内经验与甘肃实践》，《甘肃金融》2019 年第 4 期。

李晓明：《商业银行供应链金融风险管理研究》，《市场周刊》2021 年第 4 期。

李秀杰：《ZY 公司供应链风险管理研究》，硕士学位论文，吉林大学，2015 年。

李毅学：《供应链金融风险评估》，《中央财经大学学报》2011 年第 10 期。

李子文：《国际视野下的供应链政策及启示》，《纺织科学研究》2019 年第 7 期。

林朝阳：《物流和供应链管理模式下的质量管理分析》，《佳木斯职业学院学报》2015 年第 12 期。

林海霞:《面向智能制造的供应链管理体系构建研究》,《商场现代化》2020年第19期。

林强:《物联网技术在物流中的应用研究》,《信息记录材料》2020年第6期。

刘海珍、杨明祥:《基于现代智慧供应链创新模式的物资计划管理》,《中国信息化》2021年第2期。

刘金月、张红梅:《大数据背景下供应链金融中小企业信用风险评价研究》,《南方农机》2021年第9期。

刘伟华、邓明朗、梁艳杰等:《智慧供应链创新的路径设计研究》,《供应链管理》2020年第1期。

刘伟华、金若莹:《国内外智慧供应链创新应用的比较分析与经验借鉴》,《物流研究》2020年第1期。

刘伟华、马越洋、孙嘉琦:《支撑智慧供应链创新的关键技术应用架构研究》,《天津市社会科学界联合会、天津市社会科学界第十五届学术年会优秀论文集:壮丽七十年 辉煌新天津》(下),天津市社会科学界联合会,2019年。

刘伟华、王婧锟、周斌等:《智慧供应链创新中的技术应用机制研究》,《供应链管理》2020年第2期。

刘伟华、王思宇、贺登才:《面向国际产能合作的智慧供应链绩效影响因素——基于多案例的比较》,《中国流通经济》2020年第9期。

刘晓剑:《中国信用评级行业监管研究》,博士学位论文,湖南大学,2012年。

芦效峰、付淞兵:《属性基加密和区块链结合的可信数据访问控制方案》,《信息网络安全》2021年第3期。

吕晶晶、王楠:《大数据能力、供应链柔性与零售企业绩效》,《商业经济研究》2020年第24期。

吕旭:《S公司供应链质量管理改善研究》,硕士学位论文,华南理工大学,2020年。

麻书城、唐晓青:《供应链质量管理特点及策略》,《计算机集成制造系统》2001年第9期。

马佳:《供应链金融融资模式分析及风险控制》,硕士学位论文,天津大学，2008年。

马明月：《名牌产品供应链不良环境行为的影响因素研究》，硕士学位论文，江苏大学，2018年。

马帅旭：《供应链质量过程评价及优化研究》，硕士学位论文，郑州大学，2012年。

《国办厅发布指导意见 供应链发展正进入智慧生态阶段》，贸易金融网，http：//www.sinotf.com/GB/SupplyChain/1084/2017－11－09/xOM-DAwMDI5MDQxOA.html。

孟丽：《基于供应链金融的中小企业信用风险评价体系构建》，硕士学位论文，天津理工大学，2011年。

孟亚洁、武林：《信息通信技术发展趋势展望》，《中国电信业》2021年第2期。

牛似虎、周宝刚、庞浩：《供应链金融信用风险动态评价研究》，《经济研究参考》2015年第28期。

齐丽斯：《智慧城市发展对我国政府管理创新的影响》，《公共治理》2015年第3期。

前瞻产业研究院：《2020年中国智慧物流行业相关政策及解读分析利好政策多方面引导和促进行业发展》，https：//bg.qianzhan.com/trends/detail/506/200813－00bbf6b9.html。

前瞻产业研究院：《智慧物流重点政策解读市场有望迎来爆发》，https：//f.qianzhan.com/keyan/detail/200629－1de4917a.html。

钱颖萍：《企业智慧物流技术应用现状——以京东物流为例》，《中国储运》2020年第11期。

区块链服务网络BSN：《推动区块链基础设施建设，先要破解区块链发展"三高"难题》，https：//www.163.com/dy/article/GOROS63B0538AWCK.html。

人民日报：《〈政府数据供应链白皮书〉发布 数据供应链助力治理现代化》，http：//www.gov.cn/xinwen/2019－08/28/content_5425113.html。

商务部流通业发展司：《关于开展2018年流通领域现代供应链体系建设的通知》，http：//www.mofcom.gov.cn/article/h/redht/201805/20180502749043.shtml。

沈费伟：《智慧治理："互联网＋"时代的政府治理变革新模式》，《中共福建省委党校学报》2019 年第 4 期。

盛朝迅：《以"四个优化"加速新动能发展壮大》，《中国发展观察》2017 年第 6 期。

施文娴：《智慧物流背景下物流岗位需求分析及高职物流人才培养建议》，《物流工程与管理》2018 年第 4 期。

石瑞杰、李闯、张宾等：《基于智慧供应链的电工装备智能制造应用研究》，《物联网技术》2020 年第 6 期。

宋华、刘文诣：《供应链多技术应用研究综述》，《供应链管理》2021 年第 1 期。

宋华、杨璇：《供应链金融风险来源与系统化管理：一个整合性框架》，《中国人民大学学报》2018 年第 4 期。

宋华、杨雨东：《现代 ICT 赋能的智慧供应链金融创新与发展》，《中国流通经济》2019 年第 12 期。

宋华：《新兴技术与"产业供应链+"——"互联网+"下的智慧供应链创新》，《人民论坛·学术前沿》2015 年第 22 期。

宋华：《智慧供应链金融》，中国人民大学出版社 2019 年版。

宋林丛、鲁敏：《国内智慧政府相关研究综述（2005—2015）》，《现代经济信息》2016 年第 11 期。

宋明顺：《未来标准化发展趋势之我见》，《中国标准化》2021 年第 1 期。

宋姗姗：《制造企业供应链质量控制体系构建》，硕士学位论文，兰州理工大学，2018 年。

陶璐璐、范宇麟、周咏梅：《互联网供应链金融在医疗行业中的应用研究——以青岛大学附属医院智慧供应链金融为例》，《商业会计》2018 年第 15 期。

《京东物流：一体化供应链物流服务助产业升级推动高质量发展》，腾讯网，https://new.qq.com/omn/20211021/20211021A011IB00.html。

王宝维、陶开宇、伏丽萍等：《基于健康禽肉赋码销售的供应链标准体系建设策略》，《中国家禽》2021 年第 4 期。

王春城：《政策精准性与精准性政策——"精准时代"的一个重要公共政策走向》，《中国行政管理》2018 年第 1 期。

王芬、苏丹：《基于供应链金融模式的中小企业融资创新及引导政策研究》,《物流技术》2014 年第 9 期。

王露霏:《大数据思维中的地方政府治理转型研究——基于 A 市"最多跑一次"改革的分析》,硕士学位论文,浙江师范大学,2020 年。

王鹏虎: 《数字时代的供应链金融发展趋势》, 《银行家》2020 年第 12 期。

王松、张晓梅、黄福华等:《智慧物流背景下的物流专业教学改革——基于产教融合的视角》,《物流工程与管理》2019 年第 11 期。

王晓艳:《美国高校供应链人才培养的借鉴与思考》,《应用型高等教育研究》2018 年第 4 期。

王旋:《基于结构方程模型的供应链金融下中小企业信用风险评价研究》,硕士学位论文,浙江理工大学,2017 年。

王勇、邓旭东:《农产品供应链信息系统集成管理——"菜联网"工程的实践》,《中国流通经济》2014 年第 1 期。

魏尔曼:《标准化是一门新学科》,科学技术文献出版社 1980 年版。

魏际刚:《中国物流业发展的现状、问题与趋势》,《北京交通大学学报》(社会科学版) 2019 年第 1 期。

翁列恩、李幼芸:《政务大数据的开放与共享:条件、障碍与基本准则研究》,《经济社会体制比较》2016 年第 2 期。

翁世洲、朱俊:《基于核心能力的"智慧物流"人才培养探索与实践》,《广西民族师范学院学报》2020 年第 3 期。

邬贺铨:《5G 推动 AIoT 引领供应链智能化升级》,《中国信息化周报》2019 年 11 月 25 日第 6 版。

吴丹、楚凤艳:《扶贫政策执行偏差:一种政策精准性视角》,《现代商贸工业》2018 年第 25 期。

吴杰、刘珏:《基于供应链关键环节和要素的城市共同配送标准研究》,《中国标准化》2019 年第 19 期。

吴小力:《电力智慧供应链内涵分析和系统构建研究》,《机电工程技术》2019 年第 11 期。

奚道云、高宏伟、孙婷婷等:《绿色供应链标准体系研究》,《家电科技》2019 年第 2 期。

夏立明、边亚男、宗恒恒:《基于供应链金融的中小企业信用风险评价模型研究》,《商业研究》2013年第10期。

现代物流:《工业4.0下的智慧供应链绩效评估》,http://www.material-flow.com.cn/qushi/2128.html。

谢趁意:《河南省现代物流业高质量发展公共政策研究》,硕士学位论文,华北水利水电大学,2020年。

新华社:《国务院办公厅印发〈关于积极推进供应链创新与应用的指导意见〉》,http://www.gov.cn/xinwen/2017-10/13/content_5231577.htm。

新华社:《国务院印发〈"十三五"国家信息化规划〉》,http://www.gov.cn/xinwen/2016-12/27/content_5153558.htm。

新华社:《国务院印发〈关于深化制造业与互联网融合发展的指导意见〉》,http://www.gov.cn/xinwen/2016-05/20/content_5075192.htm。

新华社:《国务院印发〈中国制造2025〉》,http://www.gov.cn/xinwen/2015-05/19/content_2864538.htm。

熊熊、马佳、赵文杰等:《供应链金融模式下的信用风险评价》,《南开管理评论》2009年第4期。

徐鹏杰、吴盛汉:《基于"互联网+"背景的供应链金融模式创新与发展研究》,《经济体制改革》2018年第5期。

许荻迪:《区块链技术在供应链金融中的应用研究》,《西南金融》2019年第2期。

薛俊林:《增强行业协会功能提升三明市现代物流业可持续发展能力》,《山东工业技术》2013年第12期。

薛腾飞:《区块链应用若干问题研究》,博士学位论文,北京邮电大学,2019年。

闫建、高华丽:《发达国家大数据发展战略的启示》,《理论探索》2015年第1期。

闫永新:《国内汽车供应链背景下中小企业质量管理体系建立研究——以L公司为例》,硕士学位论文,华北水利水电大学,2019年。

闫志明、唐夏夏、秦旋等:《教育人工智能(EAI)的内涵、关键技术与应用趋势——美国〈为人工智能的未来做好准备〉和〈国家人工智能研发战略规划〉报告解析》,《远程教育杂志》2017年第1期。

《约430万供应链人才缺口!央视供应链专题报道信息量很大》,万联网,

https：//kbase.10000link.com/newsdetail.aspx?doc＝2021012690003。

刘鹤：《要抓紧解决当前中小企业发展中的突出问题》，ttps：//baijiahao.baidu.com/s?id＝1609323259841562990&wfr＝spider&for＝pc。

于辉：《我国商业银行供应链金融风险管理研究——以T银行为例》，硕士学位论文，天津财经大学，2019年。

于施洋、杨道玲、王璟璇等：《基于大数据的智慧政府门户：从理念到实践》，《电子政务》2013年第5期。

张博：《推动我国物流产业高质量发展的问题与路径探讨》，《商业经济研究》2020年第10期。

张东翔：《基于大数据应用的供应链绩效管理研究》，硕士学位论文，石河子大学，2017年。

张海柱、宋佳玲：《政府走向智慧治理：大数据时代政府治理模式的变革》，《中共济南市委党校学报》2015年第4期。

张理霖：《智慧城市政府治理研究——基于整体性治理理论》，硕士学位论文，中共中央党校，2015年。

张锐、张晨鸣：《商贸物流供应链标准体系研究》，《物流技术》2020年第12期。

张淑慧：《汽车供应链质量评价技术及方法研究》，硕士学位论文，重庆大学，2011年。

张爽：《我国大数据交易背景下数据权属问题研究》，硕士学位论文，上海社会科学院，2020年。

张婉荣、朱盛萍：《P2P平台下供应链金融风险控制研究——以红岭创投存货抵押贷款违约为例》，《会计之友》2019年第7期。

张婉婉：《大数据在供应链智慧化进程中的作用》，《物流工程与管理》2020年第4期。

张辛欣、王黎：《新冠肺炎疫情对全球供应链的影响和政策建议》，《供应链管理》2021年第2期。

张新存：《供应链金融发展的制约因素及破解策略》，《北京经济管理职业学院学报》2016年第4期。

《菜鸟网络如何玩转供应链金融"预付融资"?》，搜狐网，https：//www.sohu.com/a/206944410_454338。

赵成国、江文欣：《金融生态视角下供应链金融风险管理体系构建》，《财会通讯》2021年第6期。

赵俊源：《行业协会扩大规模的逻辑——基于广东省三家行业协会的研究》，硕士学位论文，暨南大学，2015年。

赵然、安刚、周永圣：《浅谈智慧供应链的发展与构建》，《中国市场》2015年第10期。

赵塞纳、黄宝珠、杜永军等：《绘制成功之路：美国STEM教育战略（一）》，《世界教育信息》2019年第8期。

郑伟进：《供应链金融创新发展与风险管控》，《河北企业》2021年第2期。

郑昱、张凯夕：《供应链金融风险管理研究——基于中小企业融资视角》，《金融发展研究》2020年第10期。

《易见股份：从技术驱动到极致服务的供应链金融创新》，http：//guba.eastmoney.com/news，600093，762136179.html？from＝BaiduAladdin。

《中国供应链创新与应用白皮书（2018）》，万联网，www.10000link.com。

《推动平台经济健康发展》，https：//www.163.com/dy/article/ELU1PC1I0519EOS3.html。

中国物流与采购联合会：《国务院办公厅关于积极推进供应链创新与应用的指导意见》，http：//www.chinawuliu.com.cn/zcfg/201710/13/325408.shtml。

中国物流与采购联合会：《商务部等8部门关于复制推广供应链创新与应用试点第一批典型经验做法的通知》，http：//www.chinawuliu.com.cn/zcfg/202004/16/499415.shtml。

中国物流与采购联合会：《〈物流标准化中长期发展规划（2015—2020年）〉正式发布》，http：//www.chinawuliu.com.cn/lhhzq/201511/03/306609.shtml。

中国物流与采购联合会教育培训部：《关于筹备成立中国物流与采购联合会物流与供应链人力资源专业委员会的通知》，http：//jypxb.chinawuliu.com.cn/gzdt/202003/17/495911.shtml。

中国中小企业协会：《2020年2月中小企业发展指数受疫情影响大幅下

降》，http：//www.ca-sme.org/content/Content/index/id/28659。

中华人民共和国中央人民政府：《商务部等8部门关于进一步做好供应链创新与应用试点工作的通知》，http：//www.gov.cn/zhengce/zhengceku/2020-04/15/content_5502671.htm。

周沁彦、王逸秋、王娟：《后新零售时代智慧物流发展道路的改进与革新》，《物流工程与管理》2021年第3期。

朱雪丽、阴丽娜：《智慧物流背景下我国生鲜农产品供应链发展研究》，《保鲜与加工》2020年第6期。

《助力一汽集团智能创新改革，Geek+打造全流程自动化厂内物流系统》，https：//www.sohu.com/a/270975251_217124。

邹航：《成都建工集团资源整合研究》，硕士学位论文，西南财经大学，2013年。

邹建国：《农业供应链金融缓解农户信贷约束研究——来自湖南农户的经验证据》，硕士学位论文，湖南农业大学，2019年。

Abdeen F, Sandanayake Y. Facilities management supply chain: collaboration of FM functions, flows and parties in the apparel sector [J]. International Journal of Logistics, 2020 (33): 1-20.

An S, Li B, Song D, et al. Green credit financing versus trade credit financing in a supply chain with carbon emission limits [J]. European Journal of Operational Research, 2020, 292 (1): 125-142.

Bangdong Z, Xiaojun W, Fangming X. The effects of in-transit inventory financing on the capital-constrained supply chain [J]. European Journal of Operational Research, 2022, 296 (1): 131-145.

Butner K. The Smarter Supply Chain of The Future [J]. Strategy & Leadership, 2010, 38 (1): 22-31.

Croxton K L, Garcia-Dastugue S J, Lambert D M, et al. The supply chain management processes [J]. International Journal of Logistics Management, 2016, 12 (2): 13-36.

DHL. Omni-channel Logistics [EB/OL]. [2020-05-08]. https://www.dhl.com/global-en/home/insights-and-innovation/thought-leadership/trend-reports/omni-channel-logistics.html.

Divakar R, Neil G H, Chelliah S. A framework to analyze cash supply chains [J]. Production and Operations Management, 2006, 15 (4): 544 – 552.

Dong G, Liang L, Wei L, et al. Optimization model of trade credit and asset-based securitization financing in carbon emission reduction supply chain [J]. Annals of Operations Research, 2021: 1 – 50.

Flynn, B, and Flynn, J. Synergies between supply chain management and quality management: emerging implications [J]. International Journal of Production Research, 2005, 43 (16): 3421 – 3436.

Yang H X, and Duan W Y. Research on Financing Mode for Capital Constrainted Manufacturer in Green Supply Chain [J]. Operations Research and Management Science, 2019, 28 (8): 126 – 133.

Sun H. Analysis of risk factors in financial supply chain based on machine learning and IoT technology [J]. Journal of Intelligent and Fuzzy Systems, 2020, 40 (8): 1 – 11.

Hua S, Sun S, Liu Z, et al. The Benefits of Third-party Logistics Firms as Financing Providers [J]. European Journal of Operational Research, 2021, 294 (1): 174 – 187.

Jabeena A, Varma M R, Reddy N D, et al. Smart supply chain mana gement using wireless communication systems [C] // 2017 International Conference on Inventive Computing and Informatics (ICICI) . 2017.

Huang J, Yang W, Tu Y. Financing mode decision in a supply chain with financial constraint [J]. International Journal of Production Economics, 2019, 220.

Li L, Chi T, et al. Customer demand analysis of the electronic commerce supply chain using Big Data [J]. Annals of Operations Research, 2018, 268 (1 – 2): 113 – 128.

Lotfi Z, Sahran S, Mukhtar M. A Product Quality-Supply Chain Integration Framework [J]. Journal of Applied Sciences, 2013, 13 (1): 36 – 48.

Hlm A, Zxw B, Ftsc C. How important are supply chain collaborative factors in supply chain finance? A view of financial service providers in China [J]. International Journal of Production Economics, 2020, 219: 341 – 346.

Mohamed B D, Elkafi H, Zied B. Internet of things and supply chain management: a literature review [J]. International Journal of Production Research, 2019, 57: 15 – 16.

Olan F, Liu S, Suklan J, et al. The role of Artificial Intelligence networks in sustainable supply chain finance for food and drink industry [J]. International Journal of Production Research, 2021.

Robinson C J, and Malhotra M K. Defining the concept of supply chain quality management and its relevance to academic and industrial practice [J]. International Journal of Production Economics, 2005, 96 (3): 315 – 337.

Rosenberg J V, and Schuermann T. A general approach to integrated risk management with skewed, fat-tailed risks [J]. Journal of Financial Economics, 2004, 79 (3): 569 – 614.

Saberi S, Kouhizadeh, et al. Blockchain technology and its relationships to sustainable supply chain management [J]. International Journal of Production Research, 2019, 57 (7): 2117 – 2135.

Sarker M N I, Wu M, Hossin M A. Smart governance through bigdata: Digital transformation of public agencies [C] // 2018 International Conference on Artificial Intelligence and Big Data (ICAIBD). IEEE, 2018.

Stewart, Gordon. Supply-Chain Operations Reference Model (SCOR): The first cross-industry framework for integrated supply-chain management [J]. Logistics Information Management, 1997, 10 (2): 62 – 67.

Teng-Calleja M, Hechanova M R M, Alampay R B A, et al. Transformation in Philippine local government [J]. Local Government Studies, 2016.

Wang C, Fan X, Yin Z. Financing online retailers: Bank vs. electronic business platform, equilibrium, and coordinating strategy [J]. European Journal of Operational Research, 2019, 276 (1): 343 – 356.

Wu D D, Yang L, Olson D L. Green supply chain management under capital constraint [J]. International Journal of Production Economics, 2019, 215: 3 – 10.

Wu L, Yue X, Jin A, et al. Smartssupply chain management: are vie wand implications for future research [J]. International Journal of Logistics Management, 2016, 27 (2): 395-417.

Wuttke D A, Blome C, Henke M. Focusing the financial flow of supply chains: An empirical investigation of financial supply chain management [J]. International Journal of Production Economics, 2013, 145 (2): 773-789.

Yi Z, Wang Y, Ying J. Financing an Agricultural Supply Chain with a Capital-Constrained Smallholder Farmer in Developing Economies [J]. Production and Operations Management., 2021, 30 (7): 2102-2121.

Yu W, Wong C Y, Chavez R, et al. Integrating big data analytics into supply chain finance: The roles of information processing and data-driven culture [J]. International Journal of Production Economics, 2021, 236: 31-40.

Zhu Y, Zhou L, Xie C, et al. Forecasting SMEs' credit risk in supply chain finance with an enhanced hybrid ensemble machine learning approach [J]. International Journal of Production Economics, 2019, 211 (5): 22-33.

附　　录

附录1　关于在"十四五"规划中促进智慧物流加速发展的相关建议

一　加快智慧物流发展的重要意义

（一）发展智慧物流是新时代提升我国物流竞争力的重要举措

从国际发展趋势来看，智慧供应链创新与应用已经成为全球发达国家获取新一轮创新竞争优势的重要趋势。许多发达国家在云技术、大数据分析、机器学习、智能系统、供应链智能化等方面已经纷纷开展智慧物流在全球布局，进行了领先研发与应用，积极提升行业效率，加快智慧物流发展已成为新一轮全球国力竞争的制高点。近年来我国物流产业发展规模不断扩大，但在物流作业效率上与发达国家仍然存在差距，2018年社会物流总费用占GDP比例为14.8%，与美国等发达国家相比仍高出5—6个百分点，迫切需要借助智慧物流浪潮实现超越，加快提升国际竞争力。根据中国物流采购与联合会的相关数据，2013—2019年我国智慧物流市场规模保持稳定增长态势，2019年我国智慧物流市场规模超过4500亿元，预计到2025年，中国智慧物流市场规模将超过万亿。

（二）发展智慧物流是新时代助力国内产业转型的必备条件

传统的物流行业属于劳动力密集型行业，全球经济一体化以及竞争的不断加剧对物流业提质增效提出了更高的要求，在当前产业转型升级的背景下，加快物流的智慧化发展进程，是顺应我国物流与供应链行业发展的客观要求，是响应时代变革发展的迫切需要。《中国制造2025》对我国制造业发展的智能化、高端化、精细化水平提出了更高的要求，这需要我国物流业与上下游制造、商贸企业实现深度融合，加快优化供应链、延伸产业链，进而提升价值链，利用智慧技术深挖物流产业降本增效的潜力，增强经济发展内生动力，提升社会经济运行效率，促进我国物流业向价值链中高端的转变，助力企业变革和产业转型升级。

（三）发展智慧物流是新时代提升政府现代治理能力的有力抓手

当前，我国经济和社会制度改革进入深水区，党的十九届四中全会明确提出要坚持和完善中国特色社会主义制度、推进国家治理体系和治理能力现代化建设。智慧物流的创新与应用，打破了固有的企业组织模式和运行机制，也为政府深化物流体制改革，提升现代治理能力提供了全新的解决方案。面对全球智慧物流快速发展的现实形势，发展智慧物流并制定精准支撑的政策，有助于政府引导与企业发展的良性互动，为政府体制改革提供必要抓手。要把加快智慧物流发展作为政府推动物流行业高质量发展的重要抓手，培育经济发展新动能的关键一招，有效提升政府现代治理能力。

（四）发展智慧物流是新时代提升突发事件应急能力的坚强保障

当前，地缘政治、贸易摩擦、外交冲突、自然灾害、技术封锁、公共卫生等各类因素都可能引起突发事件，且呈现出常态化发展趋势。智慧物流具有提前预警、快速响应、敏捷优化等特点，在应对突发事件中具有较强的应急保障能力。2020年3月6日，国新办就应对新冠疫情影响支持交通运输业和物流、快递领域发展情况举行发布会。国家发展改革委表示，在这次应对新冠疫情当中，一些骨干的物流企业和创新型的企业积极运用大数据、人工智能、5G等智慧物流新技术。以无人机自动分拣等为代表的智慧物流设备，在提高物流效率、减少人员交叉感染方面凸显出它的优势。智慧物流的深度应用不仅可以促进物流业整体提质增效，而且能显著提升突发公共卫生事件和重大自然灾害等场景下的应急保障能力。

二　当前我国智慧物流发展存在的问题

（一）智慧物流基础设施普及程度不足

尽管我国的智慧物流近年来取得了加速发展，但由于智慧物流在中国仍然处于起步阶段，智慧物流基础设施建设普及程度仍然不足。物流大数据、物流云等智能物流基础设施与实际需要还有较大差距。目前，条形码、射频识别、地理信息系统等技术在我国应用较少，中小型企业物流设备落后。以仓储设施设备为例，中国仓储市场总供给量为 6.8 亿平方米，其中仅有 6% 是现代化物流设施；以高科技技术为例，在我国大型物流企业应用率为 12.5%，在中小企业应用率仅为 1.5%，影响了物流业智慧转型进程与经济高质量发展。

（二）物流标准化体系建设尚不完善

标准化是实现物流供应链协同发展的重要基础，也是实现智慧物流运作的关键。智慧物流运作中，相关联动企业需要在编码、数据接口、电子数据交换、全球定位系统等方面实现标准化布局和协调衔接，以避免企业间沟通时出现障碍。相比美国、德国、日本等发达国家，我国物流标准化体系建设尚不完善，多数企业物流信息系统仍依据自身规范运行，造成企业间、物流平台间信息交换和共享不便，信息孤岛现象仍然存在。据中国物品编码中心对 234 家企业展开的调查数据，结果显示，只有 6 家企业的数据与贸易伙伴一致，信息一致率仅为 2.6%。目前，在全国物流标准化技术委员会发布的 2019 版《物流标准目录手册》中，一共有 1112 项物流标准，涉及"智慧"的物流标准为空白。由此可见，智慧物流标准体系建设落后，给智慧物流行业运作与管理带来了严重影响。

（三）缺乏系统的智慧物流政策支持

智慧物流作为新时代我国物流业发展的重要方向，具有探索性强、技术投资大、不确定因素多的特点，离不开相关政策的保障。2015 年以来，我国先后出台了《国务院关于积极推进"互联网+"行动的指导意见》《"互联网+"高效物流实施意见》《关于推动物流高质量发展 促进形成强大国内市场的意见》等相关政策，但尚未针对智慧物流出台专项政策，政策的精准度有待提升。一方面，智慧物流打破了企业边界和所有权限制，由于所有权和使用权的边界难以确认，与之相关的监管制度，特别是财税制度无法适应市场需求；另一方面，智慧物流对诚信体系和商业模式提出了新的挑战，也改变了传统的用工制度与社会保障制度。因此，迫切需要系统的政策加以支持。

（四）缺乏支撑智慧物流发展的复合型人才

智慧物流是知识和技术密集型的行业，其发展运作理念与模式和传统物流业相比存在颠覆性的差异，这对人才素质提出了更高的要求。作为支撑行业发展的后备力量，智慧物流需要培育和引进有多学科交叉教育背景，既熟练掌握现代信息技术，又熟悉物流供应链运作的基本规律，同时具有创新意识和服务意识的复合型人才。但由于缺乏成熟的校企合作机制，目前符合要求的复合型人才的储备较少，这成为制约我国物流产业智慧转型的瓶颈，亟待通过完善人才培养目标，更新人才培养方式，完善人才引进制度等方式进行解决。

三　加快智慧物流发展的有关建议

（一）推动智慧物流纳入"十四五"物流业发展规划

把握数字化转型带来的新机遇，结合我国智慧物流发展的方向和趋势，以及当前经济形势的客观要求，在《"十四五"物流业高质量发展规划》中，将智慧物流纳入主要任务和重点工程中。全国现代物流部际联席会议办公室要统筹协调，加强各个物流联席部门的任务分工，加快调研智慧物流的产业发展现状，总结影响智慧物流发展的关键技术因素、市场因素、人才因素和管理因素，广泛征询相关智库的建议，制定具有精准指向的智慧物流专项政策，为智慧物流产业发展提供政策支持，适时出台智慧物流发展专项规划。

（二）积极开发智慧物流新技术与新装备

要以"新基建"发展为战略机遇，建立以新基础设施为基础的智慧物流技术体系建设。不断吸收引进国际先进物流技术，并提高物流技术自主创新能力，进一步引导、鼓励、支持企业加大科技投入，探索人工智能、无人设备等先进技术在物流领域的潜在应用方向与路径。加强大数据、云计算、人工智能等现代信息技术和装备在国家物流枢纽建设中的应用，促进现代信息技术与国家物流枢纽运营管理深度融合，提高在线调度、全流程监测和货物追溯能力。鼓励有条件的国家物流枢纽建设全自动化码头、"无人场站"、智能化仓储、无人配送等现代物流设施。吸收引进先进技术，加强对公路、水路、铁路、民航、客货运枢纽和城市交通等领域设施运行状态和物流信息的数据采集，建设智能数据管控平台。引导、鼓励、支持企业探索人工智能、无人设备等先进技术在物流领域的潜在应用方向，提升运输、仓储、装卸搬运、分拣、配送等作业效率，提升物流的全流程可视化管理水平。

(三) 大力发展智慧物流的新业态和新模式

通过智慧物流模式的应用，实现各产业的供给侧变革，形成以互联网为依托，开放共享、合作共赢、高效便捷、绿色安全的智慧物流生态体系。推进以运输平台整合、供应链融合为特征的新业态新模式加快发展，交易撮合、金融结算等增值服务功能不断拓展，推动物流的价值创造能力进一步增强。鼓励企业开展并总结在智慧公路港、智慧物流园区、智能港口、智能货场等多种交通运输与物流场景的智能化服务模式，组织相关部门开展试点工作，并形成可复制可推广的服务案例。鼓励物流企业提供一站式智慧物流信息服务，加强信息资源的行业共享，推进交通运输和物流企业加强与互联网企业的跨界合作，为社会公众提供多层次、全方位、便利化的智慧物流服务方案。

(四) 推动智慧物流的标准化布局

加快建设国家物流枢纽之间的数据交换和传输标准，提升不同枢纽信息系统的兼容性和开放性。建设物流资源要素交易平台，推进各类货场、物流中心、港口码头、物流枢纽在信息互联互通、标准规范对接等方面取得突破。加快智慧物流标准体系建设，形成一批对全国物流智慧转型发展有重大促进作用的标准。积极制定区块链、大数据、云计算等新一代技术在智慧物流中的国家标准和行业标准，鼓励、支持领先的物流企业参与智慧物流的标准制定，支持以国家重点科技项目为依托，推进团体标准、国家标准的建设与示范工作。推进重点物流企业参与智慧物流技术标准和管理标准的标准化试点工作。积极推进中国物流智慧标准"走出去"并与国际标准对接，提高在世界物流和贸易网络中的影响力，研究具有全球推广价值的智慧交通物流方案，为构建"全球采购、全球生产、全球销售"的智慧国际物流服务网络提供支撑。

(五) 推动智慧物流的国际化发展

加强与周边国家和地区的跨境物流体系建设，加快交通运输基础设施的智能化、一体化改造，深化智能技术在国际物流领域的运用，提高国家物流枢纽通关和保税监管能力，为构建"全球采购、全球生产、全球销售"的智慧国际物流服务网络提供支撑。广泛开展境内外交通物流企业的战略合作和协同创新，深化中欧班列的智慧物流组织与运营，进一步提升运营质量。研究更具全球推广价值的智慧物流方案，积极构建服务于全球贸易以及跨境电子商务的智慧物流体系，为开展智慧物流"走出去"提供保障。

（六）加快推动智慧物流人才培养

通过产学研结合的方式，以智慧物流发展的行业需求为导向搭建创新开放的人才培育平台，为智慧物流发展提供源源不断的高素质人才储备。加强全球智慧物流管理人才的引进和培育，充分利用现有人才引进计划，引进、整合和培育一批具有战略性思维的智慧物流管理人才和技术人才。加强智慧物流人才发展的统筹规划和分类指导，鼓励企业与高校、科研机构、行业协会等联合培养智慧物流领域专业人才。

（七）重视智慧物流安全体系建设

加强智慧物流技术安全保障体系建设。建设完善集网络安全、态势感知、实时监测、通报预警、应急处置、信息安全等级保护于一体的企业和国家物流综合防御体系。落实智慧物流数据采集、传输、共享、利用、销毁等环节的安全管理和技术保护措施，积极实施标准化运作，确保数据安全高效地接入。充分重视平台对智慧物流安全运营的影响，科学合理界定平台在智慧物流管控中的责任，明确平台在消费者权益保护、网络安全、经营数据安全、供应商信息安全等方面的责任与义务。

附录2 关于在"十四五"现代物流规划中纳入智慧供应链创新发展工程的政策建议

一 "十四五"期间智慧供应链发展面临的新形势与新趋势

供应链是以客户需求为导向，以提高质量和效率为目标，以整合资源为手段，实现产品设计、采购、生产、销售、服务等全过程高效协同的组织形态。供应链发展关乎生产、流通、消费、人民生活、国际贸易，关乎综合国力、军事能力和国家安全，在发挥我国超大规模市场优势和内需潜力，构建国内国际双循环相互促进的新发展格局中起到重要的作用。

"十四五"及未来更长的一段时期，中国的制造业将朝着生产定制化、产品服务化、过程智能化、经营可持续化发展。供应链发展的需求、技术供给、时空分布、国际格局都会发生重大变化。以大数据、云计算、区块链、物联网、人工智能为代表的新科技革命推动中国经济从传统经济快速向智慧经济转型。中国供应链正处在这种深刻变革的进程中，供应链正处于智慧发展的新时代。当前，智慧供应链创新与应用已经成为全球发达国家获取新一轮创新竞争优势的重要趋势，并已成为全球国力竞争的新制高点。加快推动智慧供应链发展，推动中国供应链由大变强，建设供应链强国，不仅有助于经济发展数字转型、智能升级、融合创新，而且对于提高经济运行效率和国家竞争力、推进国家安全和保障民生，有重大而深远的影响。

二 "十四五"期间推动智慧供应链发展的主要目标与战略

"十四五"期间，中国智慧供应链发展的战略目标是：以"效率提升、价值创造、生态协同、风险防控、安全发展"为着力点，创新体制机制和政策保障，构建中国面向未来的智慧供应链服务体系，到2025年，中国成为世界智慧供应链大国。供应链与互联网、物联网、人工智能等新技术全面融合，供应链数字化、智能化程度显著提升；供应链资源配置更加优化，国际竞争力全面增强，供应链智能安全风控体系基本建成，供应链可持续发展能力全面改善。拥有超过十家的国际竞争力很强的全球供应链服务企业集团以及拥有大量专业化、精细化和特色化中小供应链企业群体，中国智慧供应链服务开始引领全球发展。

为实现上述发展目标，智慧供应链应实施"六大战略"。

数据驱动战略：积极推动数据共享与开放，通过数据驱动供应链上游的生产，实现供应链各环节各节点之间高效互动、精准匹配，加强供应链数据治理，为客户提供优质服务。

整合协同战略：从全局角度出发，综合运用信息化、智能化、自动化技术，实现供应链的数字化高效协同运作，对供应链全流程的信息流、资金流、物流和商流进行整合，从全链条角度提升供应链的竞争力。

共享赋能战略：通过大数据技术对静态的数据进行分析，挖掘数字背后的规律与价值，为生产经营提供理论依据，为供应链上下游企业共同赋能。

生态化战略：通过供应链整合，构建与供应商、客户、行业和社会共生的价值体系，提供共生共享共赢的系统解决方案，形成不断扩展的产业生态体系。

全球化战略：把握全球化和国际格局变化的新特点，本着"利他共生，共创共享，互利共赢"的原则，深化国际合作，打造全球物流和供应链体系，主动参与国际分工，提升中国在全球价值链中的地位，提升全球连接、全球服务、全球解决方案的能力。

安全化战略：高度重视供应链风险管理，通过供应链安全预警、全链条结构优化、供应链重组、供应链备链、供应链弹性运作等方式建立安全缓冲应对机制，防范各种可能的供应链安全风险。

三 "十四五"期间支持智慧供应链创新发展的主要任务

（一）加大新基建基础设施布局

要通过企业信息技术设施布局、管理平台布局、生产服务智能改造、人工智能园区建设等方式加大新基建基础设施布局。要运用5G、云计算、区块链、人工智能、数字孪生、北斗通信等新一代信息技术，探索构建适应企业业务特点和发展需求的"数据中台""业务中台"等新型IT架构模式，建设敏捷高效可复用的新一代数字技术基础设施，加快形成集团级数字技术赋能平台。积极推进数字化转型管理工作与质量管理、信息安全、职业健康管理等体系的融合应用，加快大数据平台建设，创新数据融合分析与共享交换机制，形成数字化管理平台。以智能制造为主攻方向，加快建设推广智能工厂、数字化车间、智能炼厂、智能钢厂等智能现场，推动装备、生产线和工厂的数字化、网络化、智能化改造，推广新基建基础设施应用。加快国家新一代人工智能创新发展试验区建设，开展人工智能技术应用示范，推动建设智能技术产业集聚区。

（二）鼓励智慧供应链企业创新发展

积极支持企业搭建开放、共享、社会化的物流与供应链基础设施数字化管控平台，推动不同物流公司之间、不同智能物流装备之间通过云端后台实现数据库共享与交互，实现群感智能，驱动全行业数字化升级，通过为电子商务企业、物流公司、仓储企业、第三方物流服务商、供应链服务商等各类企业提供优质服务，支持物流行业向高附加值领域发展和升级。

积极鼓励制造企业着力进行供应链智能化改造，提高全链条生产设备数字化率和联网率，提升关键工序数控化率，提高基于数字孪生的设计制造水平，加快形成动态感知、预测预警、自主决策和精准执行能力，全面提升企业研发、设计和生产的智能化水平。

鼓励供应链服务企业深度融合农业、制造业、商贸业等领域，强化业务场景数据建模，深入挖掘数据价值，提升数据洞察能力，着力推动电子商务、数据资产运营、共享服务、平台服务、新零售等数字业务发展，推动数字供应链变革，培育新业务增长点。

面向供应链智慧转型需要，加强资源整合优化，创新体制机制，培育行业领先的智慧服务龙头企业，研发和输出智能调度、视频监控、智能配送等数字化转型产品和系统解决方案。

（三）积极推进智慧供应链金融建设

推动智慧供应链金融服务实体经济，研究利用智慧技术手段加强供应链整体信用，创新供应链金融服务方式，加大金融服务实体经济能力。探索改革当前智慧供应链金融与财政税收政策矛盾点的方法，设计信用评价机制、风险防范体系以及合理监管机制，使政策更好地服务于供应链金融产业发展。

要加快促进商务、海关、质检、工商、银行等部门和机构之间公共数据资源互联互通的机制；促进智慧供应链核心企业之间，核心企业与政府部门之间信息共享的机制；利用区块链、人工智能等新兴技术，建立基于供应链的信用评价机制；推进各类智慧供应链平台有机对接的方法机制；促进信用评级、信用记录、风险预警、违法失信行为等信息的披露和共享机制。

要积极探索智慧供应链创新与应用的政府监管平台运行机制；建立跨产业、跨领域、跨部门的一体化供应链金融监管机制；建立符合智慧运行特点的金融监管惩罚机制。

（四）积极推进跨境智慧供应链体系建设

积极布局跨境智慧供应链体系建设，助力国际国内双循环。推动海外仓网络化与数字化基础设施建设，形成全球联网、协同共用的仓储设施体系；积极开展全球物流资源整合，推动"一带一路"沿线国家加快形成数字化物流服务体系，构建以国内自贸区、自贸港、综合保税区和全球主要港口等为核心的数字化节点体系，积极搭建"网上丝绸之路"和"航运数字化贸易平台"，发展面向集成电路、生物制药、高端电子消费产品、高端精密设备等高附加值制造业的全流程供应链服务，促进"买全球""卖全球",推动中国跨境电商零售商业模式创新。围绕国际产能和装备制造合作重点领域,鼓励骨干制造企业与物流、快递企业合作开辟国际市场,培育一批具有全球采购、全球配送能力的国际智慧供应链服务商,促进跨境电商市场生态系统建设和全球质量智慧追溯体系建设。

(五) 构建智慧供应链安全风控体系

选取典型行业建设基于供应链大数据分析和应用的智慧供应链核心企业的风险管理机制,防范智慧供应链可能发生的各种技术风险和运作风险;推动金融机构、供应链核心企业联合建立债项评级和主体评级相结合的风险控制体系方法机制,利用区块链技术构建供应链金融风险防范体系,防范智慧供应链可能发生的系统性金融风险;围绕国际产能和装备制造合作重点领域,推动全球智慧供应链风险预警体系建设,防范产业链供应链中断风险。

四 "十四五"期间支持智慧供应链创新发展的相关配套措施

(一) 营造良好市场环境

深入推进"放管服"改革,对智慧供应链发展的新业态、新模式实施包容审慎监管。取消不合理的市场准入限制,确保各类市场主体平等参与市场竞争,为智慧供应链创新发展创造良好条件。支持行业协会加强行业自律和诚信建设,持续改善物流与供应链行业信用环境,增强智慧供应链创新的有机环境。

(二) 加大政策扶持力度

借助国资委下属企业数字化转型的机遇,积极鼓励国有企业开展供应链数字化转型和管理体系创新。引导民营企业适应智慧供应链建设发展趋势,主动开展智慧转型和智能改造,稳步推进企业供应链智慧运营。支持制造商贸企业与供应链服务企业联合开展智慧供应链模式创新,推进智慧管理变革。

(三) 创新金融支持方式

鼓励银行保险机构按照风险可控、商业可持续的原则,开发针对智慧供应链创新的金融产品和服务。鼓励供应链核心制造企业或平台企业与金融机构深度合作,整合物流、信息流、资金流等信息,为包括物流、快递企业在内的上下游企业提供增信支持,促进智慧供应链金融发展。支持社会资本设立智慧供应链发展产业投资平台，拓宽融资支持渠道。

（四）发挥示范引领作用

在先进制造、电商平台等专业化程度高的领域培育形成一批技术水平高、服务能力强的企业，打造智慧供应链发展创新品牌。鼓励龙头企业发起成立智慧供应链创新发展专业联盟，促进协同联动和跨界融合。在重点领域梳理一批智慧供应链创新发展典型案例，总结推广智慧供应链创新与应用等方面的成功经验。

附录3　智慧物流政策对上市物流公司市场绩效的影响及相关建议

在"第四次工业革命"浪潮的推动下，智慧物流逐渐受到政府的重视。2013年以来，在我国政府发布的相关物流政策中，智慧物流发展日益受到政策的关注。然而，在不断出台的物流政策中，市场和企业对政策究竟有何反应，政策如何实现精准高效，是政府关心的重要话题。因此，研究政策的市场反应将有利于提高政府政策的精准性和高效性，帮助政府进一步优化智慧物流的相关政策。本研究将分析近年来国务院和各有关部委发布的与智慧物流相关的物流政策，检验这些政策发布后的物流上市公司市场反应，识别哪些因素可能会影响市场反应，并为政府和企业提供重要的决策建议。

一　研究方法简介

在本项研究中，使用了事件研究法（Event Study Methodology）来估计智慧物流政策的股票市场反应，事件研究法可以通过计算与特定事件相关联的异常收益率来定量化估计股票市场对于该事件的反应。在本研究中，我们检验在每条政策发布的当天，物流公司是否在股票市场中产生了异常收益，并且通过对二手数据进行回归分析，以探索影响股票市场反应的关键因素。本研究选取了2013—2018年我国政府发布的20份与智慧物流相关的政策文件作为样本（即政策中包含智慧物流建设的相关内容，如附表1所示），实证检验了智慧物流政策对我国149家物流上市公司市场绩效的影响，为政府在优化政策的发布方式、发布时间、发布部门等方面提供了重要的建议。

二 主要研究结果

本研究结果显示：政策发布当天，中国物流上市公司股票平均异常收益均值为0.567%，说明政府发布的智慧物流政策确实对物流上市公司的市场价值起到了积极影响。此外，我们还发现：

（1）智慧物流发布的内容越多，政策对公司市场绩效影响越大。政府政策对公司市场价值的影响程度将随政策中智慧物流内容占比的增大而增大。

（2）发布时间对公司市场绩效将产生重要的影响。计算表明近五年内，国务院及国务院办公厅、交通运输部、发改委三个部门发布一篇与智慧物流相关政策的平均周期为35天。我们发现，当政策发布的时间间隔小于平均周期时，该政策往往无法产生积极的市场反应，数据显示，集中发布政策将平均减少异常收益率0.8%，即过于集中时间发布产业政策不利于市场的积极响应。

（3）不同的政府部门对市场绩效影响存在明显差异。国务院、国务院办公厅作为领导机构，其发布的政策影响反而不如下属各部委，影响程度比其他部委的平均水平低50%。而发改委政策的影响最为积极，影响程度比其他各部委平均高56.6%。同时多部门联合发布政策往往会起到更好的效果，其影响程度比单部门发文高72.7%。

（4）企业性质差异对市场绩效影响存在较大的差异。国有物流企业会比其他性质物流企业的市场反应更加积极，平均异常收益率超出非国有企业0.763%。且无论国有企业还是其他企业，反应程度随着其服务广度的增高反而会降低。服务广度低是指公司只提供运输、仓储、配送等某一类物流服务，服务广度高指公司除了提供全流程的物流服务外还提供如金融服务等增值服务，数据显示单服务环节公司产生的市场反应是综合服务集成商的5倍。

（5）不同的企业绩效也会对政策的影响产生不同的反应。对于物流服务企业来说，数据显示，公司业绩好时的平均市场异常收益率将比业绩差时高出0.2%，所以当其业绩较好时智慧物流政策的发布更能推动该公司的发展；对于物流设备及系统制造企业来说，当自身业绩不佳时，其市场反应相对会更加积极，平均市场异常收益率将相差0.5%。

三　对政府制定政策的相关启示

本研究报告对政府制定政策提供如下的相关启示：

一是加快出台支持智慧物流发展的专项政策。智慧物流政策发布将对物流市场产生积极影响，并且发展智慧物流的内容占比越大则市场反应越积极，这说明发展智慧物流是物流市场的发展趋势，提示政府部门要更加提升发展智慧物流的战略地位，利用政策发布等宏观调控手段推动智慧物流的发展，激发市场活力。

二是进一步发挥发改委在政策制定中的关键作用。在政策发布机关层面，国务院及国务院办公厅作为领导机构，其发布的政策影响反而不如下属各部委，原因可能是国务院的政策一般是以任务委派的形式，为各部委明确其任务，规定发展方向；而各部委发布的政策更加具体，有利于企业的实施。所以，我们建议政府在制定政策时应充分考虑政策内容的可操作性和实际效果，使市场切实感受到政策红利。同时，我们发现在各部委当中，发改委发布的政策产生的影响最积极，这说明要进一步重视发改委在智慧物流发展中的关键作用。

三是加强多部门联合发布，减少政策密集发布，提高政策精准性。在政策的发布方式层面，我们建议各部委应加强协调合作，多进行部门间联合发布政策，这将对市场产生更加积极的影响。同时，当有政策集中发布时，市场对后续发布的政策往往不会产生十分积极的反应，政策效果会被削弱。这表明政府要注意选择合适的政策发布时机，不能以数量取胜，避免政策的集中发布，应以单则政策的精准性为第一标准。

四是发挥国有企业在智慧物流建设中的重要作用，优先重视物流服务基础环节的智慧化建设，以点带面稳步发展智慧物流。在政策的受众层面，当企业是国有企业，或是企业的业务范围较为集中时，它们将产生更加积极的市场反应。所以，建议政府在出台智慧物流相关政策时：一方面，应着重发挥国有企业的作用，促进国有企业在智慧物流建设中发挥更重要作用；另一方面，当前我国有不少物流政策的导向是侧重鼓励综合性物流企业和供应链服务企业加快发展。然而，我国智慧物流仍然在起步发展阶段，政府政策的着力点应该优先重视运输、仓储、配送等基础环节的物流服务智慧化建设，这样不仅可以提高他们对智慧物流的市场反应，还能有效地为智慧物流系统化建设夯实基础。在智慧物流基础环节巩固和提升的基础上，通过以点带面的发展路径，最终形成互联互通、共享共生的智慧物流新生态。

附表1　2013—2018年中央和各个部委出台的智慧物流相关政策

编号	政策名称	政策文号	发布时间	发布机关
1	《深化流通体制改革加快流通产业发展重点工作部门分工方案》	国办函〔2013〕69号	2013.6.5	国务院办公厅
2	《交通运输部办公厅关于推进交通运输信息化智能化发展的指导意见》	厅科技字〔2013〕257号	2013.9.30	交通运输部
3	《交通运输部办公厅关于印发交通运输物流公共信息平台标准化建设方案（2013—2015年）的通知》	厅科技字〔2013〕291号	2013.11.14	交通运输部
4	《物流业发展中长期规划（2014—2020年）》	国发〔2014〕42号	2014.10.4	国务院办公厅
5	《国务院关于积极推进"互联网+"行动的指导意见》	国发〔2015〕40号	2015.7.4	国务院办公厅
6	《关于加强物流短板建设促进有效投资和居民消费的若干意见》	发改经贸〔2016〕433号	2016.3.3	发改委、商务部、工信部、交通厅、农业厅、财政厅（局）、人民银行分行、证监会各派出机构、邮政管理局、供销合作社
7	《全国电子商务物流发展专项规划（2016—2020年）》	商流通发〔2016〕85号	2016.3.23	商务部、发改委、交通运输部、海关总署、邮政局、标准化管理委员会

续表

编号	政策名称	政策文号	发布时间	发布机关
8	《发展服务型制造专项行动指南》	工信部联产业〔2016〕231号	2016.7.26	工信部、发改委、中国工程院
9	《"互联网+"高效物流实施意见》	发改经贸〔2016〕1647号	2016.7.29	发改委
10	《推进"互联网+"便捷交通促进智能交通发展的实施方案》	发改基础〔2016〕1681号	2016.7.30	发改委、交通运输部
11	《推进供给侧结构性改革 促进物流业"降本增效"的若干意见》	交规划发〔2016〕147号	2016.8.11	交通运输部
12	《国务院办公厅关于转发国家发展改革委物流业降本增效专项行动方案（2016—2018年）的通知》	国办发〔2016〕69号	2016.9.26	国务院办公厅
13	《国内贸易流通"十三五"发展规划》	商建发〔2016〕430号	2016.11.11	商务部、发改委、工信部、财政部等
14	《电子商务"十三五"发展规划》	商电发〔2016〕482号	2016.12.29	商务部、中央网信办、发改委
15	《商贸物流发展"十三五"规划》	商流通发〔2017〕29号	2017.2.8	商务部、发展改革委、国土资源部、交通运输部、国家邮政局
16	《国家邮政局关于加快推进邮政业供给侧结构性改革的意见》	国邮发〔2017〕47号	2017.5.18	邮政局
17	《国务院办公厅关于进一步推进物流降本增效促进实体经济发展的意见》	国办发〔2017〕73号	2017.8.17	国务院办公厅
18	《国务院办公厅关于积极推进供应链创新与应用的指导意见》	国办发〔2017〕84号	2017.10.13	国务院办公厅

续表

编号	政策名称	政策文号	发布时间	发布机关
19	《国务院办公厅关于推进电子商务与快递物流协同发展的意见》	国办发〔2018〕1号	2018.1.23	国务院办公厅
20	《开展2018年流通领域现代供应链体系建设的通知》	财办建〔2018〕101号	2018.5.28	财政部、商务部

附录4 促进我国流通业物流智能化改造的相关建议

一 我国流通业物流智能化改造的发展现状

物流智能化改造是实现高效流通的基础,其通过数字化、自动化、智能化等技术应用,降低流通供应链运行成本,推动传统流通业转型升级。近年来,以阿里、京东、苏宁等零售商为代表的一批新兴商业企业快速崛起,通过物流智能化改造,推动了中国流通业进入"智慧流通"新时代。总体来说,我国流通业物流智能化改造呈现以下特点:

(一)新兴技术不断加快普及应用

我国流通业对经济增长贡献稳居首位。2020年社会消费品零售总额39.2万亿元,最终消费占GDP比重达到54.3%,成为我国经济稳定运行的"压舱石"。大数据、云计算、物联网、人工智能等现代信息技术在流通领域得到广泛应用,流通企业加大内部系统改造升级和外部平台搭建推广,大大提升流通行业信息化、数字化、网络化水平。无人化技术、数字终端、射频识别、自动分拣、无人配送等智能装备加快普及应用,提升流通装备自动化、智能化、无人化水平。一批流通互联网平台和基础设施加快涌现,快速整合零散流通资源。以传化智联为例,通过依托实时监控、智能分析、业务数字化等技术的智慧物流园区系统,两个月效率整体提升58%,反应速度提升40%,节省时间50%,人力成本降低了300多万元。

（二）流通供应链智能化水平不断提升

供应链创新与应用领域的城市和企业试点工作，加速了流通产业供应链和流通节点城市供应链的数字化发展，培育了一批整合能力强、协同效率高的数字化流通供应链平台，建设了一批具有完整供应链体系、较强国际竞争力的产业集群城市。通过试点，推进了企业与供应商、生产商实现系统对接，促进了流通与生产在线融合发展。推进了传统流通企业转向为企业提供研发、设计、采购、生产、物流和分销等一体化供应链服务商，也推进了社区商贸设施的智能化、便利化。

（三）智能化改造配套政策陆续出台

为促进物流智能化改造在高效流通中的发展，中央和地方政府陆续出台了相关指导性政策。例如，国务院办公厅发布《关于加快发展流通促进商业消费的意见》，提出促进流通新业态新模式发展、推动传统流通企业创新转型升级、鼓励流通企业研发创新。国家发改委发布了《关于推动物流高质量发展促进形成强大国内市场的意见》，提出要加快实施物流智能化改造，提高物流软件智慧化水平。交通运输部发布了《数字交通发展规划纲要》，大力发展"互联网+"高效物流新模式、新业态，加快实现物流活动全过程的数字化。在地方层面，许多省市也配套出台了促进物流智能化改造升级的相关政策。例如，江苏省下发了《江苏省大力发展智慧物流推进降本增效综合改革试点实施方案》，提出推进智慧物流基础设施建设，增强物流主体的智慧化服务能力。政策的引领和技术的助推，促进越来越多的流通企业开始进行物流智能化改造，谋求在高效流通时代获得竞争优势。

二 流通业物流智能化改造的主要问题

（一）资金投入大，物流智能化改造门槛高

近年来，物流智能化改造的前景被各方看好，智慧物流行业融资金额呈现不断上升的态势，各大企业纷纷投入巨资进行物流智能化改造，涌现了许多物流黑科技。例如，菜鸟的 AGV 机器人、京东的无人仓、无人机配送、苏宁的云仓云配等。但由于物流智能化改造的门槛较高，中小企业很难投入巨资进行物流智能化改造的硬件升级，主要原因有两个方面：一是物流智能化改造需要投入大量的资金，而作为物流智能化改造升级的主

体之一——物流企业却存在融资难、融资贵的普遍问题。传统的金融政策对物流行业本身不友好，对物流行业的民营企业更不友好，物流企业向银行贷款难，物流智能化改造受阻。二是由于资金投入大，导致许多中小企业受到自身业务和经营的局限，主观上认为物流智能化改造没有必要，客观上短期内看不到智慧物流的未来。部分大型企业虽然进行了智能化改造，受短期内物流运作成本控制压力凸显和企业运营利润率下降双重影响，对下一步智能化改造呈现观望态势。

（二）市场认可度低，物流智能化改造难以落地

尽管有部分头部流通企业率先开始了物流智能化改造，但物流智能化改造带来的物流服务客户认可度较低，具体表现为三个方面：一是物流智能化改造客观上导致物流服务成本增高，客户不能接受物流智能化改造带来的额外成本增加。希杰荣庆物流等公司经理在接受访谈时表示，由于物流智能化改造带来短期物流成本增加，客户的物流经理并不希望在他的任期内物流成本过高，放弃或拒绝企业提供智能化物流服务的现象频发。二是供应商配合困难。在物流智能化改造后会涉及供应链上下游多环节协调，整条供应链联动受不同环节利益分割影响，供应商参与积极性不高，全链条智能化改造存在困难。三是多数智慧物流服务平台难以将智能技术与产业深度融合，短期内无法真正落地。例如，大宗货运市场的物流智能化需求迫切，但与生产环节的智能化发展速度相比，仍然有很大差距。尽管有智慧物流服务平台切入这个市场，但由于传统物流体系庞大，数字化程度很低，平台与产业实际深度融合不够，提升过程也很困难，导致企业对平台的服务认可度较低。

（三）组织方式传统，智慧化数据链路衔接不足

利用新一代智能技术来提升流通业全链路物流效率是智慧物流的核心。只有流通业供应链数据打通，才能实现真正的智慧物流，实现规模效应。当前物流行业的传统组织方式，导致智慧化数据链路衔接不足。一是从公路货运来看，现有公路货运的组织方式决定部分组织行为无法在线化，大数据采集存在困难，数据缺失现象明显，物流智能化改造进程受阻。二是从多式联运来看，由于物流数据的跨方式协同不足，公路、铁路、水路运输等方式在各自专业的运输平台有不同的数据标准和服务模式，导致物流数据联动性不足，全链路场景的智慧物流仍在摸索阶段。三

是流通标准化存在短板。相关电子信息的标准化规范化水平不足，企业间难以进行数据交换，影响流通链条协同效率。面单、运单、仓单、提单等流通衔接单证的电子化、标准化还有待各方统筹推进。

（四）专业人才缺失，物流人才供需矛盾凸显

与传统物流相比，物流智能化改造对专业人才的要求更高。例如，人工智能技术大量运用到物流领域后，先进技术设备在取代大量人工作业的同时仍然需要专业人才对这些设备进行管理。专业人才水平越高，设备使用效率越高，智慧物流效率越高。物流智能化改造需要大量高素质的技术和管理人才来为智慧物流进程赋能。当前，国内智慧物流缺乏相关人才培养体系，与物流智能化改造的技术和管理相关人才短缺。一是懂智慧物流的专业人才数量较少，除了一些头部物流企业或者电商企业，大多数物流行业从业人员对智慧物流缺乏认知。二是能够满足智慧物流需求的高素质人才缺少，物流智能化改造专业人才不仅要熟悉传统物流知识，还要对现代通信技术、自动化技术等有深度了解。随着物流智能化改造的深入发展，物流人才供需矛盾更加凸显。

（五）有效政策供给不足，总体发展缺乏顶层设计

近年来，国家对现代科技和流通领域的积极作用日益重视，相关政策文件多次提到有关方面的内容，但是总体仍然缺乏系统性和引领性，缺乏国家总体规划指导。如政府数据开放共享仍缺乏顶层制度系统推进。在一些领域存在多部门政策交叉，无法形成政策合力，甚至出现冲突和矛盾的问题。各地方政府制定的政策措施系统性不足，智慧物流的相关政策碎片化，各部门政策条块分割较大，难以形成合力。

三 促进流通业物流智能化改造的政策建议

（一）加大政府引导力度，推动智慧物流专项政策出台

流通业物流智能化改造涉及环节和主体较多，需要政府加大引导力度，促进行业健康发展。一方面，在"十四五"规划以及后续的流通产业规划中，建议专门设立智慧物流发展专项规划，重点对流通线上线下融合工程、智慧流通网络升级工程、流通智能化改造工程、供应链协同平台建设工程等作出专项部署，推动流通业智慧物流规划以系统化、集成化、协调化方式出台，提高政策统领性和全局性；另一方面，要加快出台物流

智能化改造的实施方案，并落实到细处。要把握智慧物流的本质和特征，引导企业了解物流智能化改造对经济发展的重要作用，深化企业对智慧物流的认知。在行业内普及发展智慧物流的重要意义，树立标杆企业，提升物流智能化改造的市场认可度和企业意愿。

（二）强化流通领域标准体系建设，打通智慧化数据链路

物流智能化改造需要全产业链数据的打通，并通过先进的物流信息技术实现供应链上所有企业和环节的无缝衔接，因此，"物流标准化"是智能化改造的基础，"物流在线化"是智能化物流运作的关键。一是要结合"互联网＋流通"的发展特点和要求，加强数字化流通标准化建设，重点加强电子商务、现代物流、大数据开发应用等标准和服务规范的建设。推进政府引导，行业组织主导，领先企业及智库参与的现代流通标准的制修订和推广应用，协同共建高质量的数字化、智能化流通服务标准体系。二是创新组织方式，推动建立政府主导、企业参与的公共平台，促进行业中核心要素如人、车、货、场等数据信息的在线共享，展开多种运输方式的物流数据共享及运输表单一体化标准试点，减少流通业物流智能化改造协同困难。

（三）创新改造支持方案，降低企业物流智能化改造门槛

物流智能化改造需要大量的资金投入进行软件和硬件升级，探索智能化改造的成本优化与控制方案，降低企业改造门槛是关键。一是利用中央引导资金推动企业实施物流智能化改造。要在智慧物流技术研发、智慧物流设备改造升级、智慧物流平台建设、高校智慧物流科研成果转化等方面进行资金补助或税收减免。二是结合行业特性，创新改造的支持方案，降低全行业制度性交易成本，推动电子证照、电子签单、电子合同等方式的推广普及。三是加大智慧供应链金融的创新与应用，利用互联网技术更好地解决物流、信息流和资金流的管理和控制，在提高效率的同时，保证数据的安全和准确，积极优化银行的供应链融资政策，推动供应链金融的落实。

（四）健全智慧物流专业人才培养体系，解决物流人才供需矛盾

人才是推动物流智能化改造的关键力量，要健全智慧物流专业人才培养体系，解决人才供需矛盾。一是鼓励高校创新人才培养路径，构建智慧物流人才培养方案，加强现代物流知识与新一代智能技术知识的交叉融

合。二是引导产学研合作交流，通过校企合作、产教融合等方式提升物流从业人员的智慧物流专业素养和自身技能。三是鼓励相关培训机构制订智慧物流培训专项计划，多渠道培养智慧物流人才，提升人才专业水平。支持流通领域行业组织根据行业特点和需求制定行业智慧物流职业技能竞赛，加强行业内人才的交流与跨区域流动。

附录5　推动农业精准供应链加快发展的相关建议

一　农业精准供应链发展现状

民族要复兴，乡村必振兴。2021年的中央一号文件提出，要发展智慧农业，建立农业农村大数据体系，推动新一代信息技术与农业生产经营深度融合。这为中国的乡村振兴描绘了新蓝图，对于我国现代农业的转型升级具有重要意义。当前，农业精准供应链作为促进智慧农业发展的重要手段，积极着眼于运用新一代智能技术，实现整个农产品生命周期的精准化运作。农业精准供应链对农业供应链的发展提出了更高的要求，它既要注重"上游"生产环节的投入与产出的最佳比例，强调获得最大的经济效益的同时对生态环境造成最小的影响；又要关注"下游"销售环节的准确定位和个性化服务。近年来，伴随供应链管理理念在我国农业中的大力推广，我国农业精准供应链也取得了一定的发展，具体来说有以下几个方面的特点：

（一）农业精准发展的规划政策陆续出台

近年来，我国政府管理部门对促进农业生产方式转变、发展农业精准供应链非常重视。中共中央、国务院印发的《乡村振兴战略规划（2018—2022年）》中特别提出，鼓励企业对农业生产进行数字化改造，加强农业遥感、物联网技术的应用，提高农业精准化水平。农业农村部发布的《数字农业农村发展规划（2019—2025年）》中指出三个重点任务：一是农业数据的收集和应用；二是农业生产过程中智能设备的使用；三是智能平台的构建。一些地方政府也陆续出台了精准农业的相关政策，以天津为例，天津作为农业部确定的全国3个农业物联网区域试验工程试验区之一，2020年出台了《关于开展"互联网+"农产品出村进城工程的实施方案》，取得了一定成效，目前应用物联网的农业企业超过800家，基本实现全市所有农业区和主要农产品的全覆盖。

(二) 农业精准供应链智能化水平不断提升

一方面，农业精准供应链能够对农业生产进行实时监测，显著提高农业生产经营效率，使弱势的传统农业成为具有高效率的现代产业。另一方面，农业精准供应链可以有效转变农业生产者的生产方式和农业组织体系，完善的农业科技和电子商务网络服务体系，是推进农业现代化的必然选择。以天津为例，天津市建立了以"蓟州农品""劝宝商城""家乐在线"和"津农宝"为载体的区域电商销售平台，全面推进规模新型农业经营主体农产品网络销售全覆盖。18家农产品电子商务示范企业充分发挥示范带动作用，初步形成以"俺的农场"等企业为龙头的区域农产品电商发展格局，探索出线上线下结合、在市区广布自提点、会员定制等符合天津实际的农产品电商发展模式。

(三) 互联网巨头纷纷布局农业精准供应链

在国家乡村振兴战略、国家数字化农业战略等多种政策因素的推动下，阿里、京东、百度、腾讯等互联网巨头纷纷布局农业精准供应链，为推动我国现代化农业建设做出努力。目前，阿里云ET农业大脑已应用于生猪养殖、苹果及甜瓜种植，已具备数字档案生成、全生命周期管理、智能农事分析、全链路溯源等功能。此外，百度云和中化农业携手，基于百度在物联网、云计算、人工智能和大数据等技术领域积累，合力构建了智能化农业生产过程管理平台，该平台可以通过和各种物联设备、信息、数据、传感器结合，实现从大田到精作的全流程信息采集、分析和处理，实现"精准种植"。京东也宣布以无人机农林植保服务为切入点，整合京东集团物流、金融、生鲜、大数据等能力，搭建智慧农业共同体，与地方政府、农业上下游龙头企业、农业领域专家等共同合作，构建开放、共生、共赢的农业合作平台。

二 农业精准供应链发展面临的问题

受智慧经济驱动的影响，我国农业精准供应链的发展步伐开始加快，一系列促进农业精准供应链发展的政策陆续出台，越来越多的企业逐渐开展农业精准供应链实践。然而，中国农业在向着农业精准供应链发展方面仍处于试验示范阶段和孕育发展过程，还存在着许多问题。

（一）农业供应链管理意识不强，阻碍农业精准供应链快速发展

据农业农村部信息中心监测，我国县域数字农业农村发展总体水平为33%，社会化供应链平均成本占到GDP的18%左右，欧洲和美国平均占比为7%—8%，而日本却低至5%—6%。在农作物生产种植方面，虽然对传感器、物联网等智能技术的使用越发成熟，但大部分生产者都不看重物流运输等环节，导致成熟农产品无法精准送到消费者手中。在农产品流通过程中，各节点企业间没有互联互通的系统，无法实现农产品的溯源，此外农业供应链在各要素的分配上存在不匹配的现象，使得农业供应链的各个环节无法在面对突发风险时做好相应准备。因此，加强农业供应链的管理意识是推动农业精准供应链发展的基础。

（二）农业供应链协同能力弱，支持智慧农业发展的动力不足

农业供应链上下游多环节充分协同是实现农业精准供应链的核心。当前农业供应链的传统组织方式，导致农业供应链链路衔接不足，协同能力较弱。主要问题包括农产品需求供给不匹配，在销售过程中容易出现农产品供大于求或者供不应求的情况。此外，上下游企业之间仍无法做到数据、需求、产能、信息的实时共享，导致农业供应链无法快速响应市场需求。在价值链整合方面，生产前端的农户仍较为分散，相关企业和电商平台无法更好地将其资源进行有效整合，我国农业数字经济仅占农业增加值的7.3%，远低于工业18.3%、服务业35.9%的水平。因此，智慧农业的发展目前依然无法达到预期目标。

（三）农业供应链技术设备投入不足，难以支撑精准供应链发展

技术设备是发展智慧农业的根本，然而，更换先进的农业作业设备、进行技术改造需要大量的前期投入，2020年我国主要农作物（小麦、玉米、水稻）耕种收综合机械化率69%，而设施农业机械化率仅31%—33%。即使新设备有助于提高农业精准生产效率，但中小型企业难以负担大规模新设备投入，导致精准管理难以实施。此外，部分企业在引进先进技术后，仅在前期的土地监测、智能施肥等方面实现精准生产，后期在应对恶劣天气的预防措施（如预防冰雹、倒春寒等）上仍不到位。由于本身的易腐性，在农产品成熟后出村进城、分拣、冷链、包装加工等环节都需要智慧化的技术设备/运输工具做支撑，因此农业供应链技术设备投入

不足是亟待解决的问题。

（四）农业精准管理人才资源缺失，企业发展精准供应链受限

农业精准供应链发展也离不开人才、资金的有效供给。在人才方面，目前从事最前端生产工作的农民文化知识水平有限，我国农业劳力60岁以上占比接近80%，无法熟练地应用各种先进技术设备，而具有农业专业知识的人才又大多不愿从事农业相关职业，人才匮乏严重阻碍了农业精准供应链的发展。根据世界银行数据，我国农业劳力占比由1991年的60%（世界平均45%）下降到2020年的26%（世界平均28%）。在资金方面，发展农业精准供应链需要前期大量技术设备改造等的投入，而农业本身便具有投入大（如设施、技术、新品研发等的投入）回报慢的特点，因此需要政府加大资金支持力度才能够有效推动农业精准供应链的发展。

三　加快农业精准供应链发展的有关建议

针对以上主要问题，我们分别从强化现代农业供应链管理理念推广、提高农业精准供应链关键节点的管理能力、加快农业精准供应链管理相关人才培养、加大农产品供应链体系建设四个方面给出了具体的政策建议。

（一）强化现代农业供应链管理理念推广

一是要普及现代农业供应链管理基本理念，尤其是针对小型农业合作社企业，帮助其成员了解供应链管理对精准农业生产的重要意义。二是要推广农业精准供应链管理理论与方法，结合地方发展实际，提升各参与主体的农业供应链精准管理与协同发展意识，鼓励以农产品供应链核心企业为牵引，扩大农业精准供应链管理范围。三是结合区域农业农村特点，总结发现典型农业精准供应链案例，提炼其案例的经验、模式和适用范围，总结机制创新、政策创新、模式创新等经验成果，加大典型案例宣传和推广力度。

（二）提高农业精准供应链关键节点的管理能力

一是在生产节点补贴方面，大力推广智能技术设备的普及和运用，通过补助、担保、贴息、奖励、风险补偿等措施，推动智能技术设备在精准施肥、精准种植、农机智能作业与调度监控方面的作用。二是在信息节点建立方面，政府牵头帮助企业间建立互联互通的信息共享平台，进行技术、资本、人才等方面的交流，促进农业精准供应链上各节点企业的信息

共享。三是在销售节点顺畅方面，以"互联网+"农产品出村进城工程为抓手，以优质农产品展销体验中心为平台，大力发展农村电商，建立"线下+线上"农产品展示展销长效机制，促进农产品产销顺畅衔接、优质优价，带动产业可持续发展。

（三）加快农业精准供应链管理相关人才培养

一是完善新型职业农民教育培训、认定管理、政策扶持的培育制度，健全"一主多元"新型职业农民教育培训体系。二是激发农民专业合作社、专业技术协会、龙头企业等主体开展农民职业技能培训，引导农民学习农业精准供应链、现代农业供应链管理、智慧供应链管理等相关专业和课程，培养农业供应链管理专业人才。三是依托各级农业人才培训基地，推进农校农企在供应链管理方面的深度合作，深化农业供应链知识的产教融合。校内导师传授丰富的农业理论知识，校外导师开展农业实践课题进行有效指导，从而助力复合型农业供应链管理人才成长。

（四）加大农产品供应链体系建设，推动农业精准供应链实施

一是提升农业公益性机构在农业科技、加工、流通、培训、信息、法律等方面的服务能力。采取政府购买服务等形式，鼓励和引导公益性机构协同参与农业精准供应链构建，帮助农业核心企业提升供应链管理水平。二是通过健全农业社会化服务体系，实现小规模农户和现代农业发展有机衔接。把建立健全农业社会化服务体系、培育打造高质量服务组织作为重点工作推进，积极发展服务联合体、服务联盟。三是支持服务组织基础设施建设，打造一批涵盖农资供应、农机作业、绿色防控、烘干仓储、冷链物流、市场销售等全产业链的区域性农业社会化综合服务中心。

附录6　供应链金融调查问卷

尊敬的女士/先生：

课题组将对企业运营供应链金融的现状及痛点进行调研，并参考企业对监管政策的评价提出改进建议，本问卷由企业从事供应链金融的相关人员作答，请您回答所有问题，并确保答案真实可靠。调查数据仅用于课题研究参考，一切资料都将保密，请您放心！本问卷填写

时间 2—3 分钟，请您认真填写。非常感谢您对本次调研工作的大力支持和积极参与！

1. 您的性别是_____

   A. 男　　　　　　　　B. 女

2. 您的年龄是_____

   A. 30 岁及以下　　　　B. 31—40 岁

   C. 41—50 岁　　　　　D. 50 岁以上

3. 您的职位是_____

   A. 部门员工　　　　　B. 部门中层领导

   C. 部门主要领导　　　D. 企业（集团）总监

   E. 企业负责人

4. 您的物流行业从业经验是_____

   A. 2 年以内　　　　　B. 3—5 年

   C. 6—10 年　　　　　D. 10 年以上

5. 贵公司的员工数量_____

   A. 100 人及以内　　　B. 101—500 人

   C. 501—1000 人　　　D. 1001—5000 人

   E. 5001—10000 人　　F. 10000 人以上

6. 贵公司是否组织开展了供应链金融业务_____

   A. 不打算开展　　　　B. 打算但尚未开展

   C. 已初步开展（≤3 年）　D. 已开展较长时间（>3 年）

7. （若已组织开展）贵公司的供应链金融业务是否与互联网结合，走智慧化供应链金融道路？_____

   A. 未结合且无意向　　B. 有意向但尚未结合

   C. 已初步结合（≤3 年）　D. 已结合较长时间（>3 年）

请您对在供应链金融业务中，关于政府政策治理效果情况描述同意程度

对政策现状的评价	完全不同意			完全同意	
8. 现阶段政府监管部门在推动供应链金融发展方面的政策全面	1	2	3	4	5
9. 现阶段的监管政策能够有效推动供应链金融的发展	1	2	3	4	5
10. 现阶段各监管机构/部门分工明确，整体监管大环境明朗	1	2	3	4	5
11. 现阶段政府监管部门有必要加快制定供应链金融行业系列规范与指引	1	2	3	4	5
12. 现阶段政府监管部门有必要提高对智慧供应链金融业务的监管强度	1	2	3	4	5
13. 现阶段政府监管部门有必要完善对智慧供应链金融监管的技术手段	1	2	3	4	5

14. 您认为开展供应链金融业务遇到最大的挑战是_____

A. 资金瓶颈：资金成本过高

B. 政策瓶颈：行业监管不明朗

C. 人才瓶颈：缺乏专业人才

D. 风险瓶颈：没有控制风险的金融工具

E. 管理瓶颈：组织架构及管理效率低下

F. 其他_____